KB215949

풀어쓴 성경 시리즈

욥기, 풀어쓴 성경:
원문의 음성을 오늘의 목소리로 살려낸 번역과 메시지

강산

욥기, 풀어쓴 성경:
원문의 음성을 오늘의 목소리로 살려낸 번역과 메시지
(풀어쓴 성경 시리즈)

지음   강산
편집   김덕원, 김요셉, 이찬혁

발행처   감은사
발행인   이영욱
전화   070-8614-2206
팩스   050-7091-2206
주소   서울특별시 강동구 암사동 아리수로 66, 401호
이메일   editor@gameun.co.kr

종이책
초판발행   2023.04.17.
ISBN   9791190389938
정가   22,000원

전자책
초판발행   2023.04.17.
ISBN   9791190389952
정가   14,800원

Mountain's Bible Translation Series

Mountain's Bible Translation
of The Book of Job

Mountain Kang

Biblia Hebraica Stuttgartensia, edited by Karl Elliger and Wilhelm Rudolph, Fifth Revised Edition, edited by Adrian Schenker, © 1977 and 1997 Deutsche Bibelgesellschaft, Stuttgart. Used by permission.

© 강산 2023
이 책의 저작권은 저자와 감은사에 있습니다. 신 저작권법에 의하여 한국 내에서 보호받는 저작물이므로 무단 전재와 무단 복제를 금합니다.

한평생 가난과 질병의 옷을 입고 오해와 시련의 길을 걸으셨지만
오직 그 길에서 주님만 사랑하셨던 어머니,
故 전금순 전도사님(1947.4.18.~2022.9.15.)

그리고

이 땅의 아픔 속에서 오늘도 주님을 사랑하는
모든 하나님의 사람들에게
이 책을 헌정합니다.

| 동영상 강해 QR코드 목차 |

서문:
알 수 없는 고난 중에서 진리를 찾은 한 사람

　　이 작은 책은 특별한 한 사람으로 인해 시작되었습니다. 약 5년 전(2018년), 어느 토요일 아침이었습니다. 팔순은 족히 넘어 보이는 한 남자분이 저를 꼭 만나야겠다고 하셨습니다. 늦은 나이에 신학을 하시고 짧은 목회 후에 은퇴하신 목사님이셨는데, 그 짧은 목회의 시간 동안 말씀을 바로 전하지 못한 죄책감을 회개하는 마음으로 저에게 긴 고해성사 같은 이야기를 하셨습니다. 특히 그 목사님은 지난날, 당신께서 당한 고난을 많이 말씀해 주셨는데 안타깝게도 그 고난을 경험만 했지, 그 고난 중에서 아무것도 얻지 못했다고 한탄하셨습니다. 그리고 저에게 간절하게 욥기를 풀어 주기를 부탁하셨습니다. 이전에 제가 쓴 졸작 『풀어쓴 이사야서』를 수십 번 읽었다고 하시며, 그렇게 꼭 좀 욥기를 풀어서 주기를 부탁하셨습니다.

　　저는 약속을 쉽게 하지 않는 사람인데, 그 목사님의 확답을 요청하는 눈동자 앞에서 무서운 대답을 하고 말았습니다. 그렇게 욥기를 향한 저의 여정이 시작되었습니다. 먼저 약 2년간 욥기와 관련된 다양한 번역본과 주석, 그리고 논문과 강해집을 약 100여 권 탐독하였습니다. 그 후에 욥기를 히브리어(BHS)에서 한글로 직역을 하는 데 1년이 걸렸고, 이어서 학문적으로 검증된 한국어 번역본과 영어 번역본들을 참고하면서 다시 의역하는 데 1년 정도 걸렸습니다. 이어서 8개월에 걸친 수요 강해 시간을 통해, 십자가 교회 성도들과 함께 적당한 분량으로 나누어 번역한 저의 역본을 읽고 점검하면서 다시금 완성도 높게 교정하고 수정하게 되었습니다.

그동안 출간된 욥기 관련 주석이나 강해집 및 설교집은 상당히 많습니다. 하지만 안타깝게도 제가 나름대로 점검을 해 본 결과 거의 대다수가 욥기의 가장 중요한 원석 부분인 성경 본문 자체를 먼저 제대로 번역하지 않은 상태로 강해나 주해를 진행하다 보니, 주로 저자의 논리나 주장만 보여줬지 정작 욥기 자체가 하려고 하는 말은 놓친 것들이 너무 많았습니다. 또한 반대로 욥기 본문 자체의 번역과 주해에 강한 학문적인 논문이나 책들은 욥기 자체의 문자적 의미에 집중했지만 학자들의 책상에서 만들어진 표현과 이론에서 멈추고 말 뿐 성도들의 삶이라는 영역에 담기지 못하다 보니, 화려한 교리적 용어나 철학적 담론은 정연해도 정작 성도들의 실제적 적용이라는 더 중요한 삶의 영역에는 아무런 유익도 주지 못했습니다.

그래서 저는 무엇보다 먼저 욥기 전체를 히브리어 성경에서 분해하고 주해한 후에, 욥기 분야에서 매우 탁월한 현대 번역본들을 참고하여 가장 쉬운 우리말로 번역본을 만드는 일에 온 힘을 다 쏟았습니다. 욥기는 히브리어 단어가 가진 특이한 차용어와 히브리어 문장이 가진 난해한 전개로 인해 정말 많은 시간을 소모해야 했습니다. 물론 저의 언어적 실력이 미숙한 것이 가장 큰 원인이었을 것입니다. 특히 욥기만이 사용하는 단어, 욥기만이 묘사하는 표현들은 정말 너무나 어려웠고 복잡했으며 무엇보다 그것이 문맥적으로 어떤 연결성을 가지는지에 대해 파악하는 일은 무지한 저의 한계를 초월하는 일이었습니다. 하지만 성령님께서 저를 불쌍히 보시고 이 번역을 완성하게 하셨습니다. 이어서 매주 성도들과 이 번역에 합당한 강해와 적용을 나누면서 의역과 메시지를 더 실제적으로 다듬게 되었습니다.

한편 이러한 힘든 작업을 가능하게 해 준 뜻밖의 기회를 코로나 유행병이 제공해 주었습니다. 코로나로 인해 예배가 줄어들고 모임이 줄어들었기에, 저에게 주어진 시간을 더 밀도 높게 말씀을 준비하고 풍성하게 강해로 완성시키는 데 사용하였습니다. 아울러 상당히 긴 번역의 기간 동안 저는 또 한 분의 특별한 성도를 만났습니다. 그분의 겸손함으로 이곳에 이름을 밝힐 수는 없지만, 그분은 제가 욥기를 연구하고 강해하는 데 필요한 거의 모든 국내외의 책을 구해 주셨습니다. 이 작은 번역본을 완성하기 위해서 정말 엄청난 비용의 참고자료용 책값이 들어갔습니다. 하지만 그 모든 자료와 책을 그 성도님께서 기쁘게 구입해 주셨습니다. 이 자리를 빌려서 그 소중한 성도님에게 진심으로 감사드립니다. 아울러 히브리어와 직역을 합치는 문서 작업으로 수고해 준 이현욱 전도사 및 소중한 시간을 할애하여 여러 번 이 번역본을 먼저 읽어주시고 점검해 주신 함정희 전도사님, 정방울 집사님, 양시진 집사님, 강효정 권찰님, 그리고 겸손하신 K선교사님께 진심으로 감사드립니다.

욥기는 정말 어려운 책입니다. 하지만 저는 늘 "어려운 본문에 깊은 진리가 있다"라는 좌우명에 근거하여 십자가 교회 성도는 누구나 제대로 된 번역과 해석을 바탕으로 성경 66권 전부를 설교로 들어야 할 권리를 가지고 있고, 저는 그 모든 것을 전할 책임을 지고 있다고 생각해 왔습니다. 수많은 밤을 지새우며 번역했지만 부족한 번역입니다. 하지만 욥기가 진정으로 말하려고 하는 것을 이해하는 데 상당한 도움을 드릴 수 있으리라 기대해 봅니다. 또한 각 장의 번역 끝에, 그 본문을 가지고 최선을 다해 전한 강해 설교를 독자들에게 선물합니다. 번역이 마무리되는 각 페이지에는 저의 강해 동영상에 접속할 수 있도록 QR코드를 삽입하였으니, 추가적인 해석과 강해가 필요하신 분은 이 설교 영상을 참고하시면 좋겠습니다. 다만 이것이 어떤 게으른 목회자의 편이한 설교 준비용 도구가 되지 않기만을 바라며, 혹시라도 강해에 미흡한 부분이 있다면 미리 사과드립니다. 급하게 읽어 내려고 하지 마시고, 번역본과 함께 설교 영상을 참고하신다면 욥기에서 우러나오는 깊은 진리를 지식적으로 이해하는 것뿐만 아니라 이 땅에서 진짜 그리스도인으로 살아가기 위해 꼭 필요한 실제적인 지혜와 적용적인 도전을 얻을 수 있을 것입니다.

많은 목사님이 욥기 강해를 하면, 고난이 온다고 하셨습니다. 물론 저에게도 말할 수 없는 어려움이 있었습니다. 그러나 저는 기쁨이 더 많았습니다. 사랑하는 십자가 가족들에게 매주 번역본을 나눠 주고 말씀을 전하는 것도 기뻤지만, 제가 이 욥기의 말씀 속에서 더 깊은 진리와 욥기의 진정한 주인 되신 예수 그리스도를 만날 수 있었기에 참으로 행복한 시간이었습니다. 여러 번 책을 출간했지만, 이번에는 정말 수명이 단축되는 듯한 고된 여정이었습니다. 하지만 저는 5년 전에 약속한 그 목사님의 간절한 부탁을 기억하며 최선을 다해 마무리했습니다.

번역본은 가능하면 소리 내어서 천천히 읽어 보시길 제안합니다. 저의 번역본은 조금의 오류도 없는 완벽한 해석이 아닙니다. 그저 진정한 진리로 나아가는 징검다리만 되기를 바랍니다. 혹시라도 잘못된 번역이 보이면 너그러이 용서해 주시고, 마음에 와 닿는 번역이 있다면 소중하게 마음속에 담아 주시면 좋겠습니다. 좋은 사진과 그림은 그것을 보는 사람의 안목에 따라 다양하게 보인다고 합니다. 독자 여러분들께서는 저의 부족한 이 책을 하나의 경직된 이론이나 틀로 대하기보다는 부드럽고 유연한 하나의 생명체처럼 대해 주시기를 부탁드립니다. 책을 마무리하려고 하니, 아쉬운 마음만 가득합니다. 다만 성령님께서 이 부족한 번역을 읽는 독자분들에게 참된 욥기의 메시지를 만나게 해 주시고, 더 나아가 욥기의 진정한 주인 되신 예수님을 만나게 해 주시기를 기도합니다.

원고가 거의 마무리될 즈음, 저의 어머니께서 암으로 투병하시다가 소천하셨습니다. 다행히 어머니는 저의 욥기 강해를 다 들으셨으나, 이 번역본이 나오는 것은 보지 못하셨습니다. 어머니는 정말 욥처럼 사셨습니다. 많은 오해와 고난 속에서 그 이유를 알 수 없을 때가 많으셨습니다. 하지만 끝까지 주님을 사랑하셨습니다. 어머니의 기도와 눈물을 저는 다 알 수 없습니다. 그저 감사할 뿐입니다. 이 작은 책을 이제라도 이렇게 어머님께 헌정합니다.

마지막으로 꼭 하고 싶은 말이 있습니다. 고난을 겪는다고 모두 의미 있는 존재가 되는 것은 아닙니다. 고난 속에서 예수님을 만나야 합니다. 그러면 천 개의 평안이 줄 수 없는 위대한 변화와 기회를 단 한 번의 고난이 선물해 줍니다. 욥기의 주제는 고난이 아닙니다. 그러나 고난을 배경 삼아서 더 큰 진리를 전해 줍니다. 저는 정답을 말하지 않겠습니다. 정답은 여러분이 말씀을 읽고 삶을 살아가는 과정 속에서만 진정으로 발견할 수 있습니다. 욥에게 고난이 없었다면 욥은 욥이 되지 못했을 것입니다. 우리도 마찬가지입니다. 알 수 없는 고난 중에서 진리를 찾는 한 사람, 바로 그 주인공이 이제는 당신이 되시길 진심으로 기대하고 축복합니다. 구겨진 종이가 멀리 날아가는 법입니다.

2023년 3월

부활의 아침을 기다리며

목사 강산 올림

풀어쓴 성경,

강산 의미역(MBT)[1]

---

1. MBT란 Mountain's Bible Translation의 약어로, 강산의 "풀어쓴 성경"(강산
    의미역)을 뜻합니다.

제1부
욥에게 일어난 특별한 사건
(1-3장)

1. 욥에게 일어난 비극(1:1-2:10)

1 ¹ **우스** 땅에 욥이라는 이름을 가진 사람이 살고 있었다. 그는 온전하고 올곧은 사람이었고 하나님을 경외하며 모든 악한 것을 적극적으로 피함으로써 죄와는 전혀 상관없는 사람이었다. ² 욥은 결혼하여 자녀들을 낳았는데, 7명의 아들과 3명의 딸을 두었다. ³ 그리고 욥에게는 재산도 많았다. 7천 마리의 양, 3천 마리의 낙타, 5백 쌍의 겨릿소, 5백 마리의 암나귀에, 종들도 매우 많았다. 그래서 욥은 동방에 사는 모든 사람 중에서 으뜸가는 사람이 되었다. ⁴ 욥의 7명의 아들들은 항상 잔치하는 행복한 삶을 살았다. 한 형제의 생일이 되면, 생일을 맞이한 형제의 집으로 모든 형제가 모였고 누이 3명도 불러서 함께 먹고 마셨다. ⁵ 그리고 그렇게 욥

의 자녀들이 매년 생일마다 함께 모여 잔치하는 기간이 마무리되면, 욥은 하루를 정해 자기 자녀들을 모두 불렀다. 아침 일찍 그들을 깨우고 자녀의 숫자만큼 번제를 준비해서 하나님께 제사를 드림으로 그들을 거룩하게 했다. 왜냐하면 욥의 자녀들이 잔치하다가 즐거운 마음에 혹시라도 죄를 짓고 하나님을 저주했을지도 모른다는 생각이 있었기 때문이다. 이렇게 욥은 자신이 사는 날 동안, 모든 일을 하나님 중심으로 생각하고 행동했다.

6 그러던 어느 날, 천상의 하나님 나라에서는 이런 일이 있었다. 하나님 앞에 천사들이 모였는데, 거기에는 하나님께서 하시는 일에 대해서 적대적인 태도를 가진 천사도 왔다. 7 하나님께서 그 적대적인 천사에게 이렇게 물어보셨다. "너는 땅의 어디를 보고 왔느냐?" 그러자 그 적대적인 천사는 "땅의 여기저기를 돌아다니다가 왔습니다"라고 대답했다. 8 이어서 하나님께서는 그 적대적인 천사에게 이렇게 말씀하셨다. "너는 나의 종인 욥을 눈여겨보았느냐? 이 땅 위에 욥과 같은 사람은 없지 않더냐? 참으로 욥은 온전하고 올곧은 사람이며 하나님인 나를 경외하고 모든 악한 것을 적극적으로 피함으로 죄와는 전혀 상관없는 사람이다." 9 그러자 그 적대적인 천사는 하나님께 다음과 같이 질문했다. "욥이 아무 이유도 없이 하나님을 경외하겠습니까? 10 당연히 하나님께서 욥의 울타리가 되어 주시니 그런 것 아니겠습니까? 하나님께서 욥이 하는 모든 일과 그의 집안에 소속된 모든 자녀에게 복을 주시고, 욥이 가진 모든 재산과 소유물을 그 땅에서 차고 넘치도록

보호해 주시기 때문이지요. ¹¹ 하지만 하나님께서 손을 드셔서 욥이 가진 것들, 곧 욥의 집안에 소속된 모든 것들을 파괴해 보십시오. 그러면 욥은 당신의 얼굴을 향해 저주를 쏟아 낼 것입니다!” ¹² 이에 하나님께서는 적대적인 천사에게 다음과 같이 대답해 주셨다. “그래! 그러면 욥이 가진 모든 것들과 욥의 집안에 소속된 모든 것들을 너의 손에 맡기겠다. 하지만 욥에게는 절대로 손대지 말아라!” 그러자 그 적대적인 천사는 하나님의 얼굴 앞에서 떠나갔다.

¹³ 마침 욥의 첫째 아들의 생일을 맞이하여, 욥의 아들들과 딸들은 그 첫째 아들의 집에 모여서 먹고 마시며 잔치하고 있었다. ¹⁴ 바로 그때, 한 종이 욥에게 헐레벌떡 달려왔다. 그리고 이렇게 말했다. “주인님! 제가 소를 몰고 밭을 갈고 있었습니다. 그리고 나귀들은 나머지 소들과 함께 그 옆에서 풀을 뜯어 먹고 있었습니다. ¹⁵ 그런데 갑자기 **스바** 사람들이 들이닥쳤습니다. 그놈들이 소와 나귀를 모두 **빼앗아** 갔고 일하던 종들도 모두 칼로 쳐서 죽였습니다. 오직 저만 겨우 피하여 주인님께 이 사실을 알려 드리려고 이렇게 왔습니다.” ¹⁶ 첫 번째 종이 그런 심각한 내용을 말하고 있는데, 또 다른 종이 욥에게 달려왔다. 그리고 이렇게 말했다. “주인님! 하늘에서 엄청난 불이 내려와 저희가 돌보던 양들을 삼키듯이 태워서 죽여 버렸습니다. 오직 저만 겨우 피하여 주인님께 이 사실을 알려 드리려고 이렇게 왔습니다.” ¹⁷ 두 번째 종이 말을 다 마치기도 전에, 또 다른 종이 욥에게 달려왔다. 그 종은 이렇게 말했

다. "주인님! **갈대아** 사람들이 세 패로 무리 지어 달려와서 저희를 공격하고 저희가 돌보던 모든 낙타를 빼앗아 갔습니다. 그 과정에서 낙타를 돌보던 종들도 모두 쳐서 죽였습니다. 오직 저만 겨우 피하여 주인님께 이 사실을 알려 드리려고 이렇게 왔습니다." [18] 세 번째 종이 그 심각한 내용을 전달하고 있는데, 또 다른 종이 욥에게 달려왔다. 그 종은 이렇게 말했다. "주인님! 주인님의 자녀분들이 첫 번째 아드님의 집에 함께 모여서 먹고 마시며 잔치를 하는 중이었습니다. [19] 그런데, 아이고! 거대한 바람이 불어 닥쳤습니다. 광야 건너편에서 일어난 무서운 태풍이 그 젊은이들이 모여 있는 집의 네 모퉁이를 내리쳐서, 결국 주인님의 자녀들이 다 죽었습니다. 오직 저만 겨우 피하여 주인님께 이 사실을 알려 드리려고 이렇게 왔습니다."

[20] 이 모든 소식을 들은 욥은 일어나서 자기 겉옷을 찢고 자기 머리카락을 밀었다. 그렇게 욥은 자신의 아픔과 슬픔을 표현했다. 하지만 즉시 땅에 엎드려 하나님을 향해 경배했다. [21] 욥은 다음과 같이 고백했다. "나는 아무것도 없이 벌거벗은 채, 이 세상에 태어났습니다. 그러니 아무것도 없이 돌아가는 것입니다. 하나님께서 나의 모든 것을 주셨으니, 하나님께서 나의 모든 것을 가져가시는 것이 마땅합니다. 하나님의 이름만이 높임 받으시고 찬송 받으소서!" [22] 욥은 이토록 고통스러운 모든 아픔과 어려움 속에서도 죄를 범하지 않았으며 심지어 하나님을 향해 원망하거나 비난하는 경솔하고 어리석은 말조차 내뱉지 않았다.

2 ¹ 그 후, 또 다른 어느 날, 천상의 하나님 나라에서 이런 일이 있었다. 하나님 앞에 여러 천사가 모였는데, 거기에는 하나님께서 하시는 일에 대해서 적대적인 태도를 가진 천사도 왔다. ² 하나님께서 그 적대적인 천사에게 이렇게 물어보셨다. "너는 땅의 어디를 보고 왔느냐?" 그러자 그 적대적인 천사는 "땅의 여기저기를 돌아다니다가 왔습니다"라고 대답했다. ³ 이어서 하나님께서는 그 적대적인 천사에게 한 번 더 말씀하셨다. "너는 나의 종인 욥을 눈여겨보았느냐? 이 땅 위에 욥과 같은 사람은 없지 않더냐? 참으로 욥은 온전하고 올곧은 사람이며 하나님인 나를 경외하고 모든 악한 것을 적극적으로 피함으로써 죄와는 전혀 상관없는 사람이다. 심지어 네가 나를 부추겨서 아무 이유도 없이 욥을 파괴해 보려고 했지만, 욥은 자신의 온전한 태도를 더 굳게 붙잡고 있다."

⁴ 그러자 그 적대적인 천사는 포기하지 않고 하나님께 다음과 같이 말했다. "가죽에는 가죽으로 하셔야죠! 욥의 주변에 있는 가볍고 사소한 것들이 아니라, 욥의 중심에 있는 무겁고 중요한 것을 건드려 보십시오. 그러면 욥은 자신의 생명을 지키기 위해서 자기 속에 있는 진정한 모습을 드러내게 될 것입니다. ⁵ 그러므로 이제 당신의 손을 펼치셔서 욥의 가죽, 바로 욥의 뼈와 살을 파괴해 보십시오. 그러면 욥은 당신의 얼굴을 향해 바로 저주할 것입니다." ⁶ 이에 하나님께서는 그 적대적인 천사에게 다음과 같이 말씀하셨다. "그래, 좋다! 욥을 너의 손에 맡긴다. 네가 하고 싶은 대로 해보아라! 하지만 절대로 그의 생명은 건드리면 안 된다. 그를

죽여서는 안 된다!"

⁷ 하나님의 얼굴 앞에서 물러난 그 적대적인 천사는 바로 욥을 공격했다. 욥의 몸 가장 아래에 있는 발바닥부터 가장 위에 있는 정수리까지, 온몸에 악성 종기가 생기게 했다. ⁸ 그러자 욥은 깨진 질그릇 조각 하나를 손에 잡고 악성 종기로 인해 가렵고 고통스러운 자신의 온몸을 긁으며 아픔과 슬픔을 상징하는 재 한가운데에 앉아 있었다. ⁹ 이런 모습을 보고 있던 욥의 아내는 욥을 향해 이렇게 말했다. "이런 비참한 상황에서도 당신은 이전처럼 하나님을 향한 당신의 온전한 태도를 계속 고집할 건가요? 차라리 하나님을 저주하고 죽어 버리세요!" ¹⁰ 이에 욥은 아내에게 다음과 같이 대답했다. "당신마저 세상의 어리석은 여자들처럼 말하는구려! 우리 보기에 좋은 것을 하나님께서 주셨기에 받은 것처럼, 우리 보기에 나쁜 것도 하나님께서 주셨다면 마땅히 받아야 하지 않겠소!" 이처럼 욥은 이 모든 시련과 어려움 속에서도 자신의 입술로 죄를 범하지 않았다.

동영상 강해 QR 1. 욥에게 일어난 비극 (1:1-2:10)

2. 친구들의 등장과 욥의 탄식(2:11-3:26)

2 ¹¹ 욥의 세 친구인 **데만** 사람 엘리바스, **수아** 사람 빌닷, 그리고 **나아마** 사람 소발은 욥에게 닥친 비참한 재앙에 대하여 모두 들었다. 그래서 그들은 각자 자신이 살던 곳에서 떠나 욥과 함께 애도하고 그를 위로하고자 약속하고 출발했다. ¹² 친구들이 도착해서 욥을 만나보니, 너무나 비참하게 변한 모습으로 인해, 예전에 그들이 알던 욥으로 알아보기조차 어려운 상태였다. 욥의 친구들은 소리를 높여 울었고, 자신들의 옷을 찢고 하늘을 향해 티끌을 날려서 각자의 머리 위에 뒤집어썼다. 친구를 위한 그들의 아픔과 슬픔을 표현한 것이다. ¹³ 욥의 세 친구는 욥과 함께 땅바닥에 앉아서 그렇게 칠일 밤낮으로 아픔과 슬픔을 함께했다. 그들은 욥의 비참한 상황을 보고 너무나 충격을 받아서, 그 어떤 말도 건넬 수가 없었던 것이다.

3 ¹ 얼마 후에, 드디어 욥이 입을 열었다. 그리고 자신이 태어난 날을 저주했다. ² 그렇게 욥은 자신이 처한 상황에 대해 반응하기 시작한 것이다.

³ "어머니께서 나를 출산하시던 그날이 사라져 버렸다면! 아버지께서 '남자아이가 태어났다.'라고 소리치시던 그날이 소멸하여 버렸더라면! ⁴ 바로 그날을 하나님께서 보호해 주지 않으셔서 바로 그날에 태양 빛이 비치지 못했다면 얼마나 좋았을까! ⁵ 어두움과 죽음의 그림자가 내가 태어난 날을 가져가 버리고, 바로 그날

위에 어두운 그림자가 덮여서 그날을 공포의 날로, 죽음의 날로 만들어 버렸다면! ⁶ 내가 태어난 그날 밤을 음침함이 사로잡아 버려서 전혀 출생의 기쁨을 누릴 수 없게 되고, 심지어 한 해의 날 중에서, 그달의 날 중에서, 사라져 버렸다면 얼마나 좋았을까! ⁷ 아! 그날 밤이 아무도 임신하지도 못하고 출산하지도 못하는 밤이 되어서, 새 생명의 탄생이라는 기쁨을 그 누구도 외칠 수 없는 날이 되었더라면! ⁸ 발람처럼(민수기 22장) 저주하는 능력을 갖춘 사람이나 무서운 괴물 리워야단을 움직일 수 있는 사람이 내가 태어난 날을 저주했다면 얼마나 좋았을까! ⁹ 내가 태어난 바로 그날의 아침을 열어 주던 새벽 별들이 어두워져서 그 아침에 동터 오는 소망을 아무도 보지 못하게 했더라면! ¹⁰ 참으로 내 어머니께서 출산하실 때, 그 자궁의 문이 닫혀서 내가 태어나지 못함으로, 지금 내 눈앞에서 펼쳐지는 이 비참함을 내가 볼 수 없게 되었다면 얼마나 좋았을까!

¹¹ 어찌하여 내가 어머니의 자궁에서 그냥 죽지 못했고, 어머니 배에서 나올 때 숨을 거두지 못했던가! ¹² 왜 어머니의 무릎은 나를 받아 주었으며, 왜 어머니의 젖은 나를 살게 해 주었나? ¹³ 차라리 그냥 내가 죽어 버렸다면 누워서 쉬는 것처럼 잠들었을 것이고, 그러면 내가 안식을 누렸을 텐데! ¹⁴ 오래전 황무지 같은 땅에 자신들을 위해 건축물을 지었던 왕들과 그 왕들의 지혜로운 신하들과 함께, 죽음의 세계에서 쉬었을 텐데! ¹⁵ 오래전 수많은 금과 은을 가지고 자신들의 집을 채웠던 지도자들과 함께, 죽음의 세계

에서 편히 쉬고 있었을 텐데!"

¹⁶ "만약 내가 죽은 아이로 태어났다면 나는 이 힘든 세상에 살 필요도 없었을 것이고, 그러면 눈도 뜨지 못한 상태에서 바로 죽음의 세계로 갈 수 있었을 텐데! ¹⁷ 그랬다면 범죄자들의 소란이 멈춘 그곳, 곤비한 자들의 수고가 멈춘 그곳에서 나도 쉴 수 있었을 텐데! ¹⁸ 그곳은 포로들도 다른 이들처럼 함께 쉴 수 있는 곳이며, 이 세상에서 그들을 괴롭히던 감독관의 목소리조차 듣지 않아도 되는 곳인데! ¹⁹ 그곳은 낮은 자도 높은 자도 평등해지는 곳이며, 모든 종이 주인으로부터 자유를 얻는 곳인데! ²⁰ 그런데 어찌하여 나는 그 좋은 곳으로 바로 가지 못하게 되었는가! 어찌하여 이런 비참한 삶을 살라고 빛이 비치고, 이런 고통스러운 영혼의 쓴맛을 보라고 생명이 주어졌는가! ²¹ 나 같은 비참한 사람들은 그러한 죽음을 너무나 갈망한다! 마치 감추어진 보물을 찾듯이 죽음을 갈망한다! 하지만 그것을 얻을 수가 없구나! ²² 아! 바로 그 죽음을 발견한 사람들, 그들의 무덤으로 들어갈 수 있게 된 사람들은 얼마나 기쁠까! ²³ 왜 나 같은 사람에게는 그런 길이 숨겨져 있고 막혀 있는 것인가? 어째서 하나님께서는 내 주변에 울타리를 치셔서 그 죽음으로 갈 수 있는 길을 막아 버리신 것인가? ²⁴ 참으로 나는 음식 앞에서 한숨만 나오고, 분노가 물처럼 쏟아진다. 참으로 내가 먹는 것은 한숨뿐이고, 내가 마시는 것은 분노뿐이구나! ²⁵ 참으로 내가 두려워했던 공포가 나에게 닥쳤고, 내가 무서워했던 일이 나에게 일어나고 말았구나! ²⁶ 나에게는 평안도 없고,

평온함도 없고, 안식도 없다! 오로지 번뇌만이 있을 뿐이다!"

동영상 강해 QR 2. 친구들의 등장과 욥의 탄식 (2:11- 3:26)

3. 엘리바스의 첫 번째 제안(4-5장)

4 ^{1} 욥이 방금 한 말에 대해서, **데만** 사람 엘리바스는 다음과 같이 대답했다.

^{2} "이런 비참한 상황에 놓여 있는 자네에게 누군가 무슨 말이든 한다면, 아마도 자네는 무척 짜증이 나겠지만, 자네가 방금 한 말을 듣고 누가 가만히 있을 수 있겠나? 그러므로 나도 한마디 할 수밖에 없으니 잘 들어 보게! ^{3} 과거에 자네는 많은 사람에게 옳은 말로 훈계해 주었고, 손의 힘이 풀린 사람들에게도 위로와 격려로 힘을 주었지. ^{4} 특히 갑자기 어려운 일을 당해서 비틀거리는 사람들에게 자네는 바른말로 그들의 마음을 강하게 해 주었고, 삶이 흔들리는 사람들에게 힘을 내라고 하면서 그들의 약해진 다리를

힘차게 만들어 주지 않았는가!

⁵ 그런데 정작 자네에게 어려운 일이 닥치자, 어째서 그토록 비틀거리고 힘들어하는 것인가? 그동안 다른 사람들에게 해 주던 말들을 왜 자신에게 적용하지 못하는 것인가? ⁶ 자네의 거룩한 삶을 지금까지 의지해 왔고, 자네의 온전한 삶을 지금까지 자부해 오지 않았는가? 그런데 지금 그 당당하고 자신만만했던 태도는 다 어디로 갔나? ⁷ 자! 이제 생각을 한번 해 보게! 죄 없는 사람이 멸망 당하는 일이 있던가? 정말 곧게 살아가는 사람이 갑작스럽게 재앙을 당하여 자기 생애가 끊어지는 일이 있던가? ⁸ 내가 조사해 본 바로는, 그 사람이 반드시 악한 짓을 했기 때문이더군. 심은 대로 거둔다는 말처럼, 그 사람이 분명히 나쁜 짓을 했기 때문에 그에 합당한 보응을 받게 되는 것이네! ⁹ 하나님께서 절대로 그런 사람을 가만히 두지 않으시기 때문이지. 하나님께서는 악하고 나쁜 짓을 한 사람에게 분노하시고 화를 내셔서 그런 사람을 사라지도록 심판하시는 것일세!

¹⁰ 하나님의 분노와 심판을 우습게 보지 말게! 하나님께서는 아무리 무섭게 울부짖는 사자의 포효도 사라지게 만드는 분이시고, 아무리 강력한 젊은 사자의 이빨도 부서트리시는 분이시라네! ¹¹ 그래서 경험 많은 늙은 사자도 사냥감을 구할 수 없게 만드시고, 사냥 실력 좋은 암사자의 새끼들도 결국 먹을 것이 없어서 흩어지게 만드시네! ¹² 이와 관련해서 내가 체험한 아주 특별한 경험을 자네에게 말해 주겠네. 어느 날인가 어떤 음성이 나에게 들렸네.

작지만 선명한 말씀을 내 귀로 들었지. ¹³ 그 음성은 내가 밤에 어떤 환상으로 인해 번민하고 있을 때 들린 것이고, 그 말씀은 깊은 잠이 들었을 때 꿈속에서 다가온 것이네. ¹⁴ 그때 나는 엄청난 공포와 두려움에 휩싸였지. 내 몸의 모든 뼈가 흔들렸네. ¹⁵ 그 순간 아주 특별한 영적인 입김이 내 얼굴 앞에 불어왔네. 내 몸의 모든 털이 곤두섰지. ¹⁶ 그 영적인 입김을 불어내는 존재가 어떻게 생겼는지는 전혀 알 수 없었네. 하지만 음성만큼은 확실했지! 분명히 그 영적인 존재가 바로 내 앞에서 잔잔하지만 분명하게 이런 말을 해 주었네. ¹⁷ '죽을 사람이 어찌 하나님보다 의로울 수 있겠느냐? 피조물인 인간이 어찌 창조주이신 하나님보다 바르다고 말할 수 있겠느냐?'

¹⁸ 잘 들어 보게! 하나님께서는, 그분의 일을 맡아 일하는 자신의 종도 온전히 신뢰하지 않으시며, 심지어 그분의 일을 직접 집행하는 천사들도 부족한 존재라고 평가하시는데, ¹⁹ 하물며 흙으로 지어져 땅에 사는 존재, 즉 나방처럼 쉽게 으깨질 수밖에 없는 연약한 인간은 말할 것도 없지 않겠나! ²⁰ 단 하루만 고통을 당해도 심하게 상처받고 쓰러지며 아무것도 아는 것이 없는 존재, 영원한 것과는 전혀 상관없이 끝없이 소멸하는 것이 바로 인간이네! ²¹ 무거운 천막의 줄을 뽑아 버리면 그 안에 있는 사람들이 이유도 모르고 모두 죽듯이, 하나님께서 범죄한 인간의 생명 줄을 뽑아 버리시면 지혜 없는 그들은 그렇게 끝장나는 것이네!

5 ¹ 아무리 소리쳐 불러 보게나! 자네에게 대답할 존재가 있 겠는가? 자네가 죄를 지어서 거룩하지 않은 자가 되었는 데, 도대체 자네는 거룩한 존재들 중에서 그 누구에게 감히 자네 를 도와 달라고 말할 수 있겠는가? ² 참으로, 어리석은 자는 화만 내다가 죽임당하게 되고, 단순한 인간은 질투만 하다가 죽기 마련 이네! ³ 물론, 어리석고 단순한 사람이, 마치 식물이 뿌리를 내리듯 이 잠깐 잘되는 것을 본 적은 있네. 하지만 나는 그것이 합당해 보 이지 않았기에 즉시 그런 사람의 짧은 성공을 저주해 버렸지! ⁴ 결 국 그런 사람의 성공은 얼마 가지 못했고, 그런 사람의 자식들은 안전함과는 거리가 먼 인생을 살게 되더군. 그 사람의 자식들은 공개적인 자리에서 수치를 당하고, 남은 삶도 비참하게 감당해야 했지. 그 누구도 그런 사람을 도와주지도 않더군. ⁵ 그 사람의 자식 들이 아무리 애써서 농사를 지어도 추수한 곡식을 굶주린 다른 사 람이 먹어 버렸고 심지어 가시밭에서 겨우 추수한 얼마 안 되는 식량까지 빼앗기더군. 그들이 수고한 모든 것을 약탈자들이 쓸어 가 버린 것이지. ⁶ 세상의 그 어떤 불행이나 저주도 이유 없이 일 어나지 않네! 다 이유가 있다는 말이네! 어찌 고통이 그냥 먼지에 서 일어나겠는가? 어찌 고난이 그냥 흙에서 솟아난다는 말인가?

⁷ 그 이유는 그 사람이 스스로 고통이 될 일을 했기 때문이네. 죄지은 사람이 고난당하는 것은 마치 불을 피우면 불티가 하늘 위 로 올라가는 것처럼 당연한 일이네! ⁸ 하지만 죄지은 사람에게도 아직 기회는 있네! 만약 내가 자네라면, 하나님을 추구할 것이네!

하나님을 향해 이 모든 문제의 원인이 되는 죄를 인정하고 고백할 것이네.

⁹ 하나님께서는 정말 얼마나 대단한 분이신가! 그분은 우리가 측량조차 할 수 없는 위대한 일들을 하시는 분이시네! 그분은 우리가 계산조차 할 수 없는 놀라운 일들을 일으키시는 분이시네! ¹⁰ 하나님께서는 이 땅 위에 눈을 내리게 하시는 분이시고, 저 밖에 있는 밭에 비를 내리게 하시는 분이시네! ¹¹ 하나님께서는 낮은 사람을 높이실 수 있는 분이시며, 슬픔이라는 감옥에 갇힌 자도 구원하시고 절망이라는 구덩이에 빠진 자도 자유롭게 하셔서 높은 곳에 세워주실 수 있는 분이시네! ¹² 하나님께서는 간사한 자들의 나쁜 계획을 부서뜨리시는 분이시며, 간교한 자들이 하는 짓들을 성공하지 못하게 만드시는 분이시네! ¹³ 하나님께서는 스스로 지혜롭다고 자부하는 자들에게 자신들이 만든 계략에 빠지도록 만드시는 분이시며, 교활한 자들이 세운 나쁜 계획을 성급하게 만드셔서 결국 수포로 돌아가게 만드시는 분이시네! ¹⁴ 그래서 그 악한 자들은 대낮에도 어둠을 만나게 되고, 정오에도 밤처럼 더듬거리며 헤매는 인생을 살게 되네!

¹⁵ 하지만 하나님께서는 약하고 불쌍한 사람들을 도와주시고 구해 주시는 분이시네! 악랄한 자들의 칼날 같은 입에서부터, 강한 자들의 무기 같은 손아귀로부터 말일세! ¹⁶ 그래서 이 땅에 사는 낮고 비천한 사람들에게도 튼튼한 밧줄 같은 소망이 있는 거네! 하나님께서 바로 그 소망이시지! 하나님께서는 반드시 나쁜

짓을 한 자들의 입을 닫아서 침묵하게 만드신다네!

17 그러니, 하나님께서 교정해 주시고 바로잡아 주시는 사람은 참으로 복된 사람이네! 욥 바로 자네 말일세! 자네는 그런 하나님의 교정하심과 바로잡아 주심을 거절하지 말고 경멸하지 말게! 18 지금은 하나님께서 잠시 자네를 고통스럽게 하시나, 금방 회복시켜 주실 것이네. 지금은 심한 상처를 받는 것 같지만, 금방 그분의 손으로 치유해 주실 것이네! 19 지금 자네가 여러 가지 고통 아래서 눌리고 있지만 하나님께서 금방 들어 올려 구해 주실 것이네. 지금 자네가 여러 가지 재앙에 붙잡혀 있지만 하나님께서는 그 재앙들이 자네를 건드리지도 못하게 해 주실 것이네! 20 자네에게 기근이나 굶주림이 닥치더라도 하나님께서는 죽지 않도록 구해 주실 것이며, 전쟁이 일어나더라도 칼의 위협에서부터 지켜 주실 것이네! 21 자네에게 엄청난 저주가 임하더라도 하나님께서 자네를 지켜 주시고, 자네에게 지구의 종말과 같은 멸망이 닥치더라도 하나님께서는 자네가 두렵지 않도록 보호해 주실 것이네! 22 그래서 자네는 이 세상의 그 어떤 재앙이나, 기근, 어려운 상황이 닥치더라도 웃어넘길 수 있을 것이며 들짐승이 공격해 와도 두려워하지 않을 것이네! 23 자네는 밭에 있는 돌들과도 계약을 맺을 수 있게 되고 들짐승과도 화목하게 지낼 수 있을 것이네! [밭농사를 힘들게 만드는 돌들도 자네 뜻대로 움직일 수 있게 되고, 생명을 위협하는 들짐승도 자네와 사이좋게 지내게 될 것이네!] 24 이어서 자네는 자네 집안에 진정한 평화가 머무는 것을 경험하게 될 것이며, 아무리 철저하게 조사해

봐도 자네가 누리는 삶의 모든 영역에서 잘못되거나 잃어버리는 것이 없다는 것을 발견하게 될 것이네! 25 그리고 자네는 자네의 후손이 땅의 풀들처럼 엄청나게 번성하는 것을 보게 될 것이네! 26 결국 자네의 인생은 건강하게 천수를 누리고 생을 마감하게 될 것이네. 마치 가을에 잘 여문 곡식이 단단히 묶여서 곡간이나 저장소에 올려지는 것처럼 말일세!

27 자! 이 모든 것이 우리가 인생에서 발견한 전부이고, 연구하여 배우게 된 총체적인 진리일세. 그러니 자네는 이 모든 내용을 귀담아듣고, 알았으면 좋겠네. 바로 자네를 위해서 말일세!"

동영상 강해 QR 3. 엘리바스의 첫 번째 제안(4-5장)

4. 엘리바스의 제안에 대한 욥의 첫 번째 대답(6장)

6 ¹ 엘리바스가 한 말에 대해서, 욥은 다음과 같이 대답했다. ² "만약 내가 지금 느끼는 이 원통함과 내가 당하는 이 고통을 저울에 올려서 그 무게를 철저하게 측정할 수만 있다면, ³ 분명히 바다에 있는 모래를 다 합친 것보다 더 무거울 것이다! 그래서 나의 말이 경솔하고 거칠게 나오고 말았구나! ⁴ 하지만 정말로 나의 상황은 전능하신 하나님께서 독화살을 쏜 것과 같은 상태라네. 그 독화살은 나에게 박혔고 그 독화살의 독이 내 영혼에 침투해 들어오기 때문에, 끝없는 아픔과 공포가 나를 향해 계속 밀려온다네!

⁵ 들나귀가 먹고 살 수 있는 풀이 있는데도 시끄럽게 울겠는가? 또한 소가 먹고 살 수 있는 충분한 여물이 있는데도 큰 소리로 울겠는가? 나도 어느 정도 살아갈 희망만 보인다면 이렇게 극단적으로 울부짖지는 않았을 것이네. ⁶ 소금을 치지 않은 싱거운 음식을 누가 먹을 수 있겠는가? 아무런 영양가도 없는 물 같은 죽을 누가 맛있게 먹을 수 있겠는가? 마찬가지로 (엘리바스가 대표가 되어) 친구라는 자네들이 나에게 해 준 충고는 먹지 못할 음식과 같네. 내가 어떻게 그 말 같지도 않은 말을 받아들이며 삼킬 수 있겠는가? ⁷ 나에게 자네들이 해 준 충고는 마치 혐오스러운 음식과 다를 바 없다네. 혐오스러운 음식은 만지기도 싫은 것처럼, 자네들의 그런 혐오스러운 말은 듣기도 싫다네!

⁸ 아! 내가 하나님께 간구하는 것을 들어주신다면 얼마나 좋을까! 내가 하나님께 소망하는 그것을 해 주신다면 얼마나 좋을까! ⁹ 나의 간구와 소망은 하나님께서 나를 죽이시는 것이다. 하나님의 손으로 나를 부서뜨리셔서 나를 끝장내 버리셨으면 좋겠구나! ¹⁰ 그렇게만 하나님께서 해 주신다면, 나는 위로받을 것이고 이 사정없이 밀어닥치는 고통이 끝나는 것으로 행복할 것 같다네. 분명히 말하지만 나는 거룩하신 하나님의 말씀 중에 어느 하나도 거역하지 않고 살았다네. ¹¹ 그런데도 나에게 이런 비참한 일이 일어나다니, 나는 이제 더 이상 무엇인가를 기다릴 힘도 소망도 없다네. 이미 소중한 모든 것을 다 잃어버려서 내 삶이 끝장났는데, 더 기다린다고 무슨 좋은 결말이 있겠는가?

¹² 도대체 왜 자네들은 나를 이렇게까지 밀어붙이는가? 내가 무슨 돌인가? 아니면 내가 무슨 강철인가? 나는 살과 피로 되어 있는 연약한 인간일 뿐이네! ¹³ 나를 다시 일으킬 만한 힘은 더 이상 내 안에 남아 있지 않고, 내가 이전에 가지고 있었던 지혜도 지금은 다 떠나 버렸네. ¹⁴ 다만 친구인 자네들에게 한 가지 유일하게 바랐던 것은, 내가 이토록 철저한 고통과 낙망 속에 있을 때, 신실한 사랑으로 나를 위로해 주는 것이었네. 그 정도도 해 줄 수 없다면 자네들은 전능하신 하나님을 전혀 경외하지 않는 것이네. ¹⁵ 나의 형제와 같던 자네들이 신실한 사랑과는 거리가 먼 배신자들처럼 말하다니! 마치 한때 물이 흐르다가 말라 버린 와디 계곡처럼 말이야. ¹⁶ 와디 계곡에 내렸던 눈은, 봄이 되면 녹아서 흙탕물이

되어 흐르지. ¹⁷ 하지만 날씨가 조금만 따뜻해지면 그 와디 계곡에
흐르던 물은 완전히 사라지고 만다네. ¹⁸ 사막을 지나가던 대상들
은 와디 계곡을 보고 물이 있을 거라고 기대하며 방향을 바꾸지
만, 정작 계곡에 도착해 보면 물 한 방울도 없는 황폐한 곳이라는
것을 알고 죽게 되지. ¹⁹ **데마**의 상인들도, **스바**의 행상들도 사막에
서 물을 간절히 찾다가, ²⁰ 멀리서 와디 계곡을 보고 '저기에는 물
이 있으리라' 기대하며 왔지만 결국 모양만 계곡일 뿐, 물 한 방울
없는 실체를 보고 낙망하고 낙심하게 되는 것처럼, ²¹ 바로 자네들
이 나에게는, 그런 와디 계곡 같은 허망하고 무가치한 존재들이네.
자네들은 내가 당한 이 재앙의 결과만 보고 모든 것을 쉽게 판단
해 버리고 두려움에 휩싸여 있군!

　²² 내가 자네들에게 무엇을 달라고 부탁한 것이 있는가? 나를
위해 자네들의 재산에서 얼마를 달라는 요구라도 했는가? ²³ 또한
내가 자네들에게 나를 공격하는 적들로부터 어떤 무력을 사용해
구해 달라고 했는가? 나를 위협하는 존재로부터 나를 살리기 위
해 어떤 물질적인 대가를 지급해 나를 건져 달라고 했는가? ²⁴ 자
네들은 계속 나에게 '욥이 잘못했다!'라고 주장하는데, 도대체 내
가 무엇을 잘못했는지 그 내용을 분명하게 말해보게! ²⁵ 자네들은
바른말이라고 주장하며 나에게 여러 가지 조언을 던지고 있지만,
그것은 나를 위로하지 못하고 고통만 줄 뿐이네! 자네들이 하는
말이 다른 상황에서야 바른말일지 모르지만, 지금 나의 상황에는
전혀 맞지 않는다는 말이네! 자네들은 계속 나에게 '욥이 죄를 지었

다.'라고 주장하는데, 도대체 내가 무슨 죄를 지었는지 그 내용을 구체적이고 분명하게 말해보게!

  [26] 아니면, 내가 이 지독한 재앙을 당한 후에, 그로 인하여 토하는 고통스러운 탄식의 몇 마디 말들이 잘못되었다고 책망을 하겠다는 것인가? 내가 얼마나 고통스러우면 이런 말을 하겠는가? 자네들은 내가 하는 말이 엄살 피우는 헛소리처럼 들리는가? [27] 참으로 지금 자네들이 보이는 반응과 태도는, 마치 부모를 잃어버린 불쌍한 고아를 놓고 제비뽑기해서 빼앗는 것과 같네! 자네들의 친구인 나를 팔아먹으려고 흥정하는 사람들처럼 행동한다는 말일세!

  [28] 그러니 이제 나를 제대로 보게! 내가 어떻게 자네들 앞에서 거짓말을 하겠는가? [29] 제발 자네들의 그런 비판적인 태도를 바꾸어서, 나를 죄인 취급하지 말게! 나에 대한 자네들의 입장을 고치게! 나는 죄와는 전혀 상관없는 의로운 사람이네! [30] 나는 지금까지 살아오면서 그 어떤 불의한 것을 행한 적이 없네! 나는 지금까지 살아오면서 그 어떤 불의한 말도 해 본 적이 없네! 내가 지금 이중적이고 가식적으로 말하는 것처럼 보이는가? 나는 지금 오롯이 진실만을 말하고 있네!"

5. 욥의 첫 번째 탄식과 기도(7장)

7 ¹ "군 복무하는 군인처럼, 남의 밑에서 계약을 맺고 일하는 일꾼처럼, 이 땅 위에서 사는 모든 인생의 삶이 참으로 유한하고 고달프구나! ² 그런 인생에 작은 보상이 있다면, 땡볕에서 훈련받는 군인이 그늘에서 좀 쉬는 것이고, 온종일 일한 일꾼은 그날 제대로 된 보수를 받는 것이다. ³ 하지만 나에게는 그만한 보상도 없다! 나의 날들은 공허함으로 가득하고, 나의 밤들은 고통으로 가득하다!

⁴ 지금 나는 이렇게 살고 있다. 밤이 되어 눕게 되면, 새벽까지 불면증과 고통에 시달리고 뒤척거리다가 이렇게 말한다. '아! 언제 아침이 오려나! 이 답답한 밤이 너무나 길구나!' ⁵ 그 이유는 내 몸의 종기와 상처로 인해 구더기와 더러운 흙이 뒤덮여 있기 때문이다. 내 모든 피부는 계속되는 상처로 인해 썩어가고 있다. ⁶ 하지만 정작 아침이 되어서 하루를 시작하면, 베틀의 북보다 더 빠르게 시간이 지나 버리고 베틀의 끈이 끊어져 버리듯 애쓴 모든 것이 소망 없이 사라져 버리는구나!"

⁷ "오! 하나님! 저의 생명은 지금 바람 앞의 작은 등불 같음을 기억해 주소서! 제 눈이 이제 다시는 하나님께서 주신 아름답고 선한 것들을 볼 수 없는 상황입니다! ⁸ 저는 이제 죽어서 사라질 것이기에, 지금까지 저를 보던 사람들의 눈이 저를 만날 수 없을 것이고, 하나님의 눈으로 저를 아무리 찾아보셔도, 발견하실 수 없

을 것입니다. 제가 죽어서 사라져 버릴 것이니까요! ⁹ 흘러가는 구름이 자취를 감추고 사라져 버리듯, 저도 그렇게 죽음의 세계(스올)로 내려가 다시는 이 세상으로 올라오지 못하고 아주 사라져 버릴 것입니다. ¹⁰ 저는 제가 살던 집으로 돌아갈 수도 없고, 그 집도 저를 다시 맞이할 수 없습니다. 이제 다시는 이전의 삶으로 돌아갈 수 없는 상황이 되었습니다. ¹¹ 하지만 저는 제가 지금 당하는 이 원통하고 비참한 곤경으로 인해 도저히 가만히 있을 수가 없습니다. 죽을 때 죽더라도, 그 전에 저의 이 고통과 아픔을 반드시 쏟아내야겠습니다. ¹² 오! 하나님! 왜 저에게 이렇게 하십니까? 제가 무슨 바다에 사는 물의 신이라도 됩니까? 아니면 제가 무슨 바닷속 괴물이라도 됩니까? 도대체 제가 뭐라고 이토록 감시하시고 엄하게 대하십니까? ¹³ 저는 너무나 고통스러운 하루를 마치고, '그래 이제 좀 자면 괜찮겠지'라고 하며 잠자리에 눕습니다. ¹⁴ 하지만 심지어 그 잠 속에서도 하나님께서는 악몽을 꾸게 만드셔서 쉬지 못하게 하시고 저를 계속 놀라고 두렵게 만드십니다. ¹⁵ 차라리 숨이 막혀서 죽어 버렸으면 좋겠습니다. 이렇게 살다가 앙상한 뼈만 남게 되느니 말입니다. ¹⁶ 저는 정말 더 사는 것이 진저리가 납니다. 더 살기를 전혀 원하지 않습니다. 저를 좀 그만 괴롭히시고 내버려 두십시오! 사는 것이 정말 사는 것이 아닙니다! ¹⁷ 도대체 사람이 뭐라고, 제가 뭐 얼마나 대단한 사람이라고 이렇게까지 하십니까? 그냥 죽여 버리시지, 왜 저를 이렇게까지 신경 쓰십니까? ¹⁸ 도대체 사람이 뭐라고, 제가 뭐 얼마나 대단한 사람이라고 날마다,

순간마다, 저에게 오셔서 저를 시험하시는 것입니까? [19] 언제까지 저에게 눈을 떼지 않으시렵니까? 왜 침을 삼키는 순간조차 저를 가만두지 않으시는 것입니까? [20] 지독하게 나를 감시하시는 하나님! 그래요! 그러면 제가 죄를 지었다고 합시다. 하지만 제가 죄를 지었다고 한들 그것이 당신께 무슨 나쁜 영향력이라도 끼쳤습니까? 도대체 왜 아무 죄도 짓지 않은 저를 범죄자처럼 초점을 맞추셔서 계속 심문하시고, 무거운 짐과 같은 죄책감과 형벌을 저에게 올리시는 것입니까? [21] 백번 양보해서, 제가 무슨 죄라도 정말 지은 것이 있다면, 전능하신 하나님께서 그 죄를 용서해 주시거나 넘어가 주시면 안 되는 것입니까? 도대체 제가 지은 죄가 얼마나 대단하길래 이렇게까지 하시는 것입니까? 저는 이제 정말 죽어서 흙 밑으로 들어갈 것입니다. 그러면 당신께서 저를 아무리 찾으셔도 저는 더 이상 없을 것입니다."

동영상 강해 QR 4. 욥의 첫 번째 대답 및 탄식과 기도(6-7장)

6. 빌닷의 첫 번째 반응과 제안(8장)

8 ¹ 그러자 욥이 한 말을 받아서, **수아** 사람 빌닷은 다음과 같이 대답했다.

² "이보게 욥! 자네는 언제까지 그런 태도로 계속 말을 할 것인가? 자네가 지금 말하는 모습은 거친 바람과 같아서 실체도 없고 참으로 지나치네! ³ 지금 자네에게 일어난 결과를 보게! 딱 죄지은 사람에게 일어난 결과가 아닌가? 자네가 잘못한 것이 없는데도 이런 결과가 나온 것이라고 계속 주장한다면, 결국 하나님께서 잘못하셨다는 말인가? 전지전능하신 하나님께서 잘못 아셨고 잘못 판결하셨다는 말인가? ⁴ 자네가 잘못하지 않았다면, 혹시라도 자네의 자녀들이 잘못하고 죄지은 것이 있을 것이네! 그래서 하나님께서는 그 범죄한 일에 대해 이러한 재앙을 보내신 것이지!

⁵ 아직 자네가 살아 있다는 것은 여전히 자네에게 기회가 있다는 것이네. 그러니 지금이라도 하나님께 나아가서 자네와 자네 자녀의 죄를 회개하고 전능하신 하나님 앞에 용서와 자비를 구해 보게! ⁶ 자네가 지금이라도 회개하여 자네의 삶을 정결하고 정직하게 고친다면, 하나님께서는 바로 자네를 다시 보호해 주셔서, 평안과 회복을 선물해 주시고 자네의 무너진 가정도 다시 일으켜 주실 것이네. ⁷ 그렇게 된다면, 다시 시작하는 자네의 삶이 처음에는 보잘것없는 시작이어도 나중에는 아주 큰 축복으로 위대한 결말을 맞이하게 될 것이네."

⁸ "무엇보다 자네는 지난 과거와 전통을 잘 살펴보게. 우리보다 앞선 시대를 살아갔던 선조들의 역사와 그들이 연구해서 남긴 결과를 배워서 자네 마음을 고치고 바르게 세우게! ⁹ 왜냐하면 우리는 조금밖에 살지 않았기 때문이네. 우리가 안다면 얼마나 알겠는가? 우리가 살았다면 얼마나 살았겠는가? 우리는 정말 거대한 인류의 역사에서 아주 잠시 있는 그림자 같은 존재일 뿐이네. ¹⁰ 당연히 자네에게 바른 것을 알려줄 존재는 우리의 선조들이고, 그들이 더 긴 세월 동안 경험하고 연구한 결과물이기에, 당연히 자네는 그들의 중심에서 나온 전통과 교리를 받아들여야 하네! ¹¹ 예를 들어, 어떤 풀이나 식물이 충분한 흙과 물 없이 자랄 수 있겠는가? 마찬가지로 오늘의 우리도 지난 과거 없이는 존재할 수 없고, 우리 선조들이 남긴 위대한 전통과 교리를 배우지 않으면 미래를 열 수가 없는 법이네! ¹² 또한 어떤 풀이나 식물이 아무리 푸르고 싱싱해 보여도, 물이 없으면 자연스럽게 말라 버리네. 굳이 잘라낼 필요도 없지. 물 없는 식물은 당연히 다른 풀이나 식물보다 먼저 사라지는 것이네."

¹³ "마찬가지로 가장 깊은 생수의 근원 되시는 하나님을 잊어버린 자들의 운명도 그와 똑같네. 겉으로는 하나님을 경외하는 것처럼 행동하지만 속으로는 하나님을 무시하는 자들의 결과는 이처럼 아무런 소망도 없이 말라 버리는 풀과 같은 결말을 맞이할 수밖에 없네. ¹⁴ 가장 깊은 생명의 근원이신 하나님이 없는 사람은 제아무리 든든히 의지하는 것이 있다고 할지라도 결국 모조리 무

너지고 사라지는 법이지. 그런 사람이 믿고 쌓아 올린 모든 것은 마치 거미줄로 만든 집과 다를 바 없네. ¹⁵ 거미줄로 만든 집에 한 번 기대어 보게! 어떻게 되겠나? 당연히 그런 집은 사람을 감당할 수 없을 뿐 아니라, 그 집에 기댄 사람도 넘어져 다치게 할 것이네. 그리고 거미줄 같은 것들을 아무리 굳게 붙잡아도 일어날 수조차 없네! ¹⁶ 물론 어떤 식물은 아주 잠깐 태양 빛을 받아서 생기 넘치는 푸른색을 띠며 자신의 정원에서 어린싹을 틔우고 자라날 수 있네. ¹⁷ 심지어 돌이 많은 땅 위에서도 뿌리를 여러 갈래로 내려, 돌들 사이에서 살아남는 것처럼 보이네. ¹⁸ 하지만 그 돌이 있는 땅 아래의 깊은 물, 곧 생명의 근원으로 연결되지 못했기 때문에, 시들어 버리게 되고 그 자리에서 뽑히게 되지. 결국엔 그 식물이 한참 동안 있었던 장소조차 '나는 그런 식물을 본 적이 없어'라고 말하는 결말에 이르게 된다네. ¹⁹ 바로 이것이 생명 없는 식물이 잠시 누리는 기쁨의 전부네! 그 식물이 사라지고 나면 금세 흙에서 다른 식물이 솟아 나와서 그 자리를 차지하게 된다네. 마찬가지로 생명의 근원에서 떠난 사람도 이와 같은 운명을 맞이하게 된다네!

²⁰ 이보게! 욥! 하나님께서는 절대 죄 없는 사람, 곧 온전한 사람에게 재앙을 내리시거나 부당한 대우를 하지 않으시네! 오직 죄를 지어 악한 짓을 한 사람의 손을 더 이상 굳게 잡아주지 않으실 뿐이네! ²¹ 아직 자네에게는 기회가 있네! 지금이라도 자네가 지은 죄를 회개하고 하나님께 나아가면, 하나님께서는 자네의 입에 웃음을 채워주시고 자네의 입술에는 기쁨의 소리를 다시 가득하게

해 주실 것이네! [22] 자네를 미워하던 자들은 수치를 당하게 되고 자네에게 악한 짓을 하던 자들의 집은 완전히 망할 것이네!"

동영상 강해 QR 5. 빌닷의 첫 번째 반응과 제안(8장)

7. 빌닷의 제안에 대한 욥의 첫 번째 대답: 친구들에게(9장)

9 [1] **수아** 사람 빌닷이 한 말에 대해, 욥은 다음과 같이 대답했다.

[2] "방금 자네가 말한 것은 나도 이미 다 알고 있는 내용이고 일부는 동의한다네. 그렇지! 죽을 수 밖에 없는 유한한 인간이 어찌 영원하신 하나님처럼 의로울 수 있겠는가? 당연히 그럴 수 없지! [3] 이 세상의 어떤 사람이든지 하나님과 논쟁하고 싶어 하여 정말로 그분과 논쟁하게 된다고 하더라도, 하나님께서 던지시는 천 개의 질문에 단 한개도 대답할 수 없다는 것을 나도 아네. [4] 하나님의 생각은 너무나 지혜로우시고 하나님의 힘은 너무나 강하신데, 그 누가 그분을 향해 끝까지 완고한 태도로 대항해서 안전할 수 있겠는가? 그것은 무모한 짓이지!

[5] 하나님께서는 누구신가? 그분은 높고 견고한 산들을 순식간에 없애실 수 있는 분이시지. 심지어 그분께서 분노하시며 산맥들을 뒤엎으셔도 산들은 그렇게 되는 것조차 깨닫지 못하지. [6] 그분은 이 세상의 기둥들을 그 본래의 자리에서 빼내시고 온 땅을 흔들거리고 떨리게 만드실 수 있는 분이시지. [7] 그분은 태양을 향해 명령하셔서 다시는 솟아오르지 못하게 만드실 수 있는 분이시고, 별들도 빛나지 못하도록 어둠 속에 봉인해 버리실 수 있는 분이시지. [8] 그분은 그 누구의 도움도 없이 혼자서 하늘을 펼치실 수 있는 분이시며, 거친 바다의 물결조차 발로 밟으셔서 고요하게 하실

수 있는 분이시지. ⁹ 그분은 큰곰자리, 삼성(오리온 자리), 북두칠성, 그리고 남쪽 하늘에 있는 별자리들을 만드신 분이시지. ¹⁰ 그분은 우리가 도저히 측량할 수도 없는 엄청난 일들을 해내시는 분이시며, 우리가 도저히 이해할 수도 없는 경이로운 일들을 이루시는 분이시지. ¹¹ 설사 그분이 내 위로 지나가신다 해도 나는 그분을 볼 수 없으며, 설사 그분이 내 앞을 지나가신다 해도 나는 느낄 수조차 없다는 것을 나도 아네!

¹² 그분이 어떤 일이든 갑자기 행하신 것에 대해서 그 누가 취소시킬 수 있겠는가? 그 누가 감히 그분께 '왜 이렇게 하십니까?'라고 대들 수 있겠는가(시 88:14)? ¹³ 하나님께서 화가 나셔서 한번 하신 일은 절대로 바꾸지 않으시지! 심지어 바다 괴물인 라합의 부하들조차 그분 앞에 굴복할 수밖에 없지(시 89:10)! ¹⁴ [만약 하나님께서 나에게 어떤 질문을 하신다면] 나 역시 그분께 어떤 대답을 할 수 있겠으며, 그분께 합당한 어떤 말을 선택할 수 있겠는가? 하나님의 위대하심과 나의 미천함을 나도 잘 알고 있네! ¹⁵ 내가 아무리 의로우며 죄지은 것이 없다고 주장할지라도, 나의 심판자이신 하나님 앞에 내가 할 수 있는 일은 그분의 자비를 구하는 것밖에 없다는 것을 나도 알고 있네!

¹⁶ 비록 하나님께서 나에게 대답해 주시겠다고 하시거나, 내게 말할 수 있는 기회를 주셔서 그분께 큰 소리로 나의 억울한 상황을 알려 드렸다고 할지라도 정말 하나님께서 나의 음성에 귀를 기울이셨는지는 확신할 수 없다네. ¹⁷ 내가 이렇게 말하는 이유는, 하

나님께서 태풍처럼 나를 공격하시고 죄 없는 나에게 아무 이유도 없이 계속해서 상처를 입히시기 때문이네. [18] 그래서 내가 숨 쉬는 것조차 힘들게 만드시고 쓰디쓴 고통과 괴로움으로만 나를 채우시기 때문이네.

[19] 나의 억울함을 힘으로 해결해 보려고 해도 하나님께서는 너무나 강하셔서 불가능하며, 법정으로 가서 재판을 받아보려고 해도 하나님께서는 최고의 심판자이셔서 그 누구도 나를 위해 변호해 줄 사람이 없기 때문이네. [20] 내가 아무리 잘못한 것이 없고 의롭다는 주장을 한다고 해도 나의 입을 만드신 하나님께서 나의 입을 움직이셔서 '나는 죄인입니다.'라고 고백하게 만드실 것이고, 내가 아무리 나의 온전함을 증명해 보이려고 애써도 하나님께서는 나를 악한 존재로 드러나게 만드실 것이기 때문이네. [21] 다시 말해서, 내가 아무리 온전하고 죄가 없어도 나는 나의 온전함과 무죄를 하나님 앞에 증명할 길이 없다는 말이네. 그래서 나는 [3장에서부터] 죽기를 원했고 나의 인생을 저주한 것이네.

[22] 이제 나는 이런 결론에 이르게 되었네. '하나님께서는 죄 없는 온전한 사람이나 죄지은 악한 사람이나 똑같이 대하시고 똑같이 심판하시는 분이시다.'라고. [23] 비유를 들어 보겠네. 이 세상에 갑작스러운 재난이 닥쳐서 모든 사람이 함께 죽는다면, 죄지은 악한 사람의 죽음이야 당연하더라도 죄 없는 선한 사람의 죽음은 안타깝기 마련인데, 내가 느끼기에, 하나님께서는 그런 죄 없는 사람들의 죽음과 절망까지도 비웃으시는 것처럼 보이네. [24] 더 심하게

말하자면, 내가 보니 이 세상은 이미 악한 자들의 손에 다 넘어간 것 같네. 이 땅을 공의롭게, 악한 사람과 선한 사람을 구분해서 판결해야 할 진정한 재판관의 모습은 사라져 버린 것처럼 보이네. 그렇다면 누가 세상을 이렇게 만들었겠나? 당연히 하나님이시지! 하나님이 아니라면 누구시겠는가?

²⁵ 지금 나의 현실은 백 미터 달리기 선수가 달리는 것보다 더 빠른 속도로 지나가고 있다네. 그래서 나의 인생에 의미 있는 것들과 선한 것들을 볼 수조차 없네(7:6). ²⁶ 마치 갈대로 만든 빠른 배가 물 위를 지나가는 것 같고, 하늘의 독수리가 땅의 먹잇감을 잡아채려고 하강하는 것처럼 신속하게 지나가네. ²⁷ 그래서 잠시 사는 인생이니 더는 나의 원망이나 불평을 그만하고 의지적으로라도 표정을 바꾸어 얼굴에 미소를 지어 보려고 했지만, ²⁸ 어차피 하나님께서 내가 무엇을 하든 나를 죄인 취급하실 것이고, 죄의 결과처럼 보이는 지금 내 몸의 고통과 상처를 고쳐 주지 않으실 것을 잘 알기에, 너무나 고통스럽고 무서워서 그렇게 되지가 않네! 그렇게 할 수도 없고 소용도 없다는 말이네! ²⁹ 내가 무엇을 해도 하나님께서는 어차피 나를 죄인 취급하실 텐데, 뭐 하러 내가 헛수고하겠는가! ³⁰ 내가 아무리 특별한 물이나 비누로 목욕을 해서 내 몸과 삶을 깨끗하게 한다고 할지라도 ³¹ 어차피 하나님께서 다시금 나를 더러운 시궁창으로 던져 넣으실 것이 뻔하기 때문이네. 그러면 나의 옷조차 나를 싫어할 것이 뻔하네."

욥의 독백

32 "참으로 하나님께서 나와 비슷한 사람이시기만 하여도 내가 그분과 함께 법정으로 가서 나의 무죄와 온전함을 따져볼 수 있을 텐데, 하나님께서는 나보다 너무나 높으시고 위대하신 존재이셔서 도저히 재판할 수도 없고 그분이 던지시는 질문에 그 어떤 대답도 나는 할 수가 없구나. 33 하나님과 나 사이에 중재자가 있어서 지금 이 불합리한 상황을 바로잡아 줄 수 있으면 좋겠는데, 나는 이미 유죄 선고가 내려진 사람처럼 모든 상황이 불합리하게 기울어졌고 그분의 재앙은 도미노처럼 무너지면서 나에게 밀려오는데 그 누구도 손을 내밀어 멈춰줄 사람이 없구나! 34 나의 간절한 소망은 이것이다! 하나님께서 나를 향해 내리치시는 그 징계의 막대기를 거두시고 더 이상 나로 하여금 두려움에 휩싸이지 않도록 해 주셨으면 좋겠구나! 35 그렇게만 된다면, 나는 두려움 하나 없이 하나님을 향해 담대하게 말할 수 있을 것이다. '나는 절대로 하나님의 징계를 받을 만한 짓을 한 적이 없으며 그런 사람이 아닙니다.'라고! 하지만 나는 지금 도저히 그렇게 말할 수 없는 상황이구나!"

동영상 강해 QR 6. 빌닷의 제안에 대한 욥의 첫 번째 대답(9장)

8. 빌닷의 제안에 대한 욥의 두 번째 대답: 하나님께(10장)

10 ¹ "나는 이제 정말 더 이상 살기가 싫고 더 이상 살 수도 없다. 하지만 그 전에 나는 내가 당한 이 원통함과 내가 덮어쓴 이 영혼의 쓰라림에 대해 말해야겠다. ² 제가 이제 하나님께 아룁니다.

하나님! 저를 더 이상 죄인 취급하지 말아 주십시오! 도대체 저를 적대시하시는 이유가 무엇인지 알려 주십시오! ³ 하나님! 당신의 손으로 수고로이 만드신 저를 이토록 짓누르시고 멸시하시는 것이 당신께서 보시기에 좋아 보이십니까? 그래서 제 친구라는 자들이, 잘 알지도 못하면서 함부로 하는 나쁜 말들을 옳은 것처럼 빛나게 하시는 것이 당신께서 보시기에 바른 것입니까? ⁴ 하나님의 눈이 어찌 사람의 눈과 같을 수 있습니까? 하나님이신 당신께서 어떻게 죽을 인간처럼 보신단 말입니까? ⁵ 하나님의 시간은 죽을 사람들의 시간과 양적으로도 질적으로도 다르지 않습니까? 영원하신 당신의 시각은 잠시 살다가 죽을 유한한 인간의 시각과는 전혀 다르지 않습니까? ⁶ 그런데 어째서 하나님께서는 사람들처럼 저의 실수를 추적하십니까? 어째서 당신께서는 인간들처럼 그토록 집요하게 저의 죄를 찾으시는 것입니까? ⁷ 물론 아무리 저의 실수를 추적하시고 아무리 저의 죄를 집요하게 찾아보셔도 제가 철저히 무죄라는 것만 아시게 될 것입니다. 아울러 지금 당신의 손으로 누르시는 재앙으로부터 저를 구해 줄 사람이 아무도 없다는 것도 아시게 될 것입니다.

⁸ 하나님! 당신의 손으로 저를 만드셨습니다. 제 몸의 여러 지체들을 하나로 연결하여 지어 주셨지요. 그런데 어째서 지금 저를 이토록 심하게 파괴하십니까? ⁹ 제발 기억해 주십시오! 하나님께서 저를 흙에서 만드신 것을 말입니다. 저는 매우 연약한 존재입니다. 그런데 어째서 당신은 저를 다시 흙으로 돌려보내려고 하십니까? ¹⁰ 하나님께서는 우유를 붓듯이 제 아버지의 씨를 통해 저에게 생명을 주셨고, 그 우유를 저어서 치즈가 되듯이 제 어머니의 젖을 통해 성장하게 하시지 않으셨습니까? ¹¹ 하나님께서는 살과 가죽을 마치 옷처럼 저에게 입혀 주셨고 뼈와 힘줄로 강하게 엮어 주셨습니다(시 139:13-16). ¹² 하나님께서는 저에게 생명을 주시고 신실한 사랑으로 돌봐 주셨습니다. 심지어 저의 영혼 안까지 자주 찾아오셔서 저를 보호하시고 지켜주셨습니다.

¹³ 그런데 인제 보니 지금까지 저를 계속 감시하고 계셨고, 제가 조금만 잘못하면 재앙을 내리시려고 준비하고 계셨군요. 저는 지금 저에게 일어나는 모든 일들이 하나님께서 하신 일이라는 것을 잘 알고 있습니다(9:24). ¹⁴ 제가 죄를 짓는지 안 짓는지, 항상 지켜보고 계셨고, 제가 작은 죄라도 지으면 그 즉시 재앙을 내리시고 절대로 용서해 주시지 않으려고 하셨군요! ¹⁵ 그래서, 제가 죄를 짓게 되면 그 즉시 재앙을 받게 되는 것이고, 설사 제가 죄를 짓지 않고 의롭게 살아도 하나님께서는 항상 저를 감시하고 계시니, 참으로 머리를 들어 올리고 자신 있게 살 수가 없습니다. 바로 지금

제가 그렇습니다. 저의 내장은 당신의 감시로 인해 수치심으로 가득 차 있고, 저의 눈은 당신의 재앙으로 인해 괴로움으로 가득 차 있습니다. 16 제가 조금이라도 잘 되어서 머리라도 들어 올리면, 하나님께서는 사자처럼 저를 사냥하시고, 저를 향해 돌이키셔서 끔찍한 일들을 끊임없이 행하십니다.

17 하나님께서는 저에게 불리한 증인과 증거들을 계속 새롭게 세우시고 저를 향하여 진노하시는 것이, 마치 계속 새로운 군대를 저에게 반복적으로 보내시는 것과 같습니다. 18 이렇게 하실 것이었으면, 어째서 저를 태어나게 하셨습니까? 그냥 어머니의 자궁에서 죽게 만드셨다면, 아무도 저의 이런 모습을 보지 않게 되었을 텐데 말입니다. 19 그랬다면 저는 이 세상에 존재하지도 않는 사람이 되어서, 어머니의 자궁에서 바로 무덤으로 갈 수 있었을 텐데 말입니다. 20 어차피 유한한 인생으로 태어난 저의 생애는 얼마 되지 않고, 지금 제가 살날도 얼마 남지 않았으니, 제발 이제 그만하시고 저를 내버려 두십시오! 그래서 잠시만이라도 숨을 돌리게 해 주십시오! 21 제가 이제 곧 가게 될 곳, 저 어둡고 죽음의 그림자가 드리워진 곳, 바로 그곳으로 제가 가기 전에 잠시라도 말입니다. 22 하나님께서도 그곳이 어떤 곳인지 잘 아시지 않습니까! 그곳은 어둡고 캄캄한 땅이며, 무질서와 혼돈으로 가득한 곳이지요. 그곳은 빛조차 검은색이어서, 밝음과 어두움의 차이가 전혀 없는 곳입니다."

동영상 강해 QR 7. 빌닷의 제안에 대한 욥의 두 번째 대답(10장)

9. 소발의 첫 번째 반응과 욥의 대답 1부(11-12장)

소발의 첫 번째 반응

11 ¹ 욥이 한 말에 대해서, **나아마** 사람 소발이 다음과 같이 반응했다.

² "자네 정말 말이 너무나 많군! 그런 많은 말에 대해서 누가 대답하지 않을 수 있겠는가? 빈 수레가 요란하다는 옛말처럼 말 많은 사람치고 제대로 된 사람이 없지. 자네도 마찬가지네. 자네가 입술을 움직여 내뱉는 많은 말들이 대다수 쓸모없는 말들뿐이니, 어찌 자네 같은 사람을 의롭다고 할 수 있겠는가? ³ 자네의 그런 쓸모없는 말들에 대해서, 정상적인 사람이라면 누구나 가만히 있을 수 없지! 자네는 계속 쓸데없는 말들로 하나님과 사람을 비웃고 조롱하는데, 자네의 그런 잘못된 태도를 부끄럽게 만들 수 있는 사람이 없는 줄 아는가?

⁴⁻⁵ 자네는 '나는 죄가 하나도 없다. 나는 정결하다, 나는 하나님 앞에서 깨끗하다.'라고 계속 주장하지만, 하나님께서 자네에게 분명하게 말씀해 주시기를, 그분의 입으로 직접 자네에게 말씀해 주시기를 바라네! ⁶ 그래서 하나님께서 자네에게 지혜의 비밀을 드러내 주시길 바라네. 그분의 진리는 한쪽에서만 보면 이해하기 어려운 것으로서, 전체를 보아야만 깨달을 수 있는 다층적인 신비라네. 다만, 자네가 이것 하나는 분명히 알아야 하네! 자네는 지금 당하는 고난으로 인해 하나님께서 심한 벌을 내리셨다고 주장하

지만, 실제로 하나님께서는 자네가 지은 죄보다 훨씬 약한 벌을 내리셨다는 것을 말일세! 거의 자네의 죄를 잊어버리신 것이나 다름이 없다는 말이네.

⁷ 자네를 향한 하나님의 그 깊고 심오한 진리와 섭리를 자네가 어찌 다 알겠는가? 자네가 그렇게 계속 고집스러운 태도로 나온다면 어떻게 그 전능하신 분의 온전하신 뜻을 발견할 수 있겠는가? ⁸ 하늘보다 높으신 분께 자네가 무엇을 할 수 있겠는가? 스올(지옥)보다 깊으신 분에 대해 도대체 자네가 안다면 뭘 얼마나 알고 있다는 말인가? ⁹ 하나님께서는 온 세상의 모든 땅보다 크신 분이시며, 모든 바다보다 더 넓으신 분이시네. ¹⁰ 그토록 위대하시고 엄청나신 분이 누군가에게 갑자기 다가오셔서 그 사람을 붙잡아 재판하시고 감옥에 넣어서 형벌을 주신다면, 그 누가 그것을 막을 수 있으며, 그 온전하시고 옳으신 분이 하신 일을 그 누가 틀렸다고 말할 수 있겠는가? ¹¹ 당연히 하나님께서 그렇게 하시는 이유는 그 사람이 무엇인가를 잘못했고 죄를 지었기 때문이네. 하나님께서는 텅 빈 삶, 헛된 삶을 사는 사람들의 무가치하고 악한 짓들을 절대로 그냥 두고 보지 않으신다는 것이지! ¹² 결국 그렇게 하나님을 향해 악한 짓들을 반복하여 텅 빈 삶과 헛된 삶을 고집스럽게 계속한다면, 그런 사람이 하나님의 심판에서 해방되거나 회복된다는 것은 불가능한 것이네. 차라리 들나귀가 새끼를 낳았는데 그것이 사람이 되는 것이 더 가능성이 있을 걸세!

¹³ 그러므로 분명하신 하나님의 뜻과 섭리를 따라서, 자네의 마

음을 고치고 죄짓던 삶에서 돌아서기로 결단한다면, 이제 그분을 향해 두 손을 들고 회개의 기도를 올려드리게! 14 아직도 남아 있는 죄와 악한 습관이 있다면 지금 즉시 끊어버리게! 그래서 자네의 집안에 더는 죄악된 것들이 머물지 못하도록 하게! 15 그렇게 되면, 땅으로 떨어졌던 자네의 얼굴은 다시금 하늘로 올라갈 것이네. 약해진 자네의 모든 것이 다시 강해질 것이네! 그동안 자네를 사로잡았던 모든 부끄러움이나 두려움도 모조리 사라져 버릴 것이네. 16 그렇게 되면, 자네가 지난날 당했던 모든 고생과 불행도 없어지고 마치 흘러간 강물처럼 자네의 기억에서 사라질 것이네. 17 이어서 자네의 남은 인생은 정오의 태양보다 더 높게 솟아오르고 밝게 빛날 것이네. 어두웠던 지난날이 밝은 아침처럼 바뀔 것이네! 18 지금까지 자네는 계속 죽기만 바랐지만, 이제 자네에게는 미래에 대한 소망이 일어나서 새로운 삶을 기대하게 될 것이고, 불안이나 염려가 사라진 삶의 자리를 찾아서 진정한 쉼을 누릴 수 있을 것이네! 19 지금까지 자네는 편하게 잠 한번 자 본 적 없었으나 이제 자네는 두려움 하나 없이 두 다리를 쭉 뻗고 잠도 잘 수 있을 것이며, 지금까지 많은 사람이 자네를 무시했지만 이제 자네를 만나는 사람마다 자네에게 잘 보이려고 애쓸 것이네.

　　20 하지만 만약 자네가 끝까지 고집을 피우고 회개하지 않는다면, 사악한 자들과 똑같은 결말을 맞이하게 될 것일세! 그들의 눈은 점점 어두워지고, 더는 숨어 지낼 곳도 사라져 버리니, 결국에는 아무런 소망도 없이 죽게 될 것이네."

소발의 발언에 대한 욥의 대답 1부

12

¹ 그러자 소발이 한 말에 대하여, 욥은 다음과 같이 대답했다.

² "와! 인제 보니, 너희들만 지혜로운 사람이구나! 너희들이 죽으면 너희들과 함께 이 세상의 지혜도 다 사라져 버리겠구나! ³ 하지만 너희에게만 그런 지혜가 있는 것이 아니다! 그 정도 지혜는 나도 가지고 있다! 나의 지혜가 너희들의 지혜보다 전혀 부족하지 않다는 말이다! 너희들이 지금 말하는 정도의 내용도 모르는 사람이 이 세상에 어디 있겠느냐? ⁴ 내가 누구인지 정말 제대로 아는가? 나는 원래 하나님께 기도하는 사람이었고 바로 그 하나님으로부터 응답받던 사람이었다. 그런데 지금은 친구들의 조롱거리가 되었구나. 하나님과의 관계에서 바르고 온전한 삶을 누리고 있었는데 하나님께서 아무런 대답을 하지 않으시니, 사람들의 조롱거리가 되고 말았구나.

⁵ 자네들이 그렇게 나를 조롱하는 이유는, 내가 지금 당하는 이 불같은 재앙, 이 억울한 고난을 겪어 보지 않아서 그런 것이지. 자네들의 삶이 평안하니 내가 지금 당하는 재앙을 그저 쉽게 죄로 연결해 버리고 나를 심판하고 멸시하는 것이지. 하지만 자네들이 직접 이 불같은 재앙으로, 이 억울한 고난의 내리막길로 미끄러져 내려가 본다면 그때에는 내 처지를 이해하게 될 것이네.

⁶ 자네들이 말하길, 악한 짓을 한 사람들은 누구나 하나님께서 심판하신다고 했지만, 실제로 악한 짓을 하고 세상을 파괴하는 사

람들의 삶을 보면 참으로 평안하네! 심지어 하나님을 모독하고 하나님의 정의를 파괴하여 그분의 분노가 일어나야 마땅한 상황이 되어도 아무 일도 일어나지 않고 오히려 평안하게 살기만 하네. 마치 그 악한 사람들의 손아귀에 하나님께서 잡혀 계신 것 같고, 하나님께서도 그들을 눈감아 주시는 것처럼 보이네. ⁷ 내가 지금 하는 말이 실제적인 진리가 아닌가? 내가 한 말이 틀린 것처럼 보인다면, 세상을 둘러보게! 심지어 산에 사는 짐승들에게 물어봐도 그것들이 가르쳐 줄 것이고, 하늘을 나는 새들에게 물어봐도 그것들조차 나처럼 대답해 줄 것이네! ⁸ 자네들이 디디고 있는 땅에 이 불합리한 현실을 물어보게! 땅도 그렇다고 할 것이네! 저 바다에도 물어보게! 그러면 물고기들이 내가 방금 말한 것처럼 대답해 줄 것이네! ⁹ 세상 모든 사람이 알고 있네! 이 세상에 선한 사람만 축복받고 악한 사람만 저주를 당하는 것이 아니라는 것을! 그리고 이 모든 것을 하나님께서 하셨다는 것을 말일세! ¹⁰ 결국 모든 생명의 존재와 멸망, 또한 사람들의 살고 죽는 것이 하나님의 손안에 있는 것이네.

¹¹ 내 귀가 이러한 지혜의 소리를 깨닫지 못하며, 내 입이 이러한 진리의 맛을 분별하지 못하겠는가? 하나님의 지혜는, 자네들이 말하는 그런 원칙에 따라서 실행되고 있지 않다는 것을 내가 느끼고 분별하고 있다는 말이네! ¹² 조금이라도 오랜 날들을 살아 본 사람이라면 바로 이러한 지혜를 다 알고 있다네. ¹³ 진정한 지혜와 능력은 하나님의 것이며, 온 세상을 다스리시는 진정한 모략과 명

철이 바로 그분께 있네! 14 보게나! 하나님께서 파괴해 버리시면 그 누구도 다시금 재건할 수 없고, 하나님께서 어떤 사람이든 가두어버리시면 그 누구도 그 사람을 해방할 수 없네. 15 보게나! 하나님께서 비를 보내지 않으시면 온 세상은 말라서 죽어가고, 그분께서 다시금 갑자기 많은 비를 보내시면 홍수가 나서 온 세상이 뒤집힌다네! 16 이 세상의 실제적이고 진정한 능력과 지혜가 바로 하나님께 있으며, 죄를 지었든 안 지었든 상관없이 모든 사람이 다 그분의 손에 달려 있다네! 17 하나님께서는 지혜롭게 나라를 이끌던 사람들도 수치스럽게 맨발로 걸어가게 만드시고 높은 위치에서 재판하던 사람들도 바보로 만드시네. 18 하나님께서는 한 나라의 왕이라도 그가 누리던 왕권의 허리끈을 풀어 버리신 후에 포로처럼 허리에 끈을 묶어서 끌려가게 만드시네. 19 하나님께서는 제사를 드리던 제사장들도 수치스럽게 맨발로 끌려가게 하시고, 왕족과 귀족의 혈통으로 영원히 권세를 누릴 것 같았던 사람들도 거꾸러트리시네. 20 하나님께서는 충성스러운 사람들이 말할 기회도 제거해 버리시고, 연륜을 가진 원로들의 분별력도 빼앗아 버리시네. 21 하나님께서는 높은 신분을 가진 명예로운 사람들도 수치를 당하게 하시며, 강력한 힘을 가진 사람들의 무기와 무장도 풀어버리시네.

22 [물론 사람들에게 나쁘고 파괴적인 것만 있는 것은 아니지!] 하나님께서는 아무것도 보이지 않는 어두움 속에서도 신비롭고 비밀스러운 것들을 찾아내시며, 모든 것이 끝난 것처럼 보이는 죽음의 상황에

서도 빛을 보게 하신다네. 23 하나님께서는 이 세상 나라들을 흥하게도 하시고 망하게도 하시며, 이 세상 민족들을 확장시켜 주기도 하시고 흩어지게도 하신다네. 24 하나님께서는 이 세상을 다스리는 지도자들의 총명함도 어리석게 바꾸셔서, 마치 길이 없는 광야에 있는 것처럼 방황하게 만드신다네. 25 하나님께서는 누구든지 빛이 하나도 없는 어둠 속에서 더듬거리게 만드시며, 어떤 사람이라도 술 취한 사람처럼 비틀거리게 만드시는 분이시라네!"

동영상 강해 QR 8. 소발의 첫 번째 반응과 욥의 대답 1부(11-12장)

10. 소발의 첫 번째 반응에 대한 욥의 대답 2부(13-14장)

누가 자네들의 입을 다물게 해 주었으면 좋겠네!

13 ¹ "이보게! 나도 내 눈으로 본 것과 내 귀로 들은 것이 있기에, 충분한 이해력과 분별력이 있다네. ² 자네들이 아는 것만큼 나도 알고 있으며, 절대로 자네들보다 부족하지 않네! ³ 다만, 나의 이 억울한 상황에 대해서 하나님께 말해볼 수 있기를 간절히 바라네. 또한 그렇게만 된다면, 하나님께서 내가 무엇을 잘못했는지 충분히 알려 주시기만을 간절히 바라네. 하나님과 내가 충분히 대화를 나눌 수만 있다면, 하나님께서는 분명히 내가 잘못한 것이 없다는 것을 증명해 주실 것이고 그러면 나는 그것으로 만족할 것이네. ⁴ 하지만 자네들과의 대화는 아무짝에도 쓸모가 없네! 자네들은 모두 거짓말만 만들어내는 사람들이고, 환자의 질병을 잘못 진단해서 잘못된 치료만 하는 정말 돌팔이 의사 같은 존재들이네! ⁵ 누가 자네들의 입을 다물게 해서 조용하게 만들어 주었으면 좋겠네! 자네들의 입을 다물고 있는 것이 가장 지혜로운 일이라고 나는 생각하네!

자네들은 하나님에 대해 잘못 말하고 있네!

⁶ 제발 좀, 나의 생각을 들어보게! 제발 좀, 내 입술로 토하는 항변을 귀 기울여 들어보게! ⁷ 자네들은 스스로 하나님을 위해 말하는 변호사들이라도 된다고 생각하는가? 자네들이 하나님을 위한다

면서 허튼소리와 거짓말을 내뱉고 있다는 것을 모르는가? [8] 자네들의 그런 허튼소리와 거짓말로 어떻게 하나님의 체면을 세워줄 수 있다고 생각하는가? 어떻게 그것이 하나님을 위한 변론이고 변호라고 할 수 있는가? [9] 자네들은 자네들의 관점에서 하나님을 이용하고 있을 뿐이네! 만약 하나님께서 나에게 하시듯이, 자네들의 인생을 마구 파헤치시고 심문하신다면 정말 자신 있는가? 그때에도 지금처럼 말할 수 있겠는가? 자네들은 지금 하나님을 사람처럼 대하고 있네! 그분을 이용하고 비웃음거리로 만들고 있다는 말이네! [10] 자네들은 지금 하나님을 위하는 척하지만, 실제로는 은밀하게 자기 자신의 입장만을 두둔하고 있다는 것을 다 알고 있네! 자네들이 계속 그런 태도로 나온다면, 언젠가 하나님께서 모든 진실을 드러내시고 자네들을 반드시 책망하실 것이네! [11] 자네들은 하나님이 두렵지도 않나? 그분의 엄청난 위엄과 공포가 자네들 위에는 임하지 않으리라 생각하는 것인가? [12] 자네들이 하는 말들은 결국 아무 쓸모없는 재 같은 속담으로 기억에 남을 것이며, 자네들이 하나님을 위해 변호한답시고 하는 말들도 금방 무너지게 될 모래로 지은 집과 같은 결과로 끝날 것이네!

나는 이제 어떤 결과가 닥치든, 자네들이 아니라 하나님께 말해야겠네!
[13] 자네들은 제발 입 좀 다물게! 내가 말 좀 하도록, 나를 내버려 두게! 앞으로 나에게 무엇이 닥치든 내가 감당할 것이네! [14] 도대체 왜 내가 이토록 이를 악물고 말을 하겠나? 왜 내가 이토록 내 목숨

을 걸고 나의 무죄를 항변하겠나? 도대체 왜 내가 이렇게까지 하겠는가? 15 자, 보게나! 결국, 하나님께서 나를 죽이시겠지! 하지만 나는 마냥 내 죽음을 기다리고 있을 수만은 없네! 나의 무죄함을 증명할 가능성이 아무리 낮더라도, 나는 남은 인생을 다 걸어서, 기필코 내가 바르게 살아왔음을 하나님 앞에 증명할 것이네!

16 아울러 내가 마지막까지 이렇게 하는 것이 나에게 유일한 구원의 길이 되리라 믿네. 내가 하나님 앞에 담대하게 나아갈 수 있다고 믿는 이유는 내가 의로운 사람이기 때문이네. 위선적이고 불경건한 인간은 절대로 그렇게 할 수가 없지! 17 그러니, 자네들은 내가 하는 말을 잘 듣게나! 내가 나를 변호하는 말들에 귀 기울여 주게나! 18 만약 내가 하나님 앞에 설 수만 있다면, 하나님과 함께 법정으로 가서 나의 의로움과 내가 당하는 이 재앙의 부당함을 충분히 변호할 수만 있다면, 내가 옳다는 것을! 다시 말해, 내가 무죄라는 선고를 받을 것이며 그 재판에서 승소하리라는 것을 나는 확신하네! 19 만약에 그 법정에서 누구라도 내가 지은 죄를 분명하게 밝힘으로, 내가 불의한 사람이라는 것을 증명해 낼 수 있다면, 나는 지금 당장이라도 침묵하고 죽을 준비가 되어 있네!"

하나님, 부탁이 있습니다!

20 "오! 하나님! 이런 어려운 상황에서 제가 당신께 부탁드리고 싶은 것 딱 두 가지가 있습니다. 이 부탁들만 들어주신다면 저는 당신의 얼굴을 향해 숨지 않겠습니다! 21 저를 향해 당신의 손으로

짓누르시는 이 재앙을 멈추어주소서! 그리고 더는 저를 두렵게 만들지 말아 주소서! 22 그런 다음에 저를 다시금 불러 주십시오! 그러면 제가 대답하겠습니다. 아니면 제가 당신을 부를 테니 저에게 대답해 주십시오! 23 도대체 제가 지은 죄가 얼마나 많은가요? 제가 하나님의 말씀을 어긴 것이나 하나님께 잘못한 것이 있다면 말씀해 주십시오! 24 어째서 이토록 오랫동안 하나님의 얼굴을 숨기시나요? 마치 제가 당신의 원수라도 된 것처럼, 왜 이토록 오랫동안 아무런 말씀도 응답도 하지 않으시나요?

25 저는 그저 찢어져서 떨어지는 낙엽같이 약한 존재인데, 왜 저를 대단한 사람처럼 여기시고 적대하시며 두렵게 만드시나요? 저는 그저 마른 풀과 같이 아무것도 아닌 존재인데, 왜 저를 엄청난 존재처럼 여기시고 추격하시나요? 26 하나님께서는 제 인생의 고통스러운 사건과 기억들만 남기려고 하시는 것입니까? 심지어 철없던 시절의 죄까지 다 찾아내서 처벌하려고 하시는 것입니까? 27 하나님께서는 제 발에 추적기를 족쇄처럼 달아 놓으시고, 제가 걸어온 모든 삶을 다 검사하려고 하시는 것입니까? 심지어 제가 발바닥으로 밟은 아주 작은 것까지 전부 심판을 하시겠다는 것입니까?

하나님, 저를 불쌍히 여겨 주십시오!

28 하나님! 사람이란, 심하게 썩은 가죽처럼 금방 소멸하는 존재이며, 좀이 먹어서 금세 삭아버리는 옷과 같은 존재입니다. 14:1 여자

의 몸에서 태어나 짧은 인생을 살다가 가는데, 그 짧은 날들조차 걱정과 시련으로 가득합니다. ² 그저 꽃처럼 잠시 피었다가 시들어 버리고, 그림자처럼 금방 사라집니다. 하나님처럼 영원히 살지 못하는 존재입니다. ³ 그런데 어째서 이토록 유한하고 연약한 존재를 하나님께서는 그토록 철저하게 감시하십니까? 굳이 저를 당신의 법정으로 끌고 가서서 당신의 기준으로 재판하려고 하십니까? ⁴ 더러운 존재가 깨끗한 것을 내놓을 수 없는 것처럼, 철저한 하나님의 재판 앞에서 유한한 제가 어떻게 하나님께서 원하시는 영원한 것을 내놓을 수 있을까요? ⁵ 영원하신 하나님께서 이미 이 세상의 날과 달의 한계를 정해 놓으신 것처럼, 사람인 저도, 하나님께서 이미 유한한 존재로 그 한계를 정해 놓으셨기 때문에, 그것은 불가능한 일이지요!

14 ⁶ 그러므로 하나님! 저를 불쌍히 여겨 주십시오! 저를 향하고 있는 당신의 감시하는 눈길을 이제는 치워주십시오! 그래서 마치 온종일 힘들게 일한 노동자가 저녁에 쉬듯이, 저의 남은 생애는 평안하게 마무리할 수 있도록 배려해 주십시오! ⁷ 예를 들어서, 나무는 언제든 소망이 있습니다. 도끼로 찍혀서 잘려나가도 시간이 지나면 다시 움이 돋고 순이 나서 살아나니까요. 그렇게 쉽게 죽지는 않지요. ⁸⁻⁹ 심지어 나무의 뿌리가 땅속에서 늙거나 줄기가 흙 속에서 죽더라도, 물기만 들어가면 다시금 가지가 솟아 나오지요. 마치 새로 심은 나무처럼 말입니다. ¹⁰ 하지만 사람은 나무가 아니지 않습니까! 사람은 죽으면 그것으로 끝입니

다. 숨을 거둔 사람이 어떻게 되겠습니까? ¹¹⁻¹² 물이 사라진 바다처럼, 물이 말라 버린 강처럼, 죽은 사람은 그것으로 끝입니다. 다시는 일어날 수 없게 됩니다. 하늘이 사라진다 하더라도, 사람은 죽음이라는 잠에서 깨어 일어날 수 없습니다.

하나님, 저를 특별히 숨겨 주십시오!

¹³ 하나님! 저를 스올에 특별하게 숨겨 주십시오! 저를 향한 당신의 그 분노가 사라질 때까지 말입니다. 기간을 정하셔서 저를 스올에 감춰 두셨다가, 그 기간이 끝나면 저를 기억해 주시고 다시 꺼내 주십시오! ¹⁴ 당연히 사람은 한번 죽으면 다시 살아날 수 없겠지요? 하지만 하나님께서는 저를 다시 살려내실 수 있으실 것입니다. 그러니 저는 스올에서 그동안 참고 견디면서 기다리겠습니다. 하나님께서 저를 향한 마음과 태도를 바꾸시는 그 날까지 말입니다. ¹⁵ 하나님께서 스올에 있는 저의 이름을 불러 주시면, 저는 대답하겠습니다(살아날 것입니다)! 당연히 하나님께서는 당신의 손으로 만드신 저를 다시 아껴 주시겠지요? ¹⁶ 그렇게 하나님께서 저를 스올에 잠시 숨겨 주신다면, 지금은 저를 감시하시고 못마땅하게 여기시겠지만, 저를 보지 않으셔도 되는 시간이 충분히 지나고 나면, 저를 더 이상 죄인처럼 보지 않으시겠지요! ¹⁷ 그렇게 되면, 마치 주머니 안에 물건을 넣고 닫아 버리듯, 하나님께서는 저의 죄를 잊어버리실 것이고, 마치 그림 위에 덧칠하듯이 저를 죄인처럼 여기시던 하나님의 태도에도 다른 마음으로 덧칠이 되겠

지요!

하지만 저의 현실은, 모든 소망이 사라져갑니다!

¹⁸ 하지만 저의 현실은 그 반대입니다. 견고한 산과 같던 저의 삶은 부서져 내려가고, 굳건한 바위와 같던 저의 인생은 심하게 흔들립니다. ¹⁹ 마치 흐르는 물이 돌을 가루로 만들고, 쏟아지는 물이 땅의 티끌을 쓸어버리듯이, 하나님께서는 저의 모든 소망을 사라지게 만들어 버리셨습니다. ²⁰ 하나님께서는 저를 끝없이 짓눌러 사라지게 만드시고, 당신의 얼굴을 침묵으로 무섭게 바꾸셔서 저를 당신의 임재에서 쫓아내 버리셨습니다. ²¹ 그 어떤 대단한 사람이라도 하나님께서 지금 무슨 일을 하시는지 알 수 없고, 그 어떤 겸손한 사람이라도 하나님께서 지금 무슨 일을 하시는지 깨달을 수가 없을 것입니다. 바로 제가 그렇습니다. 하나님께서 도대체 저에게 무엇을 하려고 하시는지 저는 알 수도 없고 깨달을 수도 없습니다. ²² 그저 지금 저는 이 고통스러운 현실이 너무나 힘들고, 지금의 이해할 수 없는 상황으로 인해 지독히 슬프기만 합니다."

동영상 강해 QR 9. 소발의 첫 번째 반응에 대한 욥의 대답 2부(13-14장)

제3부
욥과 친구들의 논쟁, 시즌 2
(15-21장)

11. 엘리바스의 두 번째 메시지(15장)

헛소리 그만하게!

15 [1] 이제 욥이 한 말에 대해서, 두 번째로 **데만** 사람 엘리바스가 대답하기 시작했다. [2] "이보게 욥! 스스로 지혜롭다고 하면서 어찌 그리 헛된 말만 하는가? 자네의 뱃속에는 어찌 그런 사납고 무가치한 바람만 가득한가? [3] 자네가 하는 그런 바르지도 않고 가치도 없는 말들로 어떻게 지금 이 상황을 바로잡을 수 있다고 보는 건가? [4] 무엇보다 자네의 그런 태도는 하나님을 경외하지 않는 것이며, 하나님 앞에 잠잠히 기도하는 신앙인의 자세를 파괴하는 것이네. [5] 결국, 자네가 하는 말들이 자네가 죄인임을 증거하고 자네의 혀에서 나오는 그 교활한 말들이 자네가 악

인이라는 사실을 증명하네! ⁶ 내가 하는 말 때문이 아니라, 바로 자네의 입술로 직접 하는 말 때문에 자네가 잘못된 사람이라는 사실이 드러난다는 말일세!

뭐가 그렇게 잘나서 그토록 교만하고 거만한가?

⁷ 자네가 그렇게 잘났나? 자네가 세상에서 가장 먼저 태어났나? 산들보다 먼저 있었던 존재라도 된다는 말인가? ⁸ 자네가 하나님 나라의 회의에 참석이라도 했는가? 자네 혼자서 이 세상 지혜를 다 가지고 있다는 말인가? [세상 모든 것을 다 아는 것처럼 말하지 말게!] ⁹ 도대체 자네가 우리보다 더 잘 알고 있다는 것이 무엇인가? 자네가 아는 것을 우리가 모르는 것이 무엇인가? 자네가 아는 것을 우리도 이미 다 알고 있네! ¹⁰ 우리도 머리가 하얗게 될 만큼 나이가 많고, 심지어 우리 중에는 자네 아버지보다 더 나이가 많은 사람도 있네! ¹¹ 하나님께서 우리를 통해 자네를 바로잡고자 하시는 것이 하찮은 위로로 보이는가? 하나님께서 우리를 통해 자네에게 하시는 부드러운 말씀을 어째서 무시하는 것인가? ¹² 어째서 자네는 이러한 하나님의 위로와 말씀 앞에서 거칠게 반응하고, 무례한 눈빛으로 하나님을 향해 부라리는가? ¹³ 어째서 자네의 마음으로 하나님을 반대하며, 자네 입에서 그런 무례한 말들을 하나님께 쏟아내는가? ¹⁴ 자네는 계속 스스로를 의롭다고 주장하지만, 도대체 그 어떤 사람이 온전히 깨끗할 수 있으며, 도대체 여자의 몸에서 태어난 어떤 사람이 온전히 바르다고 함부로 말할 수 있겠는가? ¹⁵

이보게! 하나님께서는 천사들도 신뢰하지 않으시고, 저 높고 맑은 하늘조차 하나님의 눈에는 순수하지 않다네! ¹⁶ 하물며, 천사들과는 비교도 되지 않는, 태생적으로 부패한 사람, 물 마시듯 죄를 짓는 인간들이야 말해서 뭐 하겠는가!

엘리바스의 견고한 교리: "악인은 반드시 고난당한다"

¹⁷ 자! 이제 내가 집중해서 정리한 진리를 자세히 설명해 줄 테니, 자네는 정신을 차리고 잘 들어보게! ¹⁸ 이것은 우리 선조들로부터 전해 받은 전통이며, 가장 지혜로운 사람들이 정리한 교리로써, 명백하게 드러난 진리라네! ¹⁹ 우리의 지혜로운 선조들이 그 진리를 잘 정리했기 때문에, 하나님께서는 그들에게 이 땅을 선물로 주셨고 그 어떤 이방인도 차지하지 못하도록 지켜주신 것이네! ²⁰ 우리 지혜로운 선조들이 정리한 진리는 바로 이것이네! '악한 짓을 한 자들의 인생은 결국 고통스럽게 될 것이며, 그들이 사는 날들은 결국 포학한 자에게 심판받도록 작정되어 있다.'는 것이네! ²¹ 악한 짓을 한 자들이 안전하고 평안하다고 느끼는 어느 날, 갑작스럽게 무서운 소리가 들릴 것이고 그들을 멸망시키는 자가 올 것이네! ²² 악한 짓을 한 자들은 그 다가오는 멸망의 어둠에서부터 결코 벗어날 수 없을 것이며, 오직 그를 심판하는 칼이 닥칠 뿐이네! ²³ 악한 짓을 한 자들은 무서운 맹수의 먹잇감이 될 것이고, 자기 인생의 마지막 날은 결국 어둡게 끝날 것이 작정되었음을 알게 될 것이네! ²⁴ 악한 짓을 한 자들은 한평생 환란과 곤경이라는 고통만 받

다가 두려운 마음으로 살아갈 수밖에 없네! 마치 다가오는 전쟁을 준비하는 왕처럼 말이네!

엘리바스의 결론: "이유는 언제나 운명이 된다"

[25] 그들이 이러한 운명을 맞이하는 이유는 하나님을 대적했고, 전능하신 분을 향해 교만했기 때문이지! [26] 그들이 이러한 운명을 맞이하는 이유는 완고한 태도로 하나님을 대하고, 적대적인 태도로 하나님께 대들었기 때문이지! [27] 그들의 얼굴에는 살진 기름이 덮여 있고, 그들의 허리에는 과도한 비만의 지방이 가득 차 있다네! [28] 결국 그들의 운명은 사람이 전혀 살지 않는 곳, 돌무더기만 가득한 황폐한 곳에서 살다가 생을 마감하게 되는 것이네! [29] 그들이 아무리 많은 재산을 모은다 해도 참된 부유함을 누리지 못할 것이며, 모아 놓은 재산으로 그 어떤 유익한 영향력이나 가치 있는 삶의 결과를 이루지 못할 것이네(잠 11:18; 13:11; 21:6; 22:16; 시 73편)! [30] 결국 그들은 어두운 운명에서 벗어날 수 없을 것이네! 마치 무서운 불길이 나무의 어린 새싹을 태워 버리듯이 하나님께서 보내시는 심판의 열기가 그들을 살라 버릴 것이네! [31] 그들이 그런 운명에 처한 이유는, 하나님을 신뢰하기보다는 하나님으로부터 떠나게 만드는 온갖 헛된 것들을 신뢰했기 때문이지! 결국 그들이 선택한 대로, 그들이 신뢰한 대로 보상을 받는 것이네! [32] 악한 짓을 한 자들의 수명은 짧게 끝날 것이며, 잠시 사는 날 동안에도 행복하지 못할 것이네! [33] 마치 포도나무의 포도가 다 익기도 전에 누군가

그 가지를 마구 털어 버린 것처럼 될 것이고, 만개하기도 전에 올 리브 나무의 꽃들을 누군가 다 뽑아 버린 것처럼 될 것이네! ³⁴ 경 건한 척했지만 실제로는 죄악을 일삼았던 가정이나 모임은 그 어 떤 좋은 결과나 미래도 누릴 수 없을 것이며, 정직한 척했지만 실 제로는 뇌물을 받아먹은 가족이나 공동체도 하나님께서 내리시는 심판의 불로 소멸될 것이네! ³⁵ 죄를 임신하면 결국 처벌을 낳게 되 는 법이네! 악한 짓을 했으니 결국 재앙이 닥친 것이지(시 7:14; 사 59:4)!"

12. 엘리바스의 두 번째 메시지에 대한 욥의 대답(16-17장)

친구들에게, 그리고 독백: "실망스럽고 답답하구나!"

16 [1] 엘리바스가 두 번째로 한 말에 대해서 욥은 다음과 같이 대답했다.

[2] "자네들이 하는 말, 전통과 교리에만 모든 진리가 있다는 그런 말들은 나도 수없이 많이 들어서 잘 알고 있네. 하지만 실제의 삶은 그렇지 않네! 그러니 자네들이 위로랍시고 하는 말들은 오히려 나에게 고통스러운 상처가 될 뿐이네! [3] 내가 하는 말을 바람 같은 헛소리라고 했지만, 사실 자네들이 하는 말이야말로 바람 같은 소리며 끝도 없는 헛소리라네! 도대체 언제까지 그런 무가치한 말들만 계속할 것인가? 도대체 자네들 속에 있는 무엇이 그런 식의 반응과 대답만을 계속하도록 자극하고 있는 것인가?

[4] 아! 만약 자네들이 나와 처지가 바뀐다면, 그래서 자네들이 나처럼 재앙을 당하게 된다면, 나도 자네들처럼 똑같이 거친 말들을 쏟아낼 수 있겠지! 나도 자네들을 향해 머리를 흔들면서 부정적이고 조롱하는 태도로 말할 수 있었을 거야! [5] 하지만 실제로는 그렇게 하지 않았을 것이네! 오히려 자네들을 내 진심 어린 말로 위로하고, 긍휼한 말로 자네들의 아픔을 덜어주었을 것이네! [6] 아! 내가 아무리 간절하게 말해도 나의 이 고통은 해결되지 않고, 내가 아무리 조용하게 침묵해도 이 고통은 사라지지 않는구나! [7] 참으로 하나님께서 나를 탈진하게 만드시고 내 가족까지 비극적으

로 만드셨도다!

하나님께, 그리고 독백: "정말 너무 하십니다!"

[8] 하나님! 당신께서 저를 이렇게 비참하게 만드셨습니다. 지금 저의 모습, 곧 피골이 상접한 이 모습만이 저에게 남은 유일한 결과입니다. 사람들은 바로 이러한 저의 모습을 증거로 삼아 제가 하나님께 죄를 지었다고 비난합니다(2:12). [9] 하나님께서 나를 향해 찢어 죽일 듯이 분노하시고 이를 가시니, 내 주변에 있는 사람들도 다 내 원수가 되어서 부정적이고 날카로운 눈빛으로 나를 보는구나! [10] 그래서 그들은 모두 다 같이 나를 향해 비난하고 경멸하며, 나의 뺨을 때리듯 모욕적인 말과 행동으로 나를 향해 대적한다! [11] 이렇게 된 이유는, 바로 하나님께서 나를 악한 자들에게 넘기셨기 때문이다! 무죄한 나에게 이유도 없는 재앙을 내리심으로 나를 나쁜 사람들의 손에 맡겨버리신 것이다! [12] 나는 정말 하나님 앞에서 범죄하지 않으며 평안하게 살고 있었는데, 갑작스럽게 하나님께서 나를 공격하셨다! 내 목덜미를 잡으신 후에 나를 파괴하시고, 나를 과녁처럼 세우셨다. [13] 하나님의 궁수들을 내 주변에 둘러싸게 하신 후에, 인정사정없이 내게 화살을 쏘게 하셔서 내 창자를 관통시키시고 내 내장이 모두 땅으로 쏟아지게 만드셨다. [14] 그것이 끝이 아니었다! 하나님께서는 무섭고 악랄한 전사처럼 나의 상처 나고 파괴된 몸과 인생을 향해 공격하고 또 공격하신다. [15] 지금 나의 피부는 마치 거친 베옷을 꿰매어 놓은 것과 같고, 지금

나의 존엄은 흙 속에 묻혀버린 뿔처럼 되었다. ¹⁶ 지금 나의 얼굴은 수많은 눈물로 인해 붉게 변해 버렸고, 지금 나의 눈꺼풀에는 오직 죽음의 그림자만 가득 차 있다!

그럼에도 불구하고 나는 기도할 것이다!

¹⁷ 그럼에도 불구하고 내가 분명히 말할 수 있는 것이 있다! 지금까지 나는, 한순간도 나의 손으로 부정한 범죄를 행하지 않았으며, 언제나 나의 입술로 순전한 기도를 하였다! ¹⁸ 그러므로 땅이여! 혹시라도 내가 억울하게 죽게 된다면, 그것을 너는 숨기지 말아다오! 그리고 내가 지금까지 부르짖었던 내 결백함의 기도가 허공에서 사라지지 못하게 해다오! ¹⁹ 또한 보아라! 지금도 하늘에는 나의 증인이 살아계시고, 저 높은 곳에 나를 변호해주실 분이 계시다는 것을, 나는 믿는다! ²⁰ 나의 친구들은 나를 조롱하지만, 나의 진정한 친구 되신 분께서는 하늘에서 나를 중재해 주실 것이니, 내 눈을 하나님께 향하고 눈물로 기도할 것이다! ²¹ 그리하여 하나님과 사람 사이에서, 그리고 사람과 사람 사이에서, 나의 이 억울한 상황을 바로잡아 주시고, 나의 의로움을 증명해 주시기를 바란다! ²² 왜냐하면, 이제 시간이 조금만 더 지나면, 나는 다시 돌아올 수 없는 곳으로 가게 될 것이기 때문이다. ^{17:1} 내 영혼은 이미 심각하게 손상되었고, 내가 살날들도 이제 다 끝나서, 무덤만이 나를 기다린다. ² 나를 조롱하는 자들만이라도 내 곁에 없다면 좋을 텐데, 현실은 그렇지 못하니, 결국 짧게 남은 인생 내내 그들의 도발

을 볼 수밖에 없구나.

욥의 기도

17 ³ 하나님! 저의 변호사가 되어 주십시오! 하나님 외에 그 누가 제 손을 잡아 토닥거려주며, 이 억울한 상황을 바로잡아 줄 수 있겠습니까? ⁴ 제가 이렇게 말하는 이유는, 하나님께서 저를 비난하는 친구들의 마음을 어리석게 만드셨기 때문입니다. 그러므로 이제 모든 것을 바로잡아 더 이상 제 친구들이 교만하게 말하지 못하도록 만들어 주십시오! ⁵ ① '자신의 유익을 위해서 친구를 고발하고 팔아먹는 사람은 그 후손의 눈이 멀어버릴 것이다.'라는 속담처럼 되게 하소서! / ② 제 친구들은, 자기 자녀들은 굶어 죽어가는데 친구들을 불러서 잔치하는 사람들과 같습니다.¹ ⁶ 하나님께서는 저를 세상 사람들의 조롱거리가 되게 만드셨고, 여러 사람이 제 얼굴에 침을 뱉도록 만드셨습니다. ⁷ 그래서 저의 눈은 슬픔으로 시력이 사라져가고, 제 몸의 모든 부분도 그림자처럼 약해졌습니다. ⁸ 저의 이런 억울한 상황으로 인해, 정직한 사람들은 엄청난 충격을 받게 될 것이고 순전한 사람들은 위선자들로 인해서 분노하게 될 것입니다. ⁹ 그런데도 진정으로 의로운 사람들은 자신들이 걸어온 신실한 삶을 고수할 것이며 깨끗하게 살아온 사람들도 낙망하지 않고 다시금 힘을 낼 것입니다.

1.　17:5은 두 가지 해석이 모두 가능합니다.

아, 나의 비참한 현실이여!

¹⁰ 자 이제! 자네들은 나를 정죄하는 태도에서 돌이키게! 제발 정신을 차리게! 자네들 중에서 지혜로운 자가 없다는 말인가! ¹¹ 내가 살 수 있는 날들은 끝나가고, 내 인생을 향해 품었던 나의 꿈들도 다 사라져 버렸구나. ¹² 내 친구들은 밤을 낮이라고 하고, 이제 완전한 어두움이 다가오고 있는데도 빛이 오고 있다고 말하는구나! ¹³ 내가 기다리는 것은 스올이 나의 집이 되는 것이고, 그 스올의 어두운 곳에 나의 잠자리를 펼쳐서 영원히 잠드는 것뿐이구나! ¹⁴ 나는 그곳에서 나의 무덤을 '내 아버지'라고 부를 것이고, '구더기'를 '내 어머니, 내 자매'라고 부르게 되겠지! ¹⁵ 이제 나에게 무슨 소망이 있을까? 그 누구도 내가 좋게 끝나는 것을 보지 못할 것이다! ¹⁶ 결국 나는 나의 소망과 함께 스올의 문을 통과해서 영원한 멈춤의 장소, 영원한 죽음의 장소인 그곳으로 내려가게 되겠구나!"

동영상 강해 QR 11. 엘리바스의 두 번째 메시지에 대한 욥의 대답(16~17장)

13. 빌닷의 두 번째 메시지와 욥의 대답(18-19장)

빌닷의 반응과 분노

18 ¹ 엘리바스에 대해 욥이 한 말을 듣고, **수아** 사람 빌닷이 그 대답으로 말했다.

² "이보게 욥! 자네는 도대체 언제쯤이면 함정 같은 말만 늘어놓는 이런 터무니없는 대화를 그만둘 셈인가? 제발 정신을 차리고 본인이 하는 말을 잘 분별해 보게! 그러면 우리도 자네에게 말 같은 말을 할 수 있을 것이네. ³ 왜 자네는 우리를 마치 짐승처럼 어리석게 여기고, 부정한 사람처럼 대하는가? ⁴ 오히려 자네야말로 화가 나서 자신의 영혼을 파괴하는 짐승처럼 보이네! 자네가 그렇게 발악을 한들, 땅이 변하고 바위가 옮겨지듯이, 지금 이 상황이 바뀔 수 있다고 보는가!

빌닷의 확신-저주

⁵ 다시 한번 말하지만, 죄를 지은 사람의 빛은 반드시 꺼지고, 악한 사람의 불꽃은 반드시 소멸된다네! ⁶ 죄지은 사람의 집에 있던 빛은 반드시 어두워지고, 악한 사람의 집에 있던 등불도 영영 사라진다네! ⁷ 잠깐은 인생이 잘 풀려서 힘차게 걸어가는 사람처럼 보였더라도, 금세 약해져서 일어날 수도 없게 된다네! 자신의 악한 꾀로 만든 함정에 스스로 빠지게 되는 것이지! ⁸ 정말이네! 죄지은 사람은 자신의 죄로 만든 그물 안에 걸려들기 마련이고, 악한 사

람은 스스로 만든 올가미 위로 걸어가기 마련이지! [9] 그러면 그 그
물이 그 죄지은 사람을 조이고, 그 올가미가 그 악한 사람의 발뒤
꿈치를 움켜잡는 거네! [10] 결국 사람이 죄를 지으면, 그 죄는 반드
시 그가 앞으로 걸어갈 길에 함정처럼 숨겨지게 되고 덫처럼 기다
린다는 말이네! [11] 그래서 갑자기 그 사람의 인생에 무서운 공포가
사방에서 닥치게 되고, 재앙이 사냥개처럼 추격해 팔다리가 후들
거릴 만큼 두려움에 떨게 만드는 것이지! [12] 그 사람은 아무것도
먹지 못한 사람처럼 힘이 다 빠지게 되고, 자신의 바로 옆에서 누
군가가 갑자기 옆구리를 찌르듯이 재앙이 닥칠 것을 기다릴 수밖
에 없게 되지! [13] 그 사람이 저지른 죄가 무서운 질병이 되어서 그
사람의 살을 먹어 치울 것이며, 바로 그 사람이 행한 악이 죽음의
사자가 되어서 그 사람의 사지를 씹어 먹을 것이네. [14] 그 사람은
그가 살던 안전한 장소에서, 그가 누리던 평안한 삶의 자리에서
뽑혀서 죽음의 세계를 통치하는 두려운 왕(존재) 앞으로 끌려갈 것
이네. [15] 그 사람이 가지고 있던 모든 것은 그 사람과 전혀 상관없
는 다른 사람이 가져가게 될 것이고, 그 사람이 살았던 장소는 그
누구도 살 수 없도록 유황이 뿌려질 것이네. [16] 그 사람은 마치 뿌
리가 말라 버리고 가지는 베어져 버린 나무처럼 될 것이네. [17] 그
사람에 대한 모든 기억은 땅에서 사라지고 그 사람의 명성도 온
세상에서 없어질 것이네. [18] 사람들이 그 사람을 밝은 곳에서 어두
운 곳으로 몰아낼 것이며, 사람 사는 세상에서 그를 영원히 추방
해 버릴 것이네. [19] 그 사람에게 더는 어떤 자식도, 후손도 없을 것

이네. 죄를 짓고 악을 행한 사람의 인생에는 그 어떤 미래도 남지 않을 것이네! ²⁰ 그 사람의 이러한 비극적인 재앙으로 인해 서쪽 사람(뒤에 사는 사람)들이 충격을 받을 것이며, 동쪽 사람(앞에 사는 사람)들도 공포에 사로잡힐 것이네! ²¹ 참으로 하나님을 향해 죄지은 사람들의 운명은 이렇게 끝날 것이고, 하나님을 알지 못하는 사람의 결국은 이렇게 끝장날 것이네!"

욥의 현실과 고통

19 ¹ 그러자 빌닷이 한 말에 대해서 욥은 다음과 같이 대답했다. ² "도대체 자네들은 언제까지 내 영혼을 괴롭힐 셈인가? 도대체 언제까지 자네들의 그 헛된 말들로 나를 짓밟으려고 하는가? ³ 자네들은 잘 알지도 못하면서 나를 10번이나 모욕했고, 아무 죄도 없는 나를 끊임없이 죄인 취급하면서도 전혀 부끄럽지 않은가? ⁴ 자네들 말대로 정말 내가 무슨 죄라도 지었다 한들, 그것이 나의 문제이지 자네들과 무슨 상관이 있다는 말인가? ⁵ 자네들이 그런 교만한 태도로 계속 나를 정죄하고 심판하고 싶다면, 내가 정말 무엇을 잘못했는지, 내가 무슨 수치스러운 일을 했는지 분명하게 증명해 보게! ⁶ 자네들이 지금이라도 똑바로 알아야 할 것은, 내가 이런 비참한 상황이 된 것이 나의 죄로 인한 것이 아니라 하나님께서 하신 일이라는 것이네! 그분께서 나를 쓰레기처럼 구기신 후에 그물 속에 집어넣으신 것이라는 말이네!

⁷ 자! 그래서 내가 억울한 폭행을 당하고 있다고 소리쳤지만

그 누구도 응답하거나 도와주지 않았고, 내가 바로잡아 달라고 고함쳤지만 그 누구도 바른 판결을 내려주지 않고 있네! [8] 하나님께서 내가 가고 있는 길을 막아 버리셔서 나는 도저히 앞으로 나아갈 수 없는 상태가 되었고, 심지어 그분은 막다른 길 위에 있는 나를 어두움으로 덮어 버리셨네. [9] 하나님께서 나의 존엄을 빼앗아 버리셨고, 내 머리에 있던 면류관을 벗겨버리셨네! [10] 하나님께서 나의 사방에서 나를 때리시고 공격하시니 내가 갈 길은 죽음의 길 뿐이네. 마치 나무를 뽑아 버리듯 하나님께서는 나의 소망을 뽑아 버리셨네! [11] 하나님의 분노하심이 불처럼 내 위에 타오르며, 하나님의 적대하심이 원수처럼 나를 향해 일어난다네! [12] 하나님께서는 마치 강력한 적군들이 함께 몰려오는 것처럼, 나를 향해 공격용 길을 만드시고 나의 주변에서 포위 공격을 하고 계신다네! [13] 하나님께서는 나의 형제들도 나로부터 멀어지게 만드셨고, 나를 아는 사람들도 나를 이방인처럼 외면하게 만드셨네! [14] 아울러 나의 친척들도 나와 절연하게 만드셨고, 나를 가장 잘 아는 친구도 나를 잊게 만드셨네! [15] 더욱이 내 집에서 함께 살던 여종들조차 나를 나그네 취급하니, 나는 그들의 눈에 이방인처럼 되고 말았네! [16] 내가 나의 종들을 불러도 그들은 대답하지 않고, 내 입으로 아무리 간청을 해도, 그들은 들은 척도 하지 않는다네! [17] 심지어 내 아내는 내가 옆에서 숨 쉬는 것조차 싫어하며, 내가 마땅히 명령할 수 있는 혈육, 바로 내 후손들에게는 애원해야 하는 상황이 되었네! [18] 손자 손녀들까지도 나를 거부하고, 내가 자리에서 일어나기만 해도 나에 대해서 조롱하는 말로 수군거린다네! ¹⁹ 나와 그토록 가깝게 지내던 모든 친구들이 나를 혐오하며, 나를 그토록 사랑했던 사람들도 나를 무시한다네. ²⁰ 내 피부가 내 뼈와 붙어 버려서, 내 몸에 남은 살이라고는 잇몸에 있는 살뿐이라네! ²¹ 그러니 제발 자네들은 나에게 은혜를 베풀어 주게! 제발 자네들은 나를 불쌍히 여겨 주게! 내 친구들이여! 나는 잘못한 것이 없네! 다만 하나님께서 손으로 나를 치신 것이네! ²² 그런데 어째서 자네들은 하나님과 한편이 되어서 나를 사냥감처럼 추격하는 것인가? 어째서 자네들은 하나님께서 하시듯 내 삶을 잔인하게 삼키고도 만족하지 않는 것인가? ²³ 아! 누가 나의 이 억울한 재앙을 기억해 주었으면 좋겠구나! 누가 나의 이 고통스러운 체험을 책으로 만들어 주었으면 좋겠구나! ²⁴ 누가 나의 이 미칠 것 같은 이야기를 영원히 사라지지 않도록 철필과 납으로 돌에 새겨주었으면 좋겠구나!

욥의 확신과 소망

²⁵ 하지만 내가 확신하는 것이 하나 있다! 나의 고엘, 나를 구원하실 분, 나를 대속해 주실 분이 살아 계시다는 것을 말이다! 언젠가는 반드시 그분께서 이 땅 위에 일어나셔서 나의 이 잘못된 모든 것을 바로잡아 주실 것을 나는 믿는다! ²⁶ 비록 나의 피부가 다 벗겨지고 내 살이 다 썩어 버릴지라도, 나는 나의 육체의 상태와 상관없이 그분을, 바로 그 하나님을 바라볼 것이다! ²⁷ 나는 반드시 내 눈으로 그분을 직접 뵙고야 말 것이다! 바로 그때 전혀 낯설지

않은 친밀함으로 나는 그분을 만나게 될 것이다! 아! 내 영혼이 그분 뵙기를 지독하게 갈망하는구나!

욥의 경고와 심판

28 그런데도 자네들은 계속 '이 모든 재앙의 원인은 욥의 죄 때문이다! 그러니 욥을 어떻게 추궁해서 자백하게 만들까?'하고 헛된 궁리만 하고 있구나! 29 하지만 자네들은 정신을 차리고 하나님을 두려워해야 할 것이네! 계속 그런 태도로 나를 공격한다면 조만간 하나님의 분노가, 하나님의 심판이 자네들 위에 닥치게 될 것이기 때문이네!"

동영상 강해 QR 12. 빌닷의 두 번째 메시지와 욥의 대답(18-19장)

14. 소발의 두 번째 메시지와 욥의 대답(20-21장)

소발의 대답과 분노

20 ¹ 빌닷에게 말한 욥의 발언에 대해서, **나아마** 사람 소발은 다음과 같이 말했다.

² "욥! 자네가 하는 말을 내가 듣고 있자니, 정말 마음이 산란하여 참고 있을 수가 없네! 내 안에서 치밀어 오르는 대답들로 자네를 향해 말하지 않을 수가 없다는 말이네(15:11)! ³ 나를 모욕하고 책망하는 자네의 말들을 내가 듣고 있다 보니, 내 안에서 나의 지식이나 분별력을 능가하는 하나님의 영이 나를 대신해서 자네에게 대답하라고 말씀하시네!

소발이 확신하는 교리: "악인은 반드시 심판받는다"

⁴ 왜 자네는, 오래전 즉 이 땅에 사람이 존재할 때부터 있었던 위대한 진리에 대해 혼자서만 모르는 척하는가? ⁵ 그것은 바로 악을 행한 사람의 환호는 아주 잠깐뿐이고 죄를 지으면서도 아닌 척하며 가식적으로 사는 사람의 기쁨도 순간뿐이라는 것이네! ⁶ 그의 교만이 하늘까지 올라가고, 그의 위상이 구름까지 닿는다고 할지라도, ⁷ 그가 싼 똥처럼 내려가고 처박힐 것이네! 그래서 그런 인간을 주의 깊게 보고 있던 사람들도 어느 순간 '그가 어디 갔지?'라고 말하게 되는 날이 오는 것이네! ⁸ 죄를 짓고 악을 행한 사람의 인생은 잠에서 깨면 사라지는 꿈처럼 없어져 버려서 아무도 그를

찾을 수 없을 것이고, 한밤중의 환상처럼 허무하게 된다네! ⁹ 다시 말하지만, 그 나쁜 사람은 더 이상 보이지 않게 사라질 것이고, 그 사람이 살던 장소도 다시 찾을 수 없는 곳처럼 황폐하게 될 것이네! ¹⁰ 그 나쁜 사람이 사라지고 나면 그의 후손들은 가난한 자들에게까지 도와 달라고 구걸해야만 하는 비참한 처지에 놓이게 될 것이네. 그 이유는 그동안 사람들에게 착취한 것들을 다 돌려주기 위해 모든 재산을 빼앗길 것이기 때문이지.

¹¹ 물론 한때 그 나쁜 사람은 힘과 활력이 넘쳤지만, 하나님의 심판으로 모든 것을 잃고 흙먼지 위에 누워야 할 처지가 되는 것이네. ¹² 사람들 몰래, 혀 밑에다가 악을 사탕처럼 간직하고 그 죄의 맛을 달콤하게 빨아 먹으면서, ¹³ 그것이 나쁜 것인 줄 알면서도 계속 은밀하게 자기 입안에 담아 놓고서 즐겼지만, ¹⁴ 그가 몰래 먹고 삼킨 죄와 악들은, 그의 중심인 뱃속으로 들어가서 독사의 독처럼 변할 것이네! ¹⁵ 그래서 그가 몰래 먹고 삼킨 것들을 하나님께서 토하게 만드시고, 그의 뱃속에서 꺼내신다네! ¹⁶ 결국 그가 독사의 독을 빨아 먹고 살아온 것이라네! 그러니 그 독에 의해서 죽을 수밖에 없는 것이지! ¹⁷ 그는 올리브 기름의 풍성함과 젖과 꿀이 강처럼 흐르는 축복, 바로 하나님께서 주시는 진정한 복은 전혀 맛볼 수 없을 것이네! ¹⁸ 그는 아무리 애써 일해도 그 이득을 얻지 못할 것이며, 아무리 장사해서 유익이 생겨도 그것으로 참된 기쁨을 누리지 못하게 된다네! ¹⁹ 그 이유는 그가 가난하고 약한 자들을 무시하고 짓밟았기 때문이며, 자신이 수고하지도 않은 남

의 것들을 빼앗았기 때문이지! ²⁰ 그래서 그는 아무리 먹고 마셔도, 마음 깊은 곳에서 참된 평안과 만족을 경험할 수 없을 것이며, 그가 갈망하는 대로, 보고 싶은 것을 아무리 많이 보고, 사고 싶은 것을 아무리 많이 사도, 바로 그 욕망의 덫에서 벗어날 수 없는 것이네! ²¹ 아무것도 나누지 않고 모든 것을 먹어 치우고 독차지하였으니, 그에게 주어진 모든 좋은 것들도 결국 오래가지 못하고 갑작스럽게 끝나게 되는 것이지! ²² 하나님께서는 이렇게 하신다네! 그 악한 사람이 풍족함의 절정을 느끼고 있을 때, 갑자기 재앙이 닥치게 하신다네! 갑작스럽게 고통스러운 심판이 닥치는 것이지! ²³ 그가 먹고 싶은 대로 먹으며 자신의 배를 마구 채우고 있을 때, 바로 그때 하나님께서는 무시무시한 분노의 심판을 내리신다네! 마치 갑작스럽게 내리는 폭우처럼 그의 몸과 인생에 심판이 쏟아지는 것이지!

²⁴ 그 악한 사람은 절대로 하나님의 심판을 피할 수 없다네! 마치 전쟁에서 철로 된 무기 몇 개를 피한다 해도 하늘에서 쏟아지는 놋 화살에 온몸이 뚫리게 되듯이 말일세! ²⁵ 몸에 꽂힌 놋 화살을 애써 뽑아 보아도, 이미 몸속 깊이 박힌 그 예리한 화살촉으로 인해 쓸개가 터지고 무시무시한 죽음의 공포가 그를 덮칠 것이네! ²⁶ 그의 모든 재산이 완전한 어둠 속에 묻힐 것이며, 하나님의 불이 그에게 남겨진 모든 것들을 태워서 삼켜 버릴 것이네! ²⁷ 이렇게 하늘이 그의 악을 드러내고, 땅이 일어나서 그를 심판할 것이네! ²⁸ 바로 이렇게 하나님께서 진노하시고 심판하시는 날, 그의

집에 있는 모든 소유물은 홍수에 쓸려가는 것처럼 사라질 것이네! ²⁹ 바로 이것이 죄지은 사람에게 하나님께서 내리시는 판결이며, 바로 이것이 악행한 사람에게 하나님께서 선언하시는 운명일세!"

욥의 대답과 간청

21
¹ 이러한 소발의 말에 대해서 욥은 다음과 같이 대답했다.

² "내가 하는 말을 제발 좀 제대로 들어주게! 내가 하는 말을 경청해 주는 것이, 자네들이 지금 나에게 해 줄 수 있는 유일한 위로라네! ³ 제발, 내가 하는 말을 좀 참고 들어주게! 내가 진실을 바르게 말하겠네! 내가 하는 말을 다 들어 본 후에, 내가 틀렸다고 생각된다면, 그때는 얼마든지 나를 조롱하게! ⁴ 내가 지금 사람에게 나의 이 억울한 상황과 고뇌를 말하고 있다고 생각하는가? 아니네! 그렇다면 어째서 내 영혼이 이토록 초조해한다는 말인가? 나는 사람이 아니라 하나님께 말하는 것이네! ⁵ 제발 나의 이 끔찍한 실상을 바로 보고 충격받아서, 진지하게 좀 받아들여주게! 제발 자네들의 손으로 입을 막아서, 더는 나를 죄인 취급하며 판단하는 일을 그만두게!

욥이 체험하는 실제: "악인이 반드시 심판받는 것은 아니다"

⁶ 지금부터 내가 말하려는 내용은, 솔직히 생각만 해도 떨리고, 그 억울함과 두려움으로 인해 온몸에 소름이 끼치네! ⁷ 자네들은 나

에게 악인은 반드시 심판을 받는다고 했지만, 어째서 실제로, 악인들은 오랫동안 장수하면서 잘 먹고 잘사는 것인가? ⁸ 어째서 악한 사람들은 아무 문제 없이 후손을 낳으며, 심지어 그 후손들까지도 그들과 함께 잘 먹고 잘사는 것인가? ⁹ 어째서 그들의 집은 두려움 하나 없이 평안하게 살며 하나님께서는 그들에게 그 어떤 재앙도 심판도 내리지 않으시는 것인가? ¹⁰ 자네들도 보지 않았나? 악한 사람들의 가축들은 아무 문제 없이 새끼를 배고, 실패 없이 그 새끼를 낳는다네. ¹¹ 자네들은 그 악한 사람들의 후손이 심판받을 것이라고 말하지만 악한 사람들의 자녀들은 마치 양 떼처럼 많을 뿐만 아니라, 양 떼처럼 자유롭게 뛰놀고 춤춘다네. ¹² 악한 사람들의 자녀들은 탬버린과 하프를 들어서 연주하며, 피리를 불면서 기쁘고 행복하게 산다네. ¹³ 악한 사람들의 자녀들은 자신들에게 주어진 수명을 충분히 누리고 죽을 때조차 아주 평화롭게 생을 마감한다네. ¹⁴ 그들은 하나님을 향해 '우리 인생에 상관하지 마세요! 우리는 당신의 말씀이나 가르침에 대해서는 전혀 관심도 없고 좋아하지도 않아요!'라고 말한다네. ¹⁵ 또한 '전능하신 하나님이라고? 도대체 그가 누군데? 그에게 예배하고 그를 섬긴다고 무슨 유익이 있나? 뭐 하러 그에게 기도하고 간구하나?'라고 말한다네. ¹⁶ 잘 보게! 현실적으로, 저 악한 사람들이 누리는 복은 저들의 손안에 있는 것이 아닌가? 자네들이 말한 것과는 반대로, 저들은 하나님의 심판을 받지 않는다는 말이네! 그렇다면 자네들이 계속 주장하는 '악인에 대한 교리'는 내가 지금 당하고 있는 현실과도 전혀 상관없는 충고라는 말이네! 자네들은 반드시 하나님께서 악인에게 재앙을 내리신다고 했고, 그래서 내가 재앙을 받는 것을 보니 내가 악인이라고 결론을 내렸지만, 현실적으로 악인 중에서 하나님의 재앙을 받지 않는 사람들이 이렇게 많으니, 내가 재앙을 받는다는 이유만으로 어떻게 나를 악인이라고 판결할 수 있는가? 그러므로 자네들이 계속 주장하는 내용인 '악인은 반드시 재앙을 받는다.'라는 교리는 틀렸고 나와도 아무런 상관이 없는 것이네!

¹⁷ 자네들은 정말로 악인들의 불이 꺼지는 것을 본 적이 있는가? 그들이 지은 죄로 인하여 하나님께서 정말 언제나 고통스러운 재앙을 내리시고 심판하시던가? ¹⁸ 그들의 삶이 바람 앞의 지푸라기처럼 되거나 폭풍 속의 티끌처럼 날아가는 것을 본 적이 있는가? ¹⁹ 그러면 자네들은 '하나님께서는 악을 행한 그 사람이 아니더라도, 나중에 그의 후손들에게 반드시 심판하신다.'라고 말하겠지만, 그게 말이 되는가! 벌은 죄를 지은 사람에게 집행되어야 하는 것이 아닌가? ²⁰ 당연히 죄를 지은 사람이 직접 자기 눈으로 자신이 멸망하는 것을 보아야 마땅하고, 악을 행한 사람이 직접 자신이 행한 악의 결과로써 전능하신 하나님께서 내리시는 진노의 잔을 마셔야 할 것이 아닌가? ²¹ 죄를 짓고 악을 행한 사람이 살 만큼 다 산 후에, 자기 집안과 자기 후손에게 그 어떤 재앙이나 심판이 내린들 무슨 소용이 있나? 그 사람이 신경이나 쓰겠는가? ²² 자네들은 지금 '악인은 하나님께서 심판하신다. 지금은 아니더라도 나중에 그 후손에게 심판하신다.'라는 자네들의 편협한 교리로 하

나님을 조종하겠다는 건가? ²³ 자네들의 교리만 주장하지 말고, 인생의 실제를 직시하게! 저기 사는 어떤 사람은 특별히 선한 것을 한 것이 없어도 한평생 건강하고 풍족하게 모든 것을 누리면서 살다가 평안하고 안락하게 생을 마감한다네. ²⁴ 그의 몸은 영양가 좋은 음식으로 채워져 있고 그의 뼈와 골수는 생기로 가득 차 있다네.

²⁵ 하지만 그곳에 사는 또 다른 사람은 한평생 마음이 쓰리고 고통을 당하며 이 세상의 그 어떤 좋은 것도 경험해 보지 못하고 생을 마감한다네. ²⁶ 그런데 가장 억울한 것은 그 두 종류의 사람이 죽은 후에, 똑같은 운명을 맞이한다는 것이네. 두 사람 다 똑같이 흙속에 매장되고 구더기가 죽은 몸을 덮어버리지! ²⁷ 자! 나는 자네들이 무슨 생각과 의도로 말하는지 잘 알고 있네! 내가 이러한 재앙을 당하게 된 이유를 설명하려고 전통과 교리에다가 심지어 하나님의 뜻까지 운운하지만, 실제로 자네들이 하려고 하는 것은 나를 공격하는 것이지! ²⁸ 그런데도 자네들은 이런 나의 말이 틀렸다고 주장하며 '도대체 그렇게 죄짓고도 하나님의 심판을 받지 않은 권문세도의 집안이 어디 있느냐? 악을 행하고도 하나님의 재앙을 받지 않은 사람들의 집안이 어디 있느냐?'고 묻는 것인가? ²⁹ 자네들은 길을 지나가는 사람들에게, 이 세상을 사는 사람들에게, 실제로 그 죄짓고 악을 행한 사람들에게 어떤 일이 일어났는지 물어보지도 않았고 들어 본 적도 없다는 말인가? ³⁰ 세상 사람들이 이렇게 말하지 않는가? '실제로, 죄를 지은 사람들은 멸

망의 날이 와도 아무 일 없이 보존되었고, 악을 행한 사람은 심판의 날이 와도 그냥 넘어가 버렸다.'라고! ³¹ 지금까지 실제로, 그 누가 죄지은 사람의 얼굴을 향해 분명한 유죄 판결을 내려서, 그 사람이 행한 악에 대해서 철저하게 죗값을 치르도록 갚아주었는가? ³² 결국, 수많은 죄를 짓고 악을 행해도, 그 사람은 이 세상에서 아무런 처벌조차 받지 않고 수명을 다한 후에 자신의 무덤으로 평안히 내려간다네! 그리고 세상 사람들은 그런 악한 사람들의 무덤까지 지켜 준다네! ³³ 그의 죽은 몸은 골짜기에 있는 흙이 부드럽게 감싸 준다네. 그 악한 사람의 장례식에는 수많은 사람이 와서 조문까지 하지. 자네들은 내가 지금 말하는 악한 사람의 인생이 아주 드물고 예외적인 경우라고 생각하나? 아니야! 그 악한 사람 앞에도 수많은 악인이 있었고, 그 죄를 지은 사람의 뒤에도 수많은 죄인이 동일한 길을 따라갈 것이네!

이것이 실제라네!

³⁴ 그러므로 자네들이 나에게 위로랍시고 하는 말들은 헛된 것이네! '악인은 하나님께서 반드시 심판하신다.'라고 말하는 자네들의 교리는 부분적인 진리이고 실제와 맞지 않는 거짓일 뿐이네!"

동영상 강해 QR 13. 소발의 두 번째 메시지와 욥의 대답(20-21장)

15. 엘리바스의 세 번째 주장과 욥의 대답(22-23장)

엘리바스의 최후 메시지

22 ¹ 이제 마지막으로 **데만** 사람 엘리바스가 말했다.

² "아무리 힘이 센 용사 같은 사람이라도 모든 힘과 능력의 근원이신 하나님께 무슨 도움이 되겠는가? 아무리 이 땅에서 지혜가 많아 신중하고 분별력 있는 사람이라도 하늘 지혜의 근원이 되시는 하나님께 무슨 유익이 되겠는가? ³ 마찬가지로, 자네가 아무리 의롭다고 해도 그것이 전능하신 하나님께 무슨 기쁨이 되겠는가? 자네가 전혀 죄를 짓지 않고 지극히 온전한 삶을 살았다고 해서 그것이 우리를 초월해 계시는 하나님께 무슨 이익을 드릴 수 있다는 말인가? ⁴ 욥, 자네가 정말로 하나님을 경외하고 살

았는데도 그분께서 이처럼 자네를 바로잡으시고자 재앙을 내리신
다는 말인가? 자네가 진실로 올바르고 의롭게 살았는데도 그분께
서 이토록 자네에게 고난을 내리시고 심판하신다는 말인가? 5 자
네는 정말 지독하게 악한 인간일세! 자네의 그러한 뻔뻔한 태도는
너무나 지나치고 극단적인 죄인의 모습이 아닌가!

6 하나님께서 자네에게 이런 재앙과 심판을 내리시는 이유를
말해 주겠네! 당연히 자네가 아무 이유 없이 가난한 형제들의 소
유물을 담보물처럼 가져가고, 헐벗은 이웃들의 옷까지 빼앗아 갔
기 때문이지! 7 지쳐서 목마른 사람에게 물 한 모금 마시도록 하지
않았고, 배고파 죽어가는 사람들에게도 먹을 것 하나 주기를 아까
워하지 않았나! 8 그리고 자네의 권력을 이용해서 땅을 얻었고, 자
네의 명예와 지위를 이용해서 그 땅을 차지하지 않았나! 9 그러면
서도 도움을 청하는 과부를 빈손으로 돌려보냈고, 부모 없는 고아
들의 팔까지 자네는 부서트리지 않았나! 10 바로 자네가 이렇게 했
기 때문에 자네 주위에 덫과 올가미가 가득한 것이네! 자네가 죄
를 짓고 악을 행했기 때문에 그것들이 자네에게 갑작스러운 공포
가 되어 두렵게 만드는 것이네(18:7-10)!

11 또한 자네가 행한 모든 잘못된 것들이 자네 인생을 어둡게
만들어서 앞을 보지 못하게 만드는 것이고, 홍수처럼 자네의 삶을
덮치는 것이네! 12 자네는 저 하늘 높은 곳에 계시는 하나님을 무
시하는 것인가? 왜 그분을 경외하지 않는가? 저 높이 있는 하늘의
별들을 보게! 저 별들보다 더 높은 곳에 계시는 하나님을 바라보

게! [13] 오히려 자네는 이렇게 말하며 살았지! '저 하늘에 계신 하나님께서 이 땅에 있는 일에 대해서 무엇을 아실까? 저 짙은 어둠 속에 계신 분이 무슨 심판을 내리실까? [14] 저 하늘 위의 구름 속, 그 암흑 속에 계시니, 그분은 그저 하늘의 둥근 천장 위를 걸어 다니기만 하실 뿐, 이 땅에서 일어나는 일은 전혀 보지 못하실 거야!'라고 말이네!

[15] 욥, 자네는 헛되고 악한 인간들이 걸었던 길, 바로 그 오래된 멸망의 길을 자네도 걸어가려고 하는 것인가? 악인들이 밟은 전철을 자네도 밟으려고 하는 것인가? [16] 그 악한 인간들이 결국 어떻게 되었나? 그들은 모두 자신들의 때가 이르기도 전에 풀처럼 뜯겼고 그들이 살던 삶의 자리는 홍수로 강물이 휩쓸리듯 사라져 버렸네! [17] 바로 그 악한 인간들이 자네와 비슷한 말들을 하나님을 향해서 하지 않았나? '하나님! 우리를 간섭하지 마세요! 전능하신 분이라고 한들 우리에게 무엇을 하실 수 있겠습니까?'라고. [18] 그런데도 하나님께서는 그들과 그들의 집에 좋은 것들로 채워주셨다네. 욥, 자네에게 하신 것처럼 말일세. 그리고 하나님께서는 '악인들이 생각하고 계획하는 것과 내가 생각하고 계획하는 것은 전혀 다르다!'라고 말씀해 주셨네. 하나님께서 기회를 주신 것이지. [19] 하지만 그 기회가 영원하지 않다네! 결국 악인들은 심판받게 되지! 욥, 자네처럼 말일세. 그러면 의로운 사람들, 고난 속에서도 감사하고 기뻐하며 착하게 산 사람들은 그 악인들의 심판을 보고 마지막으로 웃을 수 있게 된다네! [20] 그리고 '마침내 우리 원수들은

멸망했고, 그들이 가진 것들은 하나님께서 심판의 불로 다 살라 버리셨다!'라고 말하게 된다네.

욥! 회개하게!

[21] 그러니 자네는 제발 자네가 지은 죄를 인정하고 하나님께 회개하여 그분과 화목한 상태로, 그분의 평안을 누리는 상태로 돌아오게! 그러면 자네의 남은 인생에는 좋은 일들이 일어날 것이네! [22] 자네는 제발 하나님의 입에서 나오는 교훈의 말씀, 바로 우리를 통해 전해지는 하나님의 말씀을 받아들이게! 그분의 말씀, 즉 지금 우리가 하는 말을 자네의 마음에 담아 두게! [23] 자네가 진심으로 회개하면, 전능하신 하나님께서 자네를 새롭게 세워주실 것이네! 자네가 지금까지 지은 죄를 고백하고 지금까지 행한 부정한 일들을 자네의 삶에서 멀리한다면 말일세! [24] 자네가 지금까지 욕심내었던 세상의 보물을 버리고, 오빌의 금을 탐하던 욕망도 흘러가는 강의 돌처럼 버려 버리게! [25] 그러면 전능하신 하나님께서 자네의 진정한 보물이 되시고 진정한 금과 은이 되실 것이네! [26] 참으로 그렇게 되면, 자네는 전능하신 하나님만을 의지하게 되어 진정한 기쁨을 누리게 될 것이네! 바로 그때 비로소 자네의 얼굴을 하나님을 향해 들어 올릴 수 있을 것이네! [27] 또한 자네가 기도하면 하나님께서 들으시고 응답해 주시며, 자네가 하나님과 약속한 모든 것이 이루어질 것이네! [28] 더 나아가, 자네가 어떤 계획을 생각하거나 마음만 먹어도 그것이 자네에게 이루어질 것이네. 자네

가 가는 길 위에 하나님의 밝은 빛이 비칠 것이네! ²⁹ 참으로 하나님께서 사람들을 낮추실 때, 자네는 '그 이유가 교만 때문이다.'라고 말하게 될 것이고, 그래서 사람들이 눈을 낮추어 겸손해지면, '하나님께서는 그런 사람들을 다시금 구원해 주신다.'라고 말할 수 있게 될 것이네! 그 이유는, 하나님께서 교만한 자를 낮추시고 겸손한 자를 구원하시기 때문이고, 자네가 그 교훈을 직접 삶으로 실천했기 때문이지! ³⁰ 하나님께서는 죄를 회개함으로 용서받아 깨끗하게 된 사람을 구원하신다네, 그러니 자네도 자네 손으로 지은 죄를 회개하고 용서를 구한다면, 하나님께서 구원해 주실 것이네!"

욥의 독백과 고백

23 ¹ 그러자 욥은 다음과 같이 말했다.

² "아! 오늘도 나에게는, 친구들의 말에 전혀 동의할 수 없는 속상함과 쓰라린 고통이 계속되는구나! 나의 한숨으로 인해 내 손의 맥이 풀린다. ³ 어떻게 하면, 하나님께서 나를 만나 주실까? 어떻게 하면 내가 그분이 계신 곳으로 갈 수 있을까? ⁴ 내가 하나님을 만날 수만 있다면, 나의 이 잘못된 상황을 바로잡아 주실 수 있는 바른 판결을 요청할 수 있을 텐데! 내가 하나님께서 계신 곳에 갈 수만 있다면, 나의 이 억울한 재앙을 충분히 내 입으로 말씀드릴 수 있을 텐데! ⁵ 그러면 하나님께서 나의 잘못된 상황에 대해서, 나의 억울한 재앙에 대해서, 무슨 말씀을 하시든지 내가

잘 알아듣게 될 것이고, 왜 이런 일이 일어났는지 이해할 수 있을 텐데! 6 설마 하나님께서 나의 요청과 호소를 들으시고, 그분의 강한 힘으로 나를 억누르시거나 대적하실까? 아닐 거야! 하나님께서는 분명히 나의 요청과 호소를 잘 들어주실 거야! 7 당연히 하나님 앞에서는 바르게 살아온 사람이 정당한 대우를 받을 것이니, 나는 나의 의로우신 재판관 앞에서 무죄판결을 받아서 이 잘못되고 억울한 상황에서 영원히 벗어나게 될 거야!

8 하지만 지금 현실은 그렇지 않구나! 내가 동쪽으로 가 보아도 그분은 계시지 않고, 서쪽으로 가 보아도 그분을 만날 수가 없구나! 9 분명히 하나님께서는 북쪽에서 일하고 계실 텐데 나는 그분을 볼 수가 없고, 하나님께서 남쪽으로 움직이시지만 나는 그분을 발견할 수가 없구나! 10 하지만 내가 확신하는 것이 있다! 내가 아무리 방황해도, 하나님께서는 내가 가야 할 길을 잘 알고 계신다는 것이다. 지금 하나님께서는 나를 불같은 시험으로 점검해 보시지만, 이 모든 검증의 과정이 끝나고 나면, 나는 순금처럼 나아갈 것이다! 11 그 이유는 내가 언제나 하나님의 발자취를 따라서 걸었기 때문이며, 그분의 길을 지키고 절대로 벗어나지 않았기 때문이다. 또한 그 이유는 내가 하나님께서 주신 명령을 어기지 않았기 때문이며, 그분의 말씀을 나의 일용할 양식보다 더 소중하게 간직하여 지켰기 때문이다. 13 다만 하나님께서는 신실하시고 한결같으신 분이시다! 그 누구도 그분의 방향과 흐름을 바꿀 수 없다! 그분께서 한번 결정하신 일은 반드시 이루시기 때문이다! 14

분명히 하나님께서는 나를 향해 결정하신 일이 있으시고, 그것을 완전하게 이루실 것이다! 그리고 그분에게는 여전히 나를 향한 계획과 일들이 많으시기 때문이다!

¹⁵ 하지만 나는 그분이 앞으로 나를 향해 하실 일들을 생각하니, 두렵고 떨리기만 하다! ¹⁶ 그렇게 하나님께서는 나의 마음을 약하게 만드시고, 나의 전능자께서는 나를 두렵게 만드시는구나! ¹⁷ 그 이유는, 나를 덮고 있는 하나님의 이 어두운 재앙들이 아직도 끝나지 않았기 때문이며, 여전히 그분께서 내 앞을 덮은 짙은 흑암을 제거하지도 않으셨기 때문이다!"

동영상 강해 QR 14. 엘리바스의 세 번째 주장과 욥의 대답(22-23장)

16. 욥의 한탄 그리고 새로운 확신(24장)

욥의 한탄 1: 왜 악인은 바로 심판받지 않는가?

24 ¹ "자네들은 하나님께서 악인과 죄인을 바로 이 땅에서 분명하게 심판하신다고 계속 주장하지만, 어째서 전능하신 하나님께서 심판하신다는 그날은 마치 정해져 있지 않은 것처럼 보이는가? 어째서 하나님을 예배하고 그분과 가까이 교제하는 의로운 사람들은 바로 그 심판의 날을 볼 수 없는 것인가? ² 심판을 받아 마땅한 그 악인과 죄인들이 심판받기는커녕, 그 심판과는 전혀 상관없는 삶을 살지 않는가? 그 악인들은 땅의 경계표를 자기들 마음대로 옮기고, 다른 사람들의 양 떼까지 빼앗아 가진다네!

욥의 한탄 2: 악인으로 인해 고통받는 현실을 제대로 알고 있는가?

³ 그 악인들은 고아들의 나귀도 빼앗아 가고, 과부들의 소까지 담보물로 잡는다네! ⁴ 그 악인들이 가난한 사람들을 모두 함께 길에서 밀쳐내 버리니, 불쌍한 사람들은 숨어서 살 수밖에 없다네! ⁵ 잘 보게! 그 악인들로 인해, 그 가난한 사람들은 거친 땅에서 들나귀처럼 일하고, 그 불쌍한 사람들은 광야에서 입에 풀칠할 정도의 먹을 것을 어렵게 찾아내고 어린 자식들이 겨우 먹을 것만 힘들게 마련한다네! ⁶ 그 가난한 사람들은 추수가 끝난 남의 밭에서 동물 사료 같은 찌꺼기 곡식을 주워서 먹고살며, 그 불쌍한 사람들은

악인들이 철저히 추수하고 남은 쓰레기 같은 포도를 모아서 먹고 산다네! [7] 그 가난한 사람들은 옷 한 벌도 제대로 없어서, 덮을 것 하나 없이 벌거벗은 몸으로 그 추운 밤을 견뎌야 한다네! [8] 그 불쌍한 사람들은 산에서 갑자기 내리는 비로 온몸이 젖어도, 비를 피할 집이나 피난처 하나 없어서 그저 바위를 껴안고 참아야 한다네! [9] 이런 비참한 상황에 더하여, 악인들은 아버지 없는 아이를 어머니의 품에서 빼앗기도 하고, 그 가난한 사람의 물건과 아이를 담보물로 삼아서 빼앗아 가기도 한다네! [10] 그 불쌍한 사람들은 입을 옷이 없어서 벌거벗고 다니며, 곡식을 나르는 일을 하면서도 그 곡식 한 톨 입에 넣을 수 없는 굶주림 속에서, 짐승만도 못한 취급을 받으며 일한다네! [11] 그 불쌍한 사람들은 벽과 벽 사이의 좁은 공간에서 기름을 짜는 일을 해야 하고, 포도를 거두어 밟으면서도 포도즙 한 모금 마실 수 없는 목마름 속에서 일한다네! [12] 악한 사람들의 착취와 횡포로 인해, 성읍에 사는 많은 사람이 신음하며 상한 영혼들이 도와 달라고 소리쳐도, 하나님께서는 그 비참한 상태에 전혀 신경도 쓰지 않으시는 것 같다네!

욥의 한탄 3: 악인들의 진정한 현실을 제대로 알고 있는가?

[13] 악한 사람들은 밝고 옳은 빛의 방향을 반대하고 거역한다네! 그들은 그 빛의 길을 따라서 살지 않는다네! [14] 악한 사람들은 새벽이면 일어나 불쌍한 사람의 생명을 빼앗고 밤에는 기어 나와 가난한 사람의 재산을 도둑질하는 자들이라네! [15] 악한 사람들은 음란

한 눈을 가지고, 해가 지기만을 기다리면서 '그 누구도 나를 보지 못할 거야'라고 말하며 자기 얼굴을 덮어 변장한다네! ¹⁶ 악한 사람들은 밤에는 도둑질하려고 활동하지만, 낮에는 자기 집에서만 숨어지내니, 빛에 대해서 전혀 모르고 빛을 신경도 쓰지 않는 사람들이라네! ¹⁷ 참으로, 악한 사람들은 모두가 아침조차 흑암처럼 여기면서 사는데, 그 이유는 그들이 어두운 시간과 장소에서 일어나는 컴컴하고 무시무시한 일들에 중독되었고, 그러한 일들과 친밀하기 때문이라네!

욥의 새로운 확신: 악인들의 진정한 심판을 확신한다!

¹⁸ 하지만 그 악한 사람들에게 반드시 심판이 온다네! 그 악한 사람들은 결국 홍수에 쓸려가는 가벼운 물건처럼 쓸려가게 된다네! 땅에서 그들이 한 모든 일이 저주받고, 다시는 그들이 아끼던 포도원으로 갈 수 없게 된다네! ¹⁹ 마치 가뭄이나 더위가 닥치면 눈(snow)에 있던 물기를 사라지게 하듯, 스올(죽음)이 닥쳐서 그 악한 죄인들의 생명을 사라지게 만들 것이네! ²⁰ 그 악한 사람이 죽어서 스올로 가면, 그를 낳은 어머니도 그를 잊어버릴 것이고, 구더기가 그의 몸을 맛있는 음식처럼 먹어 치울 것이네! 그 악한 사람은 이 세상에서 더 이상 기억되지 못할 것이고, 그가 행한 모든 악한 짓들은 나무가 부러지듯 꺾일 것이네! ²¹ 그 이유는 그 악한 사람이 아기 낳지 못하는 불쌍한 여자를 학대했기 때문이고, 남편 없는 불행한 과부에게 나쁜 짓만 했기 때문이네! ²² 당연히 하나님께서

는 그 악하고 완고한 자들을 그분의 힘과 능력으로 휘어잡으실 것이네! 하나님께서 일어나 심판하시는 날이 되면, 그 악한 사람들의 생명이 보존될 확률은 전혀 없다네! 23 그 이유는, 하나님께서 악한 사람에게 안전한 피난처를 주시고 물질이나 건강을 의지하며 잘 살 수 있게 해 주시지만, 언제나 그들의 살아가는 모습을 감찰하고 계시기 때문이라네! 24 그래서 그들은 잠시 높아져서 잘 사는 것처럼 보인다 할지라도 결국 하나님께서 그들을 낮추셔서 비참하게 만드신다네! 마치 추수 후에, 강한 햇빛 아래 모아 놓은 곡식단의 이삭처럼 말라 버릴 것이네! 25 참으로 내가 한 말이 맞지 않는가? 그 누가 내 말이 틀렸다고 증명할 수 있겠는가?"

동영상 강해 QR 15. 욥의 한탄 그리고 새로운 확신(24장)

17. 빌닷의 세 번째 주장과 욥의 대답(25-26장)

빌닷의 최후 확정과 판결

25 ¹ 이제 마지막으로 **수아** 사람 빌닷이 말했다.

² "하나님께서는 누구신가? 가장 위대한 통치권과 위엄을 가지신 분이시며, 가장 높은 곳인 하늘에서 모든 문제를 확정하는 판결의 평화를 이루시는 분이시네! ³ 누가 그 엄청난 하나님 군대의 숫자를 셀 수 있겠는가? 그 누가 하나님께서 비추시는 빛 앞에서 피할 수 있겠는가? ⁴ 그러므로 그 어떤 죽을 수밖에 없는 유한한 인간이 하나님 앞에서 의롭다고 할 수 있겠는가? 여자의 몸에서 태어난 그 어떤 사람이 하나님을 향해 죄 하나 없이 깨끗하다고 말할 수 있겠는가? ⁵ 자, 보게나! 저 밝은 달도, 저 맑은 별도 하나님의 눈앞에는 어둡고 탁한 것이 될 수밖에 없는데 말일세! ⁶ 하물며, 죄로 인하여 죽을 수밖에 없는 벌레 같은 인생, 구더기 같은 사람의 아들이야말로 더 말해서 뭐하겠나?"

욥의 대답 1: 빌닷(친구들)의 확정과 판결의 결과와 근원에 도전하다

26 ¹ 그러자 욥은 다음과 같이 대답했다. ² "자네들은 참으로 힘없는 사람을 잘도 도와주는군! 자네들은 참으로 연약해진 사람을 잘도 구원해 주는군! ³ 참으로 자네들은 지혜 없는 나에게 가치 있는 충고를 해 주고 있다고 생각하는가? 자네들이 한 그 많은 말들로 사람들에게 어떤 지식을 깨우쳐 주었다고

자부하는가? ⁴ 자네들이 하는 말들이 참으로 누구에게 해당한다고 생각하는가? 무엇보다 자네들이 자신 있게 영감을 받아 쏟아내는 말들은 도대체 누구한테서 나온 것인가? 자네들이 일반화시켜서 진리라고 하는 그 말들이 나에게 해당이 된다고 생각하나? 자네들이 하나님의 감동이라고 쏟아내는 말들이 정말 하나님한테서 나온 것이 확실한가?"

욥의 대답 2: 하나님의 위대하심이 가진 더 심오하고 불가해한 신비

⁵ "저 가장 낮은 곳, 혼돈의 물 아래에 사는 영들, 바로 죽은 자들이 고통스럽게 몸부림치며 거주하는 그곳까지 다스리시는 분이 하나님이시라네! ⁶ 바로 그 하나님 앞에서는 지하 세계인 스올도 다 드러나게 되고, 멸망의 장소인 아바돈도 숨을 수가 없다네! ⁷ 그리고 사람들이 생각하는 가장 높은 곳, 신들이 거주한다고 생각하는 북쪽 끝에 자폰산을 하늘 가까이 만드시고, 그 어떤 것도 존재하지 않는 곳에 땅을 걸쳐 놓으신 분이 하나님이시라네! ⁸ 또한 하나님께서는 자신이 만드신 짙은 구름 속에 물을 잘 담아 두셨다네. 아무리 많은 물을 그 구름 속에 넣어도 아랫부분이 찢어지지 않도록 만드셨지! ⁹ 하나님께서는 바로 그 하늘에 자신의 보좌를 만드시고, 그분께서 만드신 구름으로 덮고 펼쳐서 그분의 보좌를 감추어 두셨다네! ¹⁰ 하나님께서는 물 위에 수평선을 정해 놓으셔서, 바로 그곳이 빛과 어둠의 경계선이 되도록 만드셨다네! ¹¹ 하나님께서 진노하시면 하늘과 땅을 지탱하는 기둥들이 떨고 놀란다

네! ¹² 하나님께서는 자신의 능력으로 혼돈과 공포의 세력인 바다를 잠잠하게 만드시고, 자신의 지혜로 바다 괴물인 라합을 끝장내신다네! ¹³ 하나님께서는 자신의 생기를 불어넣어 주심으로 하늘을 맑게 해 주시고, 자기 손으로 도망치는 뱀을 찌르셔서 치명타를 입히신다네(창 3:15)! ¹⁴ 자, 보게나! 내가 지금까지 말한 하나님의 일들은 그분께서 이 세상과 우리를 위해 하시는 지극히 작은 한 단면에 불과하네! 우리는 정말 그분께서 하시는 일들의 아주 일부분만 들었을 뿐이네! 누가 하나님께서 가지신 그 위대하고 강력한 힘과 계획을 다 분별하고 이해할 수 있겠나? 그러므로 함부로 그분에 대해서, 그분이 하신 일에 대해서 다 아는 것처럼 단정적으로 말해서는 안 되네!"

동영상 강해 QR 16. 빌닷의 세 번째 주장과 욥의 대답(25-26장)

18. 욥의 마샬(잠언): 독백과 갈등(27장)

욥의 독백

27 ¹ 이어서 욥은 자신이 가진 갈등의 담론을 사용하여 말을 이어갔다.

² "하나님께서는 분명히 살아 계시지만 나의 이 억울한 상황에 대해서는 공정한 판결을 거부/유보하고 계셔서, 나는 지금 전능하신 하나님으로 인해 내 영혼이 너무나 고통스럽구나! ³ 하지만 나는 아직 살아 있고, 하나님께서 주신 생명의 영이 여전히 내 호흡 속에 숨 쉬고 있기에, ⁴ 나는 결코 내 입술로 악한 말을 하지 않을 것이며, 결코 내 혀로 거짓말을 소리 내어 말하지 않을 것이다! 나는 끝까지 진실과 진리를 말할 것이다!

욥의 갈등

⁵ 나는 친구라고 하는 자네들이 지금까지 나에 대해 한 말에 대해서 결코 옳다고 동의하지 않을 것이네! 자네들은 한결같이 나를 죄인 취급했지만, 나는 그 어떤 죄도 지은 것이 없다네! 그러므로 나는 죽을 때까지 내가 무죄라는 주장을 포기하지 않을 것이네! ⁶ 나는 내가 하나님 앞에서 바르고 정의롭게 살았다는 사실을 끝까지 주장하네! 나는 정말로 한평생 양심에 어긋나는 일 없이 올바르게 살았다네! ⁷ 그러므로 나를 계속 죄인과 악인으로 여기고 비난하는 사람들, 바로 나의 대적과 원수는 결국 진짜 죄인과 악인

의 운명을 맞이하게 될 것이네! 아무 죄도 짓지 않은 나를 죄인 취급하며 공격하는 사람은 기필코 부정한 죄를 지은 인간처럼 심판받기를 바라네! 8 하나님을 믿는 척하면서도 실제로 온갖 죄를 지은 위선적인 사람에게 그 어떤 미래가 있고, 그 어떤 소망이 있겠는가? 세상에서 잠깐은 잘 먹고 잘산다고 해도 반드시 하나님께서는 그런 사람에게 재앙을 내리시고 심판하셔서 생명을 빼앗아 가실 것이네! 9 그런 위선적이고 악한 사람이 재앙을 당할 때 도와달라고 부르짖는다 해서, 하나님께서 그 소리를 들으시고 도와주시겠는가? 10 아니 그전에, 그런 위선적이고 악한 사람은 전능하신 하나님께 전혀 기쁨이 되지 못하며, 그분과 아무런 상관도 없이 살았을 텐데, 자기한테 어려운 상황이 되었다 해서 하나님의 이름을 부르며 기도라도 하겠는가? 다시 말해서, 내가 정말 위선적인 죄인이고 악인이라면 지금 하나님을 향해 기도조차 할 자격이 없다는 말이네! 악한 인간은 하나님을 인정하지도 기뻐하지도 않으니, 그분을 향해 기도하는 것 자체가 불가능하다는 말이네!

11 하지만 나는 다르네! 나는 하나님 앞에서 진실로 바른 삶을 살았기에 하나님께서 능력의 손으로 하시는 일, 바로 내가 그 능력의 하나님과 함께하면서 어떻게 살았는지를 숨기지 않고 다 자네들에게 가르쳐주겠네! 12 자, 보게! 그것은 또한 자네들이 이미 다 본 것이네! 바로 내가 살아온 삶이네! 내가 얼마나 하나님과 사람 앞에서 바르게 살아왔는지는 자네들이 다 아는 사실이 아닌가! 그런데 어째서 이토록 나를 죄인 취급하는 헛소리만 계속하는 것

인가? ¹³ 지금부터 내가 하는 저주는 바로 진짜 악한 인간, 위선적인 인간, 죄를 짓고 악을 행한 인간이 전능하신 하나님으로부터 받게 될 처벌이며 운명이라네! ¹⁴ 그 인간들의 후손들은 아무리 숫자가 많아진다고 해도 결국 칼에 찔려 죽을 것이며 배부르게 먹을 음식도 없을 것이네! ¹⁵ 남자들은 죽을 병에 걸려서 땅에 묻힐 것이고, 과부가 된 여자들은 너무나 큰 충격을 받아서 울지도 못하게 될 것이네! ¹⁶ 그 악한 인간들이 은과 돈을 티끌처럼 많이 모아 놓고, 고급스러운 명품 옷들을 산더미처럼 많이 쌓아 놓아도, ¹⁷ 그 모든 옷은 의로운 사람들이 입게 될 것이며, 그 은과 돈도 하나님 앞에서 깨끗하게 산 사람들이 나누어 가지게 될 것이네(잠 13:22; 전 2:26)! ¹⁸ 그 악한 인간들이 열심히 만든 집들은 거미줄로 만든 집처럼 될 것이고, 임시로 대충 지은 움막 같은 공간이 될 것이네! ¹⁹ 자고 나면 더 큰 부자가 될 거라 기대하며 잠자리에 누웠지만 눈을 떠 보면 이미 가진 것까지 다 잃어버리고 알거지가 되어 있을 것이네! ²⁰ 무서운 홍수 같은 공포가 그 악한 인간에게 덮칠 것이며, 흑암의 폭풍이 그의 목숨을 잡아챌 것이네! ²¹ 멸망의 동풍이 그 악한 인간을 들어 올려서 멀리 날려 버릴 것이고, 그가 살던 삶의 자리에서 사라지도록 쓸어 버릴 것이네! ²² 그렇게 하나님께서는 그 악한 인간들을 심판하실 것이네! 그들이 아무리 애써봐도 하나님께서 내리시는 심판의 손길에서 벗어날 수 없을 것이네! ²³ 그러면 세상 사람들은 하나님의 심판에 기뻐서 손뼉을 치고, 그들이 사는 땅에서 악한 인간들이 심판받은 것에 대해 마음껏 조롱하는 목소리를 내게 될 것이네!"

동영상 강해 QR 17. 욥의 마샬(잠언): 독백과 갈등(27장)

19. 욥의 특별 메시지: "지혜란 무엇인가?"(28장)

금과 은을 발견하기는 매우 어렵다

28 ¹ "참으로 은을 얻기 위해서는 광산이라는 장소가 있어야 하고, 좋은 금을 얻기 위해서도 금을 제련하는 장소가 있어야 한다. 가치 있고 귀한 것을 얻기 위해서는 그것을 얻고 만들어 내는 합당한 장소가 필요하다는 말이다. ² 철을 얻으려면 땅 깊은 곳에서 파내야 하고, 구리를 얻으려면 철광석을 녹여야 한다. 아울러, 그런 가치 있고 귀한 것을 얻기 위해서는 그만한 수고를 해야 한다는 말이다. ³ 그래서 사람들은 그것들을 얻으려고 저 어두운 땅속 깊은 곳까지 파 내려가서 철광석을 찾는 수고를 하고, 마치 죽음의 그림자처럼 보이는 깊은 땅속 음침한 곳까지 파헤쳐야 한다. ⁴ 사람들이 발붙이고 사는 땅에서 멀리 떨어진 곳, 사람들이 전혀 다니지 않는 깊고 어두운 지하로 땅을 파고 갱도를 뚫어서 흔들리는 줄에 매달려서 내려가야 한다. ⁵ 사람들이 사는 표면의 땅은 흙이 있어서 식물을 심고 거두어 먹을 것을 얻는 평화로운 땅이지만, 그 아래 깊은 땅은 불타는 용광로처럼 불안정하고 위험한 곳이다. ⁶ 하지만 바로 그 아래의 땅에 있는 바위와 돌 안에는 사파이어가 있고 가루로 된 금이 있다. ⁷ 그곳으로 가는 길은 솔개도 모르고 엄청난 시력을 가진 매의 눈으로도 볼 수 없다. ⁸ 무서운 동물도 그곳에 가 보지 못했고, 온 밀림을 다 돌아다닌다는 사자조차 그 장소를 지나가 본 적이 없다. ⁹ 그 이유는

그런 보석과 금을 찾기 위해서는 엄청난 고생과 수고를 해야 하기 때문이다. 그래서, 광부는 땅 아래에 있는 강력한 바위를 손으로 파괴하고, 산맥의 뿌리라고 할 수 있는 땅속 깊은 곳까지 뒤집는 수고를 한다. [10] 바위들 사이로 흐르는 물이 지나가도록 수로를 파낸 후에야, 보석이 박힌 바위를 눈으로 발견할 수 있게 된다. 아울러 땅속에 흐르는 지하수를 막아서 갱도에 흐르지 못하도록 해야만, 발견한 그 보석들을 밝은 세상으로 가지고 나갈 수 있다.

하지만 지혜는 인간적인 수고로는 발견할 수 없다

[12] 하지만 지혜는 어디에 있는가? 분별과 명철을 발견할 수 있는 장소는 어디인가? [13] 이 세상에서 유한한 삶을 사는 인간의 능력으로는 그 지혜의 가치가 어느 정도인지를 측정할 수도 없고 그 지혜가 있는 장소를 발견할 수도 없다. [14] 깊은 물속의 심연도 '여기에는 지혜가 없다.'라고 말하며, 넓은 대양의 바다도 '이곳에는 지혜가 없다.'라고 말한다. [15] 아무리 많은 황금 상자를 주어도 지혜는 살 수 없고 아무리 많은 은을 준다고 해도 지혜에 합당한 가격이 되지 않는다(잠 8:18-19). [16] 지혜의 값은 너무나 비싸서, 최고의 금으로 알려진 오빌의 황금이나 최고의 보석으로 알려진 호마노 및 사파이어로도 살 수 없다. [17] 지혜의 위대함은 너무나 대단해서, 순금이나 수정과도 비교가 안 되며 순금으로 만든 그 어떤 물건으로도 지혜와 맞바꿀 수 없다. [18] 지혜의 가치는 너무나 특별해서, 산호나 진주 따위는 언급할 가치도 없고 아주 특별한 보석인 루비

보다도 훨씬 더 귀하다. ¹⁹ 지혜의 고결함은 너무나 독보적이라서 그 대단한 구스 땅의 토파즈도 비교 대상이 안 되며, 최고의 품질을 가진 황금을 가져온다고 해도 지혜 앞에서는 무가치한 것이 된다.

오직 하나님만이 지혜이시며, 지혜를 보이시고, 누리게 하신다

²⁰ 그렇다면, 바로 그 특별하고 대단한 지혜는 어디에서 찾을 수 있을까? 그 분별과 명철을 얻을 수 있는 장소는 어디일까? ²¹ 그곳은 살아있는 모든 존재의 눈으로부터 감추어져 있으며, 공중에서 땅의 모든 것을 내려다 볼 수 있는 새의 눈에도 발견되지 않는다. ²² 땅 아래 가장 깊은 곳에 있는 아바돈(멸망의 장소)과 사망(죽음)조차 '우리는 그저 지혜가 있다는 소문만 들었을 뿐이다.'라고 말한다. ²³ 오직 하나님께서만 그 지혜로 가는 길을 아시며, 그 지혜가 있는 장소를 아신다. ²⁴ 그 이유는 오직 하나님께서만 땅의 끝까지 보실 수 있으시며, 하늘 아래의 모든 것들을 꿰뚫어 보실 수 있는 유일하시고 전능하신 분이시기 때문이다. ²⁵ 오직 하나님께서만 계절과 기상의 변화를 결정하는 바람의 양과 강도를 주관하시며, 비와 홍수의 균형을 조절하는 물의 분량을 조정하시는 분이시기 때문이다. ²⁶ 오직 하나님께서만 비를 명령하셔서 내리게 하시며, 바로 그때 천둥과 번개도 내리게 하시기 때문이다. ²⁷ 바로 이 모든 세상의 창조와 통치의 섭리 속에서 하나님께서는 지혜를 드러내셨고, 지혜를 선포하셨으며, 지혜를 굳게 세우셨고, 지혜를 증명

해 보이셨다. ²⁸ 그러므로 하나님께서는 이렇게 결론적으로 말씀하신다. '자! 온 세상의 주인 되신(주인으로) 하나님을 경외하는 것이 지혜이며, 악한 것에서 적극적으로 피하는 것이 분별과 명철이다!' 그러므로 참된 지혜는 비인격적인 소유물이 아니라, 참된 지혜가 되시는 하나님과의 바른 관계인 것이다!"

동영상 강해 QR 18. 욥의 특별 메시지: "지혜란 무엇인가?"(28장)

20. 욥의 노스탤지어(향수)(29장)

욥의 과거에 대한 갈망

29 ¹ 이어서 욥은 자신이 가진 갈등의 담론을 사용하여 말을 이어갔다.

² "아! 내가 과거로 돌아갈 수 있다면! 하나님께서 나를 지켜주시고 보호해 주시던 그때로 되돌아갈 수 있다면 얼마나 좋을까! ³ 그때는, 하나님께서 내 인생의 밝은 빛이 되어 주셨고, 아무리 어두운 흑암이 닥쳐와도 하나님께서 내 머리 위로 비춰주시는 빛을 따라 살았는데! ⁴ 그때는, 한 해의 곡식을 추수하는 것처럼 내 인생의 전성기를 누렸고, 하나님의 임재와 교제가 내 모든 삶의 영역에 충만했는데! ⁵ 그때는, 항상 전능하신 하나님께서 나와 함께 하셔서, 나의 자녀들도 내 곁에서 행복하게 살고 있었는데! ⁶ 그때는, 하나님께서 주신 축복이 차고 넘쳐서, 우유로 목욕하며 바위에서도 올리브기름이 강물처럼 쏟아져 나와서 풍족하게 살았는데(신 32:13; 시 81:16)! ⁷ 그때는, 내가 최고의 명예를 누리고 있어서, 도시의 가장 중요한 회의와 모임을 하는 성문 앞 넓은 공간에 나가면, 나를 위한 자리가 마련되어 있었는데(1:3)! ⁸ 내가 그 자리로 걸어가면, 젊은이들은 나를 보고 길을 비켜 주었고 노인들도 일어나서 존경하는 의미로 가만히 서 있었는데! ⁹ 내가 무슨 말을 하면, 지도자들은 자신들의 입을 손으로 막고, 하고 싶은 말이 있더라도 함부로 말하지 못했는데! ¹⁰ 심지어 귀족들까지도 내가 하는 말을

존중해서, 자신들의 혀를 입천장에 딱 붙여 놓고 있었는데! [11] 사람들은 내가 한 말이나 내가 한 일에 대한 소문을 듣고서 나를 축복해 주었고, 직접 내가 한 말이나 내가 한 일을 본 사람들은 나를 인정하고 증명하는 증인이 되어 주었는데! [12] 그 이유는 가난한 사람들이 도움을 청할 때, 내가 적극적으로 도와주었고 그 누구도 돌봐 주지 않는 고아들도 내가 보살펴 주었기 때문이지! [13] 생을 마감하며 죽어가는 사람들조차 나를 위해 복을 빌어 주었고, 아무 소망이 없는 과부의 마음도 기뻐 노래하도록 내가 만들어 주었지!

[14] 그래서 잘못된 것을 바로잡는 공의가 내가 입은 옷이 되었고, 약하고 소외된 사람들의 억울함을 세워주는 공정함이 나의 겉옷과 터번이 되었지! [15] 그때, 나는 앞을 보지 못하는 사람들의 눈이 되어 주었고, 잘 걷지 못하는 사람들의 발도 되어 주었지! [16] 그때, 나는 가난한 아이들의 아버지가 되어 주었고, 낯선 이방인의 하소연도 들어주고 도와주는 해결사가 되어 주었지! [17] 마치 그것은 사악한 짐승 같은 자들의 턱을 부서트려서 그 짐승의 이빨 사이에서 씹히기 직전에 있던 불쌍한 먹잇감을 빼내 주는 것과 같았지! [18] 그래서 나는 내 인생의 후반부에 대해서 기대감을 가지고 이렇게 말했다네! '나는 모래처럼 많은 날을 장수하며 누리다가, 둥지의 새처럼 평안하게 죽을 것이다!'라고. [19] 그때, 나는 뿌리가 물로 뻗어 있고 가지는 밤새 내린 이슬로 촉촉한 나무, 말 그대로 생명으로 충만한 나무와 같았지! [20] 그때, 나는 나이가 들수록 더 많은 사람으로부터 새로운 명성을 얻었으며, 내 몸의 건강도 시간

이 지날수록 더 성능이 좋아지는 활처럼 활력이 넘쳤지! 21 그래서 사람들은 내가 하는 말을 듣고 싶어 했고, 내가 해 주는 조언이나 충고를 긍정하는 태도로 잠잠히 들었지! 22 내가 무슨 말이든 하고 나면 사람들은 더 이상 뒷말을 붙이지 않았는데, 그 이유는 내가 한 말이 그들에게 마치 마른 땅에 내리는 단비 같았기 때문이지! 23 땅이 입을 벌려서, 곡식이 무르익기 위해 내리는 늦은 비를 기다리듯, 사람들은 마음을 열고 나의 말을 듣고자 간절히 기다렸지! 24 사람들이 낙심하고 아무것도 의지할 것이 없는 상태가 되어도, 내가 나의 환한 얼굴을 보여 주며 웃으면, 그들은 마치 하나님의 얼굴을 본 것처럼 받아들이고 용기를 얻었지! 25 사람들이 어려워하는 문제가 있으면 나는 그들이 가야 할 길을 결정해 주었고, 너무 큰 슬픔에 빠진 사람이 있으면 나는 그들을 진심으로 위로해 주었지! 나는 바로 그렇게 중요한 결정권을 가지고 많은 군대를 거느린 왕과 같은 위치에 있었지! 아! 그때가 너무나 그립구나!"

동영상 강해 QR 19. 욥의 노스탤지어(향수)(29장)

21. 욥의 최후 변론 1: 참혹한 현실(30장)

욥의 비참한 현실

30 ¹ "하지만 현실은, 나보다 나이가 한참이나 어린 녀석들이 나를 보고 비웃는 상황이 되었다. 나를 비웃는 저 어린 녀석들은 정말 하찮은 인간들이다. 그들의 아버지들은 내 양 떼를 지키는 개들 정도의 능력이나 수준밖에 되지 않는 인간들이었기 때문이다. ² 또한 저들은 제대로 된 힘이라고는 아무것도 없어서 나를 위해 아무런 도움도 줄 수 없는 인간들이었다. ³ 저들은 제대로 먹지도 못해서 늘 피골이 상접한 상태의 몸을 가지고 있었고, 그 몸으로 거칠고 황량한 밭의 마른 흙을 밤새도록 갈기만 하는 인간들이었다. ⁴ 저들은 제대로 된 음식이 없어서, 떨기나무 덤불 가운데 조금 자라난 짜고 맛없는 풀을 반찬으로 먹으며, 로뎀나무의 뿌리를 빵으로 먹는 인간들이었다. ⁵ 저들은 제대로 된 공동체에 소속되지도 못하고 철저히 소외되어서, 마치 강도들처럼 사람들로부터 늘 쫓겨나는 소리만 들어야 했던 인간들이었다. ⁶ 저들은 제대로 된 집도 없어서 물이 빠져 버린 골짜기의 가파른 비탈에서 살고, 와디 계곡의 빈 동굴에서 살았으며, ⁷ 떨기나무 덤불 사이에서 나귀처럼 울어대고, 가시나무 아래에 모여 살던 인간들이었다. ⁸ 저들에게는 제대로 된 자녀들도 없어서, 후손들이라고 해 봐야 이름도 없는 어리석은 자들 뿐이고, 사람 사는 땅에서 추방당한 인간들이었다. ⁹ 그런데 바로 그런 인간들이 지금 나를

놀리며, 나를 조롱하는구나! ¹⁰ 바로 그런 인간들이 나를 혐오하고, 나로부터 거리를 두면서, 심지어 내 얼굴에 침 뱉기까지 주저하지 않는 비참한 현실이 되었구나!

그 이유와 그 결과

¹¹ 그 이유는 하나님께서 나를 그렇게 만드셨기 때문이다. 마치 텐트의 줄을 풀어 버리신 것처럼 나를 폭삭 망하게 하시고, 마치 활의 줄을 풀어 버리신 것처럼 나를 허무하고 무가치하게 만드셨기 때문이다. 그렇게 하나님께서는 하나님의 임재와 연결된 모든 연결고리를 나로부터 풀어 버리시고 끊어 버리셨기 때문이다. ¹² 그래서 비천한 인간들이 나의 오른쪽에서 일어나서 내가 걸어갈 길에 함정을 파고, 나를 멸망시키기 위해서 공격할 길(공성로)을 만들고 있구나. ¹³ 저 비천한 인간들은 내 인생을 파괴하고 내 모든 것을 빼앗아서 한몫 챙기려고 공격을 시도하는데, 내가 지금 너무 약해서 막을 힘이 전혀 없으니 저들은 누구의 도움을 받을 필요도 없이 손쉽게 그 공격에 성공할 것이다. ¹⁴ 저 비천한 인간들은 마치 갈라진 성벽의 틈으로 밀려오는 적군 같고, 구멍 난 집의 문으로 쏟아져 들어오는 폭풍우처럼 나에게 달려온다. ¹⁵ 그래서 나의 마음은 공포에 사로잡혀 있으며, 나의 명예롭고 고결한 인생은 바람처럼 날아가고, 나의 구원과 번영은 구름처럼 사라지는구나! ¹⁶ 그래서 지금 나의 영혼은 죽음을 향해 녹아내리고 있으며, 나의 인생은 비참한 고통으로 사로잡히고 말았다. ¹⁷ 심지어 밤이 되면, 내

몸속의 뼈가 날카로운 흉기가 되어 내 몸에 구멍을 뚫고, 무서운 흉기가 되어 나를 찌른다. 그래서 그 지독한 고통으로 인해 밤이 되어도 쉴 수가 없다. ¹⁸ 그 이유는 하나님께서 강력한 힘으로 나의 현실을 송두리째 파괴하고 바꾸셨기 때문이다. 마치 한 사람이 자신을 보호하려고 입고 있는 옷의 옷깃이 그 사람의 목을 조르듯이, 나를 보호하실 하나님께서 나를 공격하고 파괴하시기 때문이다. ¹⁹ 하나님께서 나를 죽음이라는 진흙 속으로 던지셨기 때문이고, 나를 죽음과 같은 티끌과 재의 상태가 되게 하셨기 때문이다.

하나님을 향한 욥의 기도와 탄식

²⁰ 그래서 저는 당신께 도와 달라고 부르짖었으나 하나님께서는 전혀 대답하지 않으시고, 당신을 향해 간절하게 기도하며 서 있었으나 하나님께서는 저를 가만히 보고만 계시는군요! ²¹ 도와주시기는커녕, 오히려 더 잔인하게 저를 대하시고, 당신의 그 능력으로 저를 고통스럽게 핍박하시기만 하십니다! ²² 무서운 회오리바람으로 나를 들어 올리신 후에, 그 태풍 속에서 저를 으스러트리려 하십니다! ²³ 그래서 저는 알게 되었습니다. 당신이 하시려는 일은 결국 저를 죽이시는 것이고, 모든 살아있는 존재들에게 정해진 바로 그 죽음의 장소로 보내 버리려고 하셨다는 것을 말입니다!

욥의 현실에 대한 탄식

²⁴ 하지만 누구라도 자신의 인생이 넘어지는 순간에는 도와 달라

고 손을 펼 수밖에 없을 것이며, 자신의 생명이 사라지는 순간에는 살려달라고 부르짖을 수밖에 없지 않겠습니까? ²⁵ 하물며 저는 이런 순간에 누구보다 하나님의 응답과 도우심을 받을 만한 자격이 있는 사람이 아닙니까? 저는 힘든 날을 사는 사람들을 위해 함께 울어 준 사람이며, 가난한 사람들의 영혼을 위해 슬퍼했던 사람이 아닙니까? ²⁶ 참으로 저는 제가 살아온 삶대로 복받기를 기대했는데 오히려 악한 결과가 닥쳤고, 빛이 비치기를 소망했는데 어둠이 닥치고 말았습니다! ²⁷ 이런 말도 안 되는 현실로 인해 저는 너무나 억울하고 속상합니다! 어찌하여 이런 비참하고 고통스러운 날들이 내 인생의 결과란 말입니까! ²⁸ 저는 마치 밝은 빛과 따뜻한 온기가 전혀 없는 어두움 속을 방황하다가, 눈을 떠 보니 주위에 둘러싸인 사람들에게 간절하게 도와 달라고 외쳐야 하는 사람처럼, 불쌍한 처지가 되고 말았습니다! ²⁹ 저는 더 이상 사람도 아닙니다! 나는 황량한 폐허 속에서 사는 승냥이와 타조 같은 신세가 되고 말았습니다(시 44:19; 렘 9:11; 10:22; 사 34:13; 애 5:18)! ³⁰ 저의 피부는 검게 타서 벗겨졌고, 저의 뼈는 뜨거운 열기로 녹아내려 버렸습니다! ³¹ 제 인생이 마지막으로 연주할 노래는 이제 장송곡뿐입니다!"

동영상 강해 QR 20. 욥의 최후 변론 1: 참혹한 현실(30장)

22. 욥의 최후 변론 2: 욥의 결백(31장)

나는 하나님과의 언약 속에서 어떤 성적인 범죄도 저지르지 않았다

31

[1] "나는 하나님 앞에서 내 눈을 걸고, 모든 것을 거룩하게 보기로 맹세했고 그런 거룩한 삶을 살았다. 그런 내가 단 한 번이라도 젊은 여자나 다른 여자에게 관심의 눈길을 보낸 적이 있었던가? [2] 만약 내가 하나님과 맺은 약속을 어기고 다른 곳에 한눈을 팔았다면, 어떻게 하늘에 계신 하나님의 축복이 나에게 임할 수 있었으며, 어찌 저 높은 곳에 계신 전능하신 분의 유업을 받아 누릴 수 있었을까? [3] 당연히 그런 악한 사람에게 다가올 것은 환난이며, 그런 헛된 짓을 하는 사람에게 일어날 일은 재앙뿐이다! [4] 하나님께서는 내가 가는 길을 다 보고 계시며, 나의 걸음 하나하나까지 다 알고 계신다! [5] 만약 내가 살아온 삶이 하나님과 함께하지 않고 악하고 헛된 것과 함께했다면, 만약 내가 걸어온 길에서 단 한 걸음이라도 하나님을 속이고 거짓된 짓을 하려고 서둘렀다면 환난과 재앙뿐일 것이다! [6] 하지만 하나님께서 가지고 계신 심판의 저울에 나를 달아보신다면, 내가 아무 죄도 짓지 않았다는 것을 아실 것이다! [7] 만약 내가 하나님의 바른길에서 벗어나서 다른 죄악된 길로 걸어갔거나, 만약 내 눈의 정욕을 따라서 내 마음대로 나아가 내 손으로 더러운 짓을 했다면, [8] 정말 내가 단 한 번이라도 그렇게 했다면, 하나님께 저주받아서, 내가 수고로이 씨 뿌리고 심은 모든 것을 다른 사람이 먹어도 좋고, 내

가 애써 추수한 모든 결과물을 다른 사람이 뿌리째 뽑아 가도 좋다! ⁹ 만약 내 마음이 어떤 여자에 대한 유혹에 이끌려, 내 이웃의 문 뒤에서 숨어 기다리며 기회라도 엿보았다면, ¹⁰ 정말 내가 단 한 번이라도 그렇게 했다면, 하나님께 저주받아서, 내 아내를 다른 남자에게 빼앗겨도 좋다. 내 아내가 다른 남자를 위해 요리하며, 내 아내를 다른 남자가 덮쳐서 성관계해도 나는 할 말이 없을 것이다! ¹¹ 왜냐하면, 결혼한 남자가 다른 여자에게 그런 성적인 욕망을 품은 것만으로도, 이미 악한 것이기에 하나님께 처벌받아도 마땅한 죄라고 나는 생각하기 때문이다! ¹² 왜냐하면, 그런 성적인 범죄는 지옥까지 태워버릴 심각한 죄이기 때문이다. 내가 정말 그런 죄를 지었다면, 그 보응으로 나의 모든 소유와 자녀들까지 다 불타버려도 나는 할 말이 없을 것이다!

나는 나의 종들을 학대하지도 않았다

¹³ 또한, 만약 내 남종이나 여종이 무슨 힘든 일이 있거나 무엇인가 필요한 것이 있어서, 나에게 도와 달라는 이야기를 했을 때, 내가 그것을 제대로 들어주지도 않고 거절했다면, ¹⁴ 하나님께서 나를 찾아오셔서 그 일에 대해서 심문하실 때, 내가 무슨 대답을 할 수 있을까? 나는 분명히 그럴 때가 올 것을 알았기에 절대로 종들을 착취하거나 무시하지 않았다! ¹⁵ 무엇보다, 나를 창조하신 분이 그 종들도 창조하셨다. 이 세상에서는 신분의 차이가 있어도, 한 분 하나님 앞에서는 우리가 모두 어머니의 자궁 속에서 만들어진 그

분의 동등한 피조물일 뿐인데, 내가 어찌 감히 하나님 앞에서 내 종들을 학대하겠는가(잠 17:5; 22:2)?

나는 사회적 약자들을 무시하지도 않았다

[16] 내가 언제 사회적으로 약한 사람들의 부탁이나 도움을 거절했던 적이 있었나? 내가 언제 과부들의 소원이나 갈망을 무시했던 적이 있었던가? [17] 또한 내가 언제 나 혼자서만 배불리 먹으면서 고아들에게 먹을 것을 나눠 주지 않은 적이 있었던가? [18] 실상은, 내가 젊은 시절부터 고아들의 아버지가 되어서 그들을 자녀처럼 길러 주었고, 내가 태어나서 지금까지 과부들을 도와서 이끌어 주었다. [19] 내가 언제 입을 옷이 없어서 방황하는 사람이나 덮고 잘 옷이 없을 만큼 가난한 사람을 못 본 체한 적이 있었나? [20] 실상은, 내가 나의 양털로 만든 옷을 그들에게 선물해 주어서 그들의 몸을 따뜻하게 덮어 주었고, 그것을 감사히 여긴 그들은 나를 축복해 주었다! [21] 내가 만약 성문에 앉아 있다가, 고아들과 불쌍한 사람들이 나에게 도움을 요청하는 것을 보고도, 내가 그것을 거절하고 매몰차게 대했다면, [22] 내 어깨뼈가 어깨에서 빠져 버리고, 내 팔이 관절에서 떨어져 부서져도 좋다! [23] 참으로 나는 언제나 하나님을 경외하며 살아왔다. 하나님의 심판이 무서워서라도 나는 절대로 그런 짓을 할 수가 없었다!

나는 돈이나 우상을 숭배하지도 않았다

24 내가 언제라도 돈과 금을 신뢰하며, 이 세상 물질에 나의 소망이나 미래를 걸어 본 적이 한 번이라도 있었던가? 25 내가 언제라도 내가 가진 많은 재산을 권력으로 삼는 것을 기뻐했으며, 내 손에 있는 소유물을 중심으로 살았던 적이 한 번이라도 있었던가? 26 내가 단 한 번이라도 찬란하게 빛나는 태양을 존경하는 눈으로 바라보거나, 청아하게 빛나는 달의 움직임을 경외하는 눈으로 바라보다가, 27 이교도들이 하듯이 그것들을 향해 은밀하게 마음을 열고, 내 손에 입을 맞추며 경배하거나 숭배한 적이 있었던가? 28 만약 그랬다면, 그것은 하늘 위에 계신 하나님을 배신하고 속인 우상숭배의 죄악이니, 내가 무서운 심판을 받아 마땅하다!

나는 나의 원수들에게 원한조차 품지 않았다

29 심지어 나는 나의 원수들에게 원한조차 품지 않았다. 내가 언제 내 원수가 멸망하기를 바랐으며, 내 원수의 재앙에 대해서 기뻐했던가? 30 실상은, 내가 한마디라도 내 원수에게 하나님의 저주가 임하도록 기도하는 말을 함으로 입으로 범죄하는 일조차 하지 않았다(잠 24:17-18)!

나는 이웃과 나그네를 환대하고 섬겼다

31 나는 또한 이웃과 나그네를 환대하고 섬겼다. 그래서 나의 집안 사람들은 모두 이렇게 말한다 '욥 어르신이 베풀어주신 음식과 고

기로 배부르게 먹어 보지 않은 사람이 어디 있는가!'라고. ³² 나는 거리에서 노숙하는 나그네가 없도록 누구에게나 내 집 문을 열어서 환대하고 섬겨 주었다.

그리고 나는 이 모든 것을 가식적으로나 위선적으로 하지 않았다
³³ 내가 지금까지 살아온 삶과 쏟아 낸 말들은 모두 진실이다! 만약 내가 아담처럼, 혹은 다른 사람들처럼, 내 마음의 죄를 은밀하게 숨기고, 가식적인 행동을 하거나 위선적인 말을 했다면, ³⁴ 참으로 나를 향한 세상 사람들의 비판과 나의 가문을 향한 멸시가 두려워서라도 이런 엄청난 재앙을 당했을 때 그저 침묵하고 집 안에 처박혀 있으면 있었지, 이렇게 밖으로 나와서 나의 무죄함을 소리치지 않았을 것이다!

나는 마지막으로 나의 무죄를 선언한다
³⁵ 누가 내 말 좀 들어다오! 바로 내 말속에, 내가 그 어떤 죄도 짓지 않았다는 무죄의 증거가 있기 때문이다! 그러니 전능하신 하나님! 이제 저에게 대답해 주십시오! 왜 저에게 이런 재앙을 내리셨는지 대답해 주십시오! 만약 나를 죄인 취급하며 공격하는 사람 중에서 누구라도 내가 잘못한 것에 대한 확실한 증거를 제시할 수 있다면, ³⁶ 참으로 나는 그 내용을 커다란 판에 다 적고, 목걸이로 만들어 내 어깨 위로 걸치고 다닐 것이고, 내 머리 위에 관처럼 쓰고 다니겠다! 하지만 당연히 그 판에 적을 내용, 바로 죄의 내용은

아무것도 없을 것이다! ³⁷ 그러므로 나는! 지은 죄 하나 없음에도 이토록 억울한 재앙을 당한 나는! 내가 지금까지 살아온 의로운 삶 전부를, 내 무죄 증거로 제시하고 선포하며, 담대하게 하나님 앞으로 나아갈 것이다! ³⁸ 내가 무죄라는 사실에 강력한 증거인이요 증거는 바로 땅과 밭이다! 땅과 밭은 거짓말을 하지 않기 때문이다! 어떤 사람이 죄를 지으면 그 사람이 사는 땅이 그 죄에 대해 반응을 하기 때문이다! 그런데 언제 나의 땅과 밭이 나를 향하여, 내가 지은 죄에 대하여 소리 지르거나 애통한 적이 있었던가(창 3:18; 4:10)! ³⁹ 내가 언제 내 땅에서 수고한 사람들의 땀만 이용해 먹고, 그들이 추수한 곡식과 열매의 대가를 지불하지 않았던가! 내가 만약 그토록 수고한 사람들에게 합당한 대가를 지불하지 않아서 그들의 생명을 잃게 했다면, ⁴⁰ 그때부터 내 땅에서는 밀 대신에 가시가 나오고, 보리 대신에 잡초가 나오는 것이 당연하리라!" 이렇게 욥의 최후 변론이 끝났다.

동영상 강해 QR 21. 욥의 최후 변론 2: 욥의 결백(31장)

제5부
엘리후의 등장과 주장(32-37장)

23. 엘리후의 등장(32장)

32 [1] 결국 욥의 세 친구(엘리바스, 빌닷, 소발)는 욥에게 말하기를 멈추고 말았다. 그 이유는 욥이 끝까지 자신은 아무런 죄를 짓지 않았다며 자신의 의로움을 강하게 주장했기 때문이다. [2] 그러자 바로 그때 엘리후가 등장했다. 엘리후는 너무나 화가 났다. 그는 **부스** 지역 사람인 바라겔의 아들로 람 족속(룻 4:19; 대상 2:9, 25) 출신의 젊은이인데, 그가 욥에게 화를 낸 이유는 '욥이 자신을 하나님보다 의롭다.'라고 주장했기 때문이다. [3] 아울러 엘리후는 욥의 세 친구에게도 화가 났다. 그 이유는, 욥이 죄를 지었다고 비판만 할 뿐, 정작 욥이 수긍할 만한 어떤 잘못도 분명하게 말하지 못했기 때문이다. [4] 그럼에도 엘리후는 욥과 세 친구의 대

화가 끝날 때까지 참고 기다렸다. 그 이유는 그들이 모두 자신보다 더 연장자들이었기 때문이다. [5] 하지만 끝내 욥의 세 친구가 합당한 대답을 내놓지 못하고 말문이 막히자, 결국 엘리후는 너무나 화가 났던 것이다.

엘리후가 깨달은 진짜 지혜의 근원

[6] 그래서 부스 지역 사람인 바라겔의 아들, 엘리후는 입을 열고 다음과 같이 말하기 시작했다. "저는 어르신들에 비하면 살아온 날들이 무척 적습니다. 그래서 나이 어린 제가 연장자이신 어르신들에게 제가 아는 것을 말하기가 어렵고 또한 두려웠습니다. [7] 저는 항상 이런 생각을 가지고 있었습니다. '살아온 날들이 많아야 할 말이 있는 것이고, 인생의 연장자들이 지혜를 가르치는 것이 합당하다.'라고요. [8] 하지만 이제는 생각이 바뀌었습니다. 진실은 그게 아니더군요. 사람의 영혼 속에 있는 것, 바로 전능하신 하나님의 영이 사람들에게 분별력과 이해력을 주신다는 것을 깨달았습니다. [9] 다시 말해서 나이나 경험이 많다고 무조건 지혜로운 것도 아니며, 옳고 그른 것을 잘 분별해 내는 것도 아니라는 것을 깨달았습니다. [10] 그래서 제가 어르신들에게 한 말씀 드리려고 하니, 제 말을 잘 들어 주십시오. 제가 아는 지식과 또한 깨달은 것을 지금부터 알려 드리겠습니다.

엘리후의 지적과 갈망

¹¹ 자! 보십시오! 저는 지금까지 어르신들이 말씀 마치시기를 기다렸습니다. 어르신들이 지혜로운 논쟁을 통해 이 상황에 가장 합당한 말과 대답을 찾으실 때까지 경청했습니다. ¹² 먼저, 욥 어르신의 친구분들의 잘못에 대해서 제가 지적해 보겠습니다. 보십시오! 친구분들은 무조건 욥 어르신이 잘못했다는 말만 했지, 친구분들 중에서 그 누구도 욥 어르신이 잘못한 내용을 분명하게 지적하고 바로잡는 분이 없으셨습니다. ¹³ 심지어 욥 어르신의 친구분들은 더는 할 말이 없다고 여기시며 '그래! 우리가 발견한 지혜, 즉 우리의 최종 대답은 이것이다! 우리는 욥이 무엇을 잘못했는지 분명히 말하지 못했지만, 하나님께서는 욥이 무엇을 잘못했는지 분명하게 말씀해 주셔서 욥의 저 오만함을 심판하실 것이다!'라고 말씀하셨습니다. 그렇게 이 문제를 하나님께 떠넘겨서는 안 됩니다! ¹⁴ 또한 욥 어르신이 직접 저에게 어떤 말씀을 해 주지는 않으셨고 제가 욥 어르신과 어떤 논쟁도 하지 않았지만, 저는 욥 어르신의 친구분들이 지금까지 말한 내용이나 방식으로 욥 어르신과 논쟁하지는 않을 것입니다. ¹⁵ 욥 어르신의 친구분들을 보니, 큰 충격을 받아서 더는 대답할 말이 없는 상황으로 끝난 것 같습니다. ¹⁶ 저는 욥 어르신의 친구분들이 더는 대답할 말씀이 없으셔서 멈추실 때까지 충분히 기다렸다고 생각합니다. ¹⁷ 그러니, 이제는 제가 말을 시작하겠습니다. 저의 지식과 의견을 이제부터 알려 드리도록 하겠습니다. ¹⁸ 제가 이토록 말하려고 하는 이유는, 단순히 저의 욕망

때문이 아니라, 제 몸 안에 있는 (하나님의) 영이 저에게 말하라고 강력하게 주장하기 때문입니다. [19] 마치 지금 저의 상태는 발효된 포도주로 가득 담긴 가죽 부대가 터지기 직전인 상태와 같습니다. [20] 저는 지금 제 마음에 담긴 말을 해야만 살 것 같습니다. 자, 이제, 저는 입을 열어서 영의 대답을 쏟아 놓겠습니다(렘 20:9)! [21] 저는 절대로 누구의 편을 들지도 않을 것이고, 사람들이 듣기 좋은 말도 하지 않을 것입니다(잠 26:28; 28:23; 29:5). [22] 왜냐하면, 실제로 저는 그런 말을 할 줄 모르는 사람이기 때문입니다. 만약 제가 조금이라도 그런 편향적이고 인간적인 말을 한다면, 하나님께서 저를 죽이셔도 좋습니다!"

동영상 강해 QR 22. 엘리후의 등장(32장)

24. 엘리후의 새로운 시선(33장)

욥 어르신, 제 말을 들어 주십시오!

33 [1] "그러니 욥 어르신! 제가 지금부터 하는 모든 말에 귀 기울여서 들어 주십시오! [2] 자! 지금부터 제 입을 열고 제 혀를 힘차게 움직여서 말하겠습니다! [3] 저는 제 마음의 바르고 곧은 태도로 말할 것이고 제 입술의 지혜와 지식으로 맑고 선명하게 말하겠습니다! [4] 제가 이렇게 할 수 있는 것은 하나님의 영 (Spirit)이 저를 창조하셨고, 전능하신 하나님의 호흡이 저에게 생명을 주셨기 때문입니다. [5] 만약 욥 어르신이 저에게 대답으로 돌려주실 말씀이 있으시면, 제 앞에 나오셔서 준비하신 말씀을 해 보십시오! 참으로, 저와 당신은 하나님 앞에서 똑같은 사람입니다. 욥 어르신처럼 저 역시 하나님께서 흙으로 만드셨습니다. [7] 그러므로 저의 위엄으로 어르신을 두렵게 할 수도 없고, 저의 능력으로 어르신을 억누를 수도 없습니다. 욥 어르신은 저를 전혀 무서워하실 필요가 없습니다.

욥 어르신, 바로 이것이 잘못되었습니다

[8] 욥 어르신께서 지금까지 하신 말씀을 저는 확실하게 잘 들었습니다. 욥 어르신이 말씀하신 내용의 핵심은 바로 이것입니다. [9] '나는 그 어떤 잘못이나 악도 없이 깨끗하며 순수하다. 나는 아무런 죄도 짓지 않았다! [10] 그런데 하나님께서 나를 적대하시고 억지로

시빗거리를 만드신 후에, 나를 원수처럼 죄인처럼 대하셨다! ¹¹ 내 발에 족쇄를 채우신 후에, 내 일거수일투족을 감시하신다!'라고 말입니다. ¹² 보십시오! 욥 어르신! 어르신의 이러한 말씀은 매우 잘못된 것이라고 저는 판단합니다. 왜냐하면 이 세상의 그 어떤 사람보다 하나님께서는 크고 위대하신 분이시기 때문입니다. 사람이 이 세상을 살면서 겪게 되는 행복이나 불행으로 하나님에 대한 평가가 이루어져서는 안 된다는 말입니다. 하나님께서는 우리의 행복이나 불행보다 더 큰 계획과 목적을 가지신 분이시기 때문입니다.

욥 어르신, 고난 속에 교훈이 있습니다
하나님께서는 그 고난 속에서 말씀하십니다

¹³ 욥 어르신! 어째서 어르신의 질문에 하나님께서 전혀 대답하지 않으신다고 계속 주장하시는 것입니까? ¹⁴ 실제로 문제는 하나님이 아니라 사람에게 있습니다. 하나님께서는 한번 두번 계속해서 말씀하시지만, 사람이 그것을 깨닫지 못하는 것입니다. ¹⁵ 하나님께서는 꿈으로도 말씀하시고, 밤의 환상으로도 말씀하시며, 사람이 깊은 잠에 빠졌을 때나 침대 위에서 잠깐 졸 때도, 말씀하십니다. ¹⁶ 바로 그때, 하나님께서는 사람의 귀를 잠시 여셔서 교훈이나 교정의 말씀을 분명히 전해 주십니다. ¹⁷ 그래서 사람들로 하여금 잘못된 행동에서 벗어나도록 경고하시며, 교만한 태도를 바꿀 수 있도록 경고해 주시는 것입니다. ¹⁸ 그렇게 하나님께서는 사람이

계속 죄를 지어서 그 영혼이 지옥 구덩이로 내려가는 것을 막아 주시고, 그의 생명이 칼의 심판으로 넘겨지는 것을 예방해 주시는 것입니다. [19] 또한, 마찬가지로 하나님께서는 사람의 고통과 고난 속에서 말씀하십니다. 평소에 사람들은 하나님의 말씀을 잘 듣지 못하다가 병들고 아파서 병상에 눕게 되면, 몸과 뼈가 아프게 될 때, 바로 그제야 하나님의 책망과 교정하심을 깨닫게 됩니다. [20] 사람이 아프면 먹는 것 자체가 싫어지고, 아무리 특별한 음식을 주어도 거절하게 되지요. [21] 그렇게 먹지 않으면 사람은 살이 빠져서, 그전에 보이지 않던 뼈까지 앙상하게 드러나게 되지요. [22] 그러면 그 사람은 죽기 직전까지 이르게 됩니다. [23] 그런데 바로 그 때, 저 하늘 위의 수많은 천사들 중에서, 그 사람을 중보하기 위한 천사 하나가 그 사람 옆에 등장해서, 그 사람을 바로잡아, 다시 살아날 수 있는 길을 보여 준다면, [24] 하나님께서는 은혜와 긍휼을 그 사람에게 베푸시며 이렇게 말씀하실 것입니다. '저 불쌍한 사람을 죽음의 자리로 내려가지 않도록 구해 주어라! 내가 저 사람이 다시 살 수 있는 해결책을 얻었다!'(시 49:7-9, 15). [25] 그러면 그 결과로, 죽기 직전까지 갔던 그 사람은 젊은 시절의 피부와 젊은 시절의 건강함 그 이상의 상태로 회복됩니다. [26] 그리고 그 사람은 다시금 하나님과의 관계도 회복되어, 하나님을 향해 기도할 수 있게 될 것이고 그러면 하나님께서 그 기도를 기쁘게 받으시고 응답하실 것입니다. 그 사람은 하나님과 함께하는 임재의 즐거움을 다시 누릴 것이며, 하나님께서도 그 사람의 상태를 다시금 하나님과의 의롭고 바른 관계로 변화시켜 주실 것입니다. ^{27} 그러면 그 사람은 이런 노래와 찬양으로 사람들에게 간증하게 될 것입니다. '나는 한때, 죄를 지어서 하나님께서 주신 곧은 삶을 구부러지게 만들었다. 그리고 그렇게 죄 속에 빠진 삶은 나에게 아무런 유익이 없었다! ^{28} 하지만 감사하게도 하나님께서 나의 죄 많은 영혼을 구원해 주셔서, 나는 죽음의 자리로 내려가지 않게 되었고 오히려 생명의 빛을 보게 되었다!'라고요. ^{29} 욥 어르신! 이 모든 것을 잘 보십시오! 이것이 바로 하나님께서 사람에게, 또한 욥 어르신에게 지금 하시는 일입니다. ^{30} 하나님께서 죽음의 구덩이로 내려가는 욥 어르신의 영혼을 다시 끌어 올리셔서 생명의 빛을 누리게 하시려고 이런 고난을 주시는 것입니다. ^{31} 그러니, 욥 어르신! 제가 하는 말을 잘 들으십시오! 귀를 기울여 들으시고 마음에 새기십시오! 제가 분명하게 알려 드리겠습니다! ^{32} 만약 저에게 하실 말씀이 있다면, 얼마든지 이야기하시고 말씀하십시오! 제가 어르신에게 하고 싶은 것은 정죄가 아니라 욥 어르신을 다시금 바로잡아 드리는 것입니다. ^{33} 만약 어르신께서 하실 말씀이 없으시다면, 제가 이어서 하는 말들을 조용히 주의를 기울여 들어 주십시오! 그러면 제가 어르신께 지혜를 알려 드리겠습니다."

동영상 강해 QR 23. 엘리후의 새로운 시선(33장)

25. 엘리후의 신정론(神正論)(34장)

엘리후의 제안: 우리 함께 알아봅시다!

34 ¹ 이어서 엘리후는 말을 했다.

² "지혜 있는 분들이라면 저의 말을 들어 주십시오! 지식이 있는 분들이라면 제가 하는 말에 경청해 주십시오! ³ 입이 있는 사람이라면 음식 맛을 알아차릴 수 있는 것처럼, 귀가 있는 사람이라면 제가 지금부터 하는 말을 분별할 수 있을 것입니다. ⁴ 그러니 우리가 무엇이 선하고 옳은 것인지 점검해 보고 결정하도록 함께 알아봅시다!

욥의 잘못

하나님께서 잘못하셨다고요? ⁵ 분명한 욥 어르신의 잘못은, 욥 어르신이 이렇게 말씀하셨기 때문입니다. '나는 옳고 의로운 사람인데, 하나님께서 나를 옳고 의롭게 여겨주지 않으셨다. ⁶ 오히려 하나님께서는 나를 옳지 않고 의롭지 않은 존재로 취급하셔서, 나를 거짓말쟁이로 만드셨고 아무 잘못도 없는 나에게 재앙의 화살을 쏘셔서 지독한 상처를 입히셨다.'라고요(6:4; 16:13; 19:6-8). ⁷ 누가 욥 어르신처럼 이렇게 무례하게 말할 수 있을까요? 욥 어르신은 지금 물을 마시듯이, 너무 쉽게 하나님을 조롱하고 있습니다. ⁸ 지금 욥 어르신은, 마치 헛되고 악한 짓을 하는 사람들과 같은 태도를 취하여, 범죄자들처럼 행동하며 말하고 있습니다. ⁹ 심지어 욥 어르신은 이런 말씀까지 하셨지요. '사람이 하나님과 동행하며, 그분을 기쁘게 해 드리는 일은 다 소용없는 일이다!'

엘리후의 대전제: 하나님께서는 절대 잘못하시지 않으십니다!

[10] 그러므로 이해의 마음, 분별의 마음이 있는 분들이라면, 지금부터 하는 저의 말을 잘 들어 주십시오! 무엇보다 하나님께서는 악한 것과는 전혀 상관이 없으신 선하신 분이시고, 전능하신 하나님께서는 불의나 부정과는 전혀 상관이 없으신 의로우신 분이십니다! [11] 그 이유는 하나님께서 이 세상 모든 사람이 행한 대로 공정하게 갚으시는 분이시기 때문입니다. 하나님께서는 이 세상 모든 사람이 심은 대로 거두게 하시고, 살아온 삶에 합당한 결과를 만나게 하시는 분이십니다. [12] 이렇게 정의로우신 하나님께서 어떻게 악을 행하시며, 이토록 공의로우신 전능자 하나님께서 어떻게 공의를 왜곡시키시겠습니까? 참으로 하나님께서는 언제나 선하신 분이시며 세상 모든 일에 대해서 공의로우신 분이십니다! [13] 만약 하나님께서 그렇지 않으시다면, 그 누가 이 세상을 다스리며, 그 누가 온 세상을 심판할 수 있겠습니까? 그렇다면 어떻게 하나님께서 이 세상을 다스리시며, 온 세상을 심판하실 수 있겠습니까? 당연히 그분이 선하시고 공의로우신 분이시기에 지금까지 이 땅을 지켜 오신 것입니다. [14] 또한 하나님께서는 선하시고 공의로우신 분이시기에 온전하고 강력한 능력을 가지신 분이십니다. 그래서 만약 하나님께서 결심하시고 한 사람에게 있는 그분의 영과

호흡을 거두어 버리시면, ¹⁵ 어떤 사람이든 그 즉시 죽어서, 흙 위에 묻히고 흙으로 돌아갈 것입니다.

엘리후의 확신: 하나님께서는 공의-전능하신 분이십니다

¹⁶ 그러므로 욥 어르신! 이해력과 분별력이 있으시다면 제가 하는 말을 들으시고, 제 말에 귀를 기울이십시오! ¹⁷ 하나님께서 공의롭지 않으시다면 어떻게 이 세상을 다스리실 수 있다고 보십니까? 당연히 그분이 공의로우시기 때문에 지금까지 세상을 다스려 오신 것입니다! 그런데도 욥 어르신께서는 이토록 공의로우시고 전능하신 하나님께서 계속 잘못하셨다고 주장하시며 그분을 정죄하시겠습니까? ¹⁸ 오직 하나님만이 공의로운 판단과 심판을 하실 수 있지 않겠습니까? 그렇기에 왕에게도 쓸모없는 짓을 했다는 판단을 하실 수 있고, 귀족들에게도 악한 짓을 했다는 심판을 하실 수 있는 것은 오직 그분이 하나님이시기에 가능한 일입니다. ¹⁹ 하나님께서는 높은 신분의 지도자들에게도 특혜를 베풀지 않으시며, 돈이 많은 부자들에게도 가난한 자들보다 더 우대해 주지 않으십니다. 하나님께서는 이 세상 모든 사람을 창조하신 분이시기 때문입니다. ²⁰ (반면에) 사람은 한순간에 죽는 존재입니다. 한밤중에 두려워 떨다가 갑작스럽게 죽어서 사라집니다. 아무리 강하고 권세 있는 사람이라도 하나님의 손길 한 번이면 끝납니다. ²¹ 그 이유는, 하나님께서 이 세상을 공의롭고 능력있게 다스리시기 때문입니다. 하나님께서 온 세상을 살펴보시고 모든 사람의 행동을 감찰하

시기 때문입니다. 22 바로 그 하나님의 눈에서 피할 수 있는 어두움이나 그늘은 없습니다. 특히 악을 행한 사람이 숨을 만한 장소는 그 어디에도 없습니다. 23 하나님께서는 어떤 사람을 심판하시는 데 있어서, 그 사람에게 심판받는 날짜나 시간, 절차나 과정에 대해서 알려 주시지 않으시고, 알려 주실 이유도 없으신 분이시기 때문입니다. 24 심지어 하나님께서는 권력 있고 힘 있는 사람의 자리조차 그들이 잘못한다면, 그 어떤 조사나 심문 없이 제거해 버리시고 새로운 다른 사람을 대신하여 세우시는 분이십니다. 25 그렇게 하실 수 있는 이유는, 하나님께서 이전 권력자들이 한 일을 다 알고 계시기 때문입니다. 그래서 이 모든 일들을 하룻밤 만에 다 뒤엎어 버리시고 마무리하실 수 있으신 것입니다. 26 또한 하나님께서는 모든 사람이 보는 공개적인 장소에서 악한 자들에게 벌 주시고 심판하시는 분이십니다. 27 하나님께서 그렇게 하시는 이유는, 그 악한 자들이 하나님의 말씀과 뜻을 따르지 않고 오히려 벗어났기 때문이며, 아예 그분의 말씀과 뜻에 대해 생각하거나 신경 쓰지도 않기 때문입니다. 28 결국 그 악한 자들의 횡포로 인해 고통받는 약하고 힘없는 자들의 부르짖음을 하나님께서 들으셨고, 그 부르짖음을 들으신 하나님께서 공의와 능력으로 그 악한 자들을 심판하신 것입니다. 29 이렇게 하나님께서는 악한 자들에 대해 반드시 심판하시는데, 도대체 누가 하나님께서 잠시 자신의 얼굴을 감추시고 기다리시며 잠잠하시다고 해서 하나님께서 아무것도 하지 않으신다는 식으로 원망하고, 하나님께서 어떤 나라에

대해서든 한 개인에 대해서든 당장 심판하지 않으신다고 해서 그
것을 잘못된 일이라는 식으로 평가하고 비판한다는 말입니까? 30
하나님께서는 반드시 적절한 시간에 악한 자들을 심판하셔서, 위
선적인 사람이 왕이 되지 못하게 하시고 백성들이 시련에 빠지지
않도록 하십니다.

엘리후의 제안: 회개하십시오! 결과는 분명합니다!

31 그러니, 욥 어르신은 지금 하나님께 이렇게 말하는 것이 당연하
지 않겠습니까? '제가 지금 벌을 받고 있으니, 다시는 죄를 짓지
않겠습니다. 32 혹시라도 제가 잘못한 것이 있다면 알려 주십시오!
만약 제가 악한 짓을 했다면 다시는 그런 짓을 하지 않겠습니다!'
라고요. 33 욥 어르신! 어찌 하나님께서 어르신에게 맞추어 드려야
하겠습니까? 어르신 마음에 들지 않는다고 하나님께서 어르신이
원하는 대로 해 주셔야 합니까? 오히려 부족하고 불완전한 어르
신이 완전하시고 전능하신 하나님께 맞춰 드리고 그분께서 원하
시는 대로 해 드려야죠! 이제 선택은 제가 아니라, 어르신이 하실
일입니다! 지금 어르신께서 저보다 더 잘 아시는 것이 있다면, 한
번 말씀해 보십시오! 34 지금까지 제가 드린 말씀을 잘 들은 사람
이라면, 정말 그 사람의 양심이 살아 있고 지혜가 있는 사람이라
면, 이제 누구라도 이렇게 말할 것입니다. 35 '욥은 제대로 아는 것
도 없으면서 함부로 말을 했구나! 욥이 한 말들은 모두 하나님을
제대로 알지도 못하면서 함부로 내뱉은 신중하지도 않고 지혜도

없는 말이었다! 36 욥은 지금까지도 계속해서 헛되고 악한 사람처럼 말을 하고 있으니, 욥이 당하는 이 시련이 끝까지 계속해서 이어지기를 바란다! 37 결국 욥은 이미 자신이 지은 죄에 더하여, 하나님께서 주신 징계에 대해서 불평하고 원망하는 죄까지 저질렀다! 심지어 우리가 보고 있는데도 불쾌한 태도와 모습을 취하며 하나님을 거역하는 말을 했기 때문이다!' 라고요!"

동영상 강해 QR 24. 엘리후의 신정론(神正論)(34장)

26. 엘리후의 관계와 신념(35장)

"하나님과 사람에 대한" 엘리후의 이론과 진단

35

¹ 이어서 엘리후는 말을 했다.

² "욥 어르신! 도대체 어르신은 자신을 얼마나 의롭고 옳다고 여기시기에 '나는 하나님 보시기에 의롭다. 하나님보다 의롭다.'라는 말까지 하십니까(6:29; 9:20; 12:4; 13:18; 27:5-6; 29:14)? ³ 심지어 어르신은 '내가 지금까지 의롭게 살았지만 하나님께서는 나에게 재앙을 내리시니, 내가 죄를 짓지 않고 바르게 살아온 삶이 나에게 아무 유익도 없구나!'라고 말씀하십니다. ⁴ 자 이제! 제가 욥 어르신과 함께 자리하신 친구분들 모두에게 '하나님과 사람'에 대한 바른 진리를 알려 드리겠습니다. ⁵ 욥 어르신은 하늘을 한번 바라보십시오! 주의 깊게 올려다보십시오! 어르신 위에 있는 저 구름과 하늘이 얼마나 높습니까! ⁶ 하물며 저 하늘보다 더 높으신, 저 하늘을 만드신 위대한 하나님을 생각해 보십시오! 욥 어르신이 죄를 지었다 해도, 그것이 하나님께 무슨 영향을 미칠 수 있겠습니까? 다시 말해서 욥 어르신께서 그 어떤 반역적인 죄를 지었다고 해도 유한한 사람이 영원하신 하나님께 무슨 의미가 있겠습니까? ⁷ 마찬가지로 욥 어르신이 참으로 의로운 삶을 살았다고 해서, 그것이 하나님께 무슨 영향을 미칠 수 있다는 말입니까? 욥 어르신이 전혀 죄를 짓지 않고 바르게 살았다고 해서, 그것이 하나님께 무슨 도움이 되겠습니까? 욥 어르신이 악하게 살았더라도 하

나님께는 아무런 영향력이 없고, 욥 어르신이 의롭게 살았더라도 그것으로 인해 하나님께서 무엇인가를 갚아 주셔야 하는 것은 아니라는 말입니다! [8] 한 사람이 악을 행하거나 의롭게 사는 것은 겨우 이 세상에 사는 사람들에게만 어느 정도 영향력이 있고 의미가 있을 뿐입니다!

"하나님과 사람에 대한" 엘리후의 날카로운 원인 분석

[9] 그렇다면, 하나님께서 너무나 초월한 존재이시기에 이 세상 사람들에 대해서 무관심하실까요? 아닙니다! 문제는 하나님이 아니라 교묘한 사람들입니다! 예를 하나 들어 보겠습니다. 이 땅에, 힘과 권력을 가지고 압제하는 많은 사람들 때문에 자신의 소유물과 권리를 빼앗긴 많은 사람이 하나님을 향해 도와 달라고 부르짖고 소리칩니다. [10] 하지만 그들은 대다수 자신의 육신적인 문제 해결만을 위해서 하나님을 잠시 이용해 먹으려고 하는 종교인들일 뿐, 영혼의 어두운 밤에도 소망의 노래를 선물해 주시는 하나님을 향해 믿음을 가지고 '나를 만드신 하나님께서는 어디 계신가?'하며 그분을 찾고 기도하는 신앙의 사람들은 없습니다(렘 2:6). [11] 우리가 믿음을 가지고 그분을 찾고 기도한다면 하나님께서는 이 땅의 그 어떤 동물들보다 더 존귀한 존재로 우리를 만나 주시고 진리를 가르쳐 주시는 분이시고, 저 하늘의 새들보다 우리에게 더 놀라운 지혜를 알려 주시는 분이심을 인정하는 사람도 없습니다. [12] 이렇게 사람들이 하나님을 믿음의 대상으로 다가가지 않고 자신의 문

제를 해결하는 도구로만 접근하기 때문에, 바로 그런 이유로 하나님께서는 사람들이 아무리 도움을 청하고 부르짖어도 대답하지 않으시는 것입니다. 곧, 그 악한 인간들의 교만하고 교활한 태도 때문에 말입니다. ¹³ 참으로 하나님께서는 자신의 육신적인 문제만 해결하려고 도움을 요청하는 그런 헛된 부르짖음을 듣지도 않으시고 응답하지도 않으십니다! 전능하신 하나님께서는 그런 사람들을 신경 쓰지도 않으십니다!

욥 어르신은 "하나님과 사람에 대해" 헛된 말을 한 것입니다!

¹⁴ 하물며 욥 어르신은 '내가 지금 하나님을 볼 수 없고 하나님께서 나의 고난에 대해서 전혀 합당한 반응과 응답을 해 주지 않으시니, 내게 문제가 있는 것이 아니라, 하나님께 문제가 있다는 식으로, 이 모든 문제를 하나님 앞에 던지고, 하나님께서 대답하시기를 기다린다!'라고 하십니다. ¹⁵ 아울러 욥 어르신은 '아직까지도 하나님께서 나타나셔서 지금 이 잘못된 상황에 대해서 분노하시며 나를 공격한 자들을 처벌하지 않으실 뿐만 아니라, 이 어리석고 억울한 상황에 대해서 제대로 알지도 못하신다. 알려고 하지도 않으신다.'라고 말씀하십니다. 종교적이고 이기적인 태도로 하나님의 도움만 바라는 사람들에게 하나님께서는 그 어떤 관심이나 응답도 하지 않으시는데, 하물며 욥 어르신은 더 심한 태도로, 자신을 하나님보다 의롭다고 하고 자신이 의롭게 살았으니 하나님께서 반드시 자신에게 좋은 대우를 해 주셔야 하며, 자신이 당하

는 이 고난에 대해서 하나님께서 해명하셔야 한다고 말하고 있는 것입니다. ¹⁶ 결론은 이것입니다. 이처럼 욥 어르신은 하나님에 대해서 바른 지식도 없고, 사람과의 관계에 대한 바른 태도에 대해서 잘 알지도 못하면서, 심지어 자기 자신에 대해서는 가장 무지한 상태로, 입을 열어서 이런 헛된 말들만 쏟아 낸 것입니다!"

동영상 강해 QR 25. 엘리후의 관계와 신념(35장)

27. 엘리후의 하나님 변호(36장)

엘리후의 하나님 변호를 위한 자기 변호

36 ¹ 이어서 엘리후는 더 말을 했다.

² "제가 할 말이 아직 더 남아 있으니, 조금만 더 참고 들어 주십시오. 그러면 하나님에 대한, 하나님을 위한 진리를 제대로 알려 드리겠습니다. ³ 저는 저 멀리 하늘에서 온 지혜를, 또한 제가 최선을 다해 찾아낸 진리를 드러낼 것입니다. 그렇게 해서 저를 지으신 하나님의 옳으심과 의로우심을 높여드릴 것입니다. ⁴ 제가 지금 하는 말은 모두 거짓 없는 진실뿐입니다. 욥 어르신! 바로 지금 어르신 옆에서 하나님에 대한 지식에 완전한 사람인 저, 엘리후가 말하기 때문입니다.

의롭고 위대한 하나님께서 사람에게 무엇을 하시는가?

⁵ 보십시오! 하나님께서는 정말 위대하신 분이십니다! 그분은 최고의 힘과 능력을 가지고 계시지만 이 세상의 그 어떤 사람도 무시하시거나 함부로 대하지 않으십니다. ⁶ 다만 억울하게 고통당하는 사람들을 위해서 그들에게 나쁜 짓을 한 악인들을 죽이시고 심판하십니다. ⁷ 또한 하나님께서는 의로운 사람들을 항상 지켜보시고, 결국에는 그들을 왕처럼 존귀하고 영광스러운 자리에 올려 주심으로 의롭게 산 것을 보상해 주십니다. ⁸ 하지만 이따금 그 의로운 사람들도 고난을 당하거나 고통스러운 상황에 사로잡히는 경

우가 있습니다. ⁹ 그 이유는 하나님께서 그들에게, 그들이 하나님을 향해 실수하거나 범죄한 것들을 깨닫게 해 주시려고 그렇게 하시는 것입니다. ¹⁰ 그들이 고난과 고통을 당함으로 하나님을 향한 영혼의 귀를 열게 되면, 하나님께서는 그들이 무엇을 잘못했는지 알려 주시고 그 책망을 들은 그들이 회개하여 잘못된 삶의 방향에서 돌이키게 하시려는 것입니다. ¹¹ 만약 그때, 그들이 하나님의 말씀을 듣고 회개하여 순복하면, 그들의 남은 날들은 형통하게 되고 행복하게 마무리됩니다(시 119:71). ¹² 그러나 만약 그때, 그들이 하나님의 말씀을 듣지 않고 고집을 피우면, 그들은 하나님께서 보내시는 심판의 칼로 인해 죽어서 사망의 강을 건너게 될 것입니다. 그들은 아무것도 모른 채 죽음을 맞이하게 될 것입니다(호 4:6). ¹³ 그 이유는 하나님께서 시련과 고난으로 사람의 잘못된 것과 범죄한 것을 깨닫게 해 주시는데도, 그들이 완고하고 위선적인 태도로 고집만 피우고 하나님께 소리 내어 기도하기보다 화만 내기 때문입니다. ¹⁴ 결국 그런 사람들은 자기 수명을 다 누리지도 못하고 젊은 날에 일찍 죽을 것이며, 이방 신전의 성전 창기들처럼 수치스럽고 모욕적인 죽음을 맞이하게 될 것입니다(신 23:17-18). ¹⁵ 하지만 이것은 사람을 향한 하나님의 궁극적인 목적이 아닙니다. 하나님께서 사람들에게 고난과 시련을 주시는 이유는, 바로 그런 고뇌에 빠진 어려운 상황에서 하나님의 말씀을 들을 수 있는 귀를 열어 주시기 위해서입니다. 그 고난이라는 기회를 통해서, 그들이 회개하고 자신의 삶을 고침으로 구원받게 해 주시려는 것입니다.

¹⁶ 욥 어르신! 지금 하나님께서 욥 어르신에게 하시는 것이 바로 이것입니다! 하나님께서는 욥 어르신을 구원해 주시려는 것입니다. 하나님께서는 욥 어르신의 실수와 범죄라는 좁은 곳에서 참된 안식과 기름진 음식으로 가득한 넓은 곳으로 이끌어 주시려는 것입니다. ¹⁷ 하지만 지금 욥 어르신의 상태는 하나님께서 주신 이 기회를 무시하고, 완고한 태도로 회개하지 않으셔서, 악인이 받을 심판 직전에 와 있습니다. 이렇게 된 이유는 욥 어르신이 고집스럽게 '무엇이 옳은가? 누가 바른가? 하나님께서 옳으신가? 내가 옳은가?'라는 식으로 어르신의 공의에만 집착하고 있기 때문입니다. ¹⁸ 제발, 욥 어르신의 그 고집스러운 분노가 욥 어르신을 비참하게 만들지 않도록 하십시오! 욥 어르신이 가진 많은 물질이나, 그 물질로 가난한 사람을 많이 도운 것으로 하나님의 심판을 피하거나 해결할 수 있으리라고 착각하지 마십시오! ¹⁹ 욥 어르신의 근본적인 태도를 바꾸어 회개하지 않으시면, 아무리 하나님께 많이 부르짖고 아무리 많은 돈과 물질로 선한 일을 하셨더라도, 욥 어르신의 영혼을 지킬 수 없을 것입니다. ²⁰ 욥 어르신! 밤을 기다리지 마십시오! 어두운 시간과 공간으로 도망치셔도 아무 소용없습니다. 그렇게 문제를 회피했던 많은 사람과 민족들은 바로 그 어두운 시간과 장소에서 끝장났습니다. ²¹ 욥 어르신! 정신 차리시고 더 이상 고집을 피우며 잘못된 방향으로 헛된 수고를 하지 마십시오! 욥 어르신이 계속 그런 선택을 하셨기 때문에 지금 이러한 고통을 당하시는 것입니다. 계속 자신이 옳다는 주장을 하며 하나님

과 대결하는 태도로 나가는 것을 그만두십시오! [22] 잘 보십시오! 하나님께서 얼마나 높으신 분이신지, 얼마나 큰 힘과 능력을 가진 분이신지를 잊지 마십시오! 하나님께서는 가장 위대한 능력을 가진 분이시기에 그 누구도 하나님과 대결할 수 없고, 하나님께서는 가장 위대한 스승이시기에 그 누구도 그분에게 무엇이 틀렸다고 말하거나, 무엇인가를 가르칠 수 없습니다. [23] 그러므로 누가 감히 하나님께 그분이 가실 길을 결정해서 제안할 수 있으며, 그 누가 감히 하나님께 '하나님께서 이번에 하신 일은 잘못되었습니다.'라고 말할 수 있습니까? [24] 욥 어르신, 기억하십시오! 지금까지 하나님께서 하신 일들에 대해, 바른 사람들은 불평하고 원망한 것이 아니라, 언제나 찬양하고 노래했습니다. 욥 어르신도 그렇게 하셔야 합니다! [25] 하나님께서는 우리와 너무 멀리 계신 분이시기에, 이 세상 모든 사람은 하나님을 경외함으로 바라보며, 하나님께서 하신 일을 존경하는 태도로 주목해 왔습니다. 욥 어르신도 그렇게 하셔야 합니다!

.

위대하고 의로우신 하나님께서 세상을 어떻게 다스리시는가

[26] 또한 욥 어르신! 잘 보십시오! 하나님께서는 너무나 위대하시고 높으신 분이시기에 우리는 그분을 충분히 알 수도 없고 그분이 어떤 분이신지 함부로 말할 수도 없습니다. [27] 비와 폭풍에 대해서만 언급해 보자면, 하나님께서는 공기 중에 있는 물방울들을 모으셔서 구름과 안개 속에 두셨다가 비가 되어 내리게 하십니다. [28] 하

나님께서는 하늘에서 땅으로 많은 사람 위에 비가 내리게 하십니다. ²⁹ 하지만 우리 인간들은 비가 내리는 것만 볼 수 있을 뿐, 저 하늘 위에서 하나님께서 어떻게 구름을 펼치시고 어떻게 천둥소리를 내시는지 전혀 알 수가 없습니다. ³⁰ 보십시오! 하나님께서 비와 함께 번개를 세상에 펼치시면 바다의 밑바닥까지 비추십니다. 그만큼 강력하고 두려운 분이십니다! ³¹ 그렇게 하나님께서는 비와 번개로 이 땅에 사는 사람들을 심판하기도 하시고, 땅에 있는 곡식을 자라게 하셔서 풍성한 먹을거리를 주시기도 하십니다. ³² 하나님께서는 그 엄청난 빛을 가진 번개를 두 손으로 감싸고 계시다가, 원하시는 시간에 원하시는 목표물을 맞추도록 명령하십니다. [우리가 보기에는 마구잡이로 번개가 치는 것 같아도, 하나님께서는 정확한 목적을 이루십니다. 욥 어르신에게 일어난 고난도 마찬가지입니다!] ³³ 하나님께서는 천둥소리가 나게 하신 후에 번개가 오는 것을 알려 주시는데, 번개의 빛이 번쩍거리면 가축들조차 그것을 보고 하나님의 위대하심을 알게 됩니다. 당연히 욥 어르신은 가축보다 나은 존재가 되셔야 하지 않겠습니까!"

동영상 강해 QR 26. 엘리후의 하나님 변호(36장)

28. 엘리후의 마지막 발언(37장)

엘리후의 설명: 하나님의 놀라운 섭리

37 [1] "아! 지금 제 마음은 하나님의 음성으로 인해 떨립니다. 제가 이제 하려고 하는 말로 인해, 마치 심장이 터질 것처럼 두근거립니다. [2] 여러분도 집중해서 그분의 음성을 들어 보십시오! 그분의 입에서 나오는 천둥 같은 전율과 강력한 음성을 들어 보십시오! [3] 하나님의 음성은 천둥이 되어서 하늘 아래로 곧게 내려가며, 하나님의 음성은 번개가 되어서 모든 땅끝까지 펼쳐집니다. 그분의 말씀과 음성으로 세상 모든 것이 바로잡힙니다. [4] 포효하는 사자 같은 하나님의 음성이 들리고 천둥소리 같은 위엄있는 하나님의 음성이 나아갑니다. 그러면 마치 천둥과 번개가 칠 때 누구나 그 소리와 빛을 볼 수 있지만 그것을 붙잡을 수는 없는 것처럼, 하나님의 음성과 소리가 하늘에서 이 땅에 내려올 때도 우리는 그와 같은 경외감과 신비감에 사로잡힙니다. [5] 하나님께서는 그렇게 경이로운 그분의 음성을 천둥소리처럼 우리에게 보내십니다. 우리가 그 음성의 정확한 의미를 모른다 해도, 하나님께서는 우리에게 엄청나게 위대한 일들을 행하십니다.

[6] 예를 들어서, 하나님께서는 눈(snow)에게 명령하셔서 땅에 내리도록 하시고, 비(rain)에게 명령하셔서 땅에 강력한 소나기를 내리도록 하십니다. [7] 하나님께서는 그렇게 눈과 비를 이 세상에 내리게 하심으로, 사람들이 하는 일을 멈추게 만드시고 그들 위에

하나님께서 계시다는 것과 하나님께서 이 땅을 위해 일하고 계시다는 것을 깨닫게 하십니다. ⁸ 하나님께서 눈과 비를 땅에 내리시면, 짐승들도 자신들의 은신처인 굴 안으로 들어가서 머무르게 됩니다. 사람도 그래야 합니다! ⁹ 또한 하나님께서는 하늘에 만들어두신 여러 가지 방(공간)에 기후와 계절에 합당한 바람을 저장해 두셨다가, 필요에 따라서 폭풍을 보내시기도 하시고 차가운 북풍을 보내시기도 하십니다. ¹⁰ 하나님께서 보내시는 차가운 바람으로 인해 얼음이 생기고, 강의 물도 얼어서 그 폭이 좁아집니다. ¹¹ 또한 하나님께서 보내시는 바람으로 인해 구름 속에 물기와 비를 가득 담으시며, 하나님께서 보내시는 바람으로 인해 번개 구름을 흩어서 펼치시기도 하십니다. ¹² 그리고 하나님의 명령에 따라 비와 번개를 담은 구름은 온 세상의 사방으로 흩어져서, 그분이 지시하시는 땅 위에 비와 번개를 내립니다. 그것이 바로 그분의 음성입니다. ¹³ 이러한 과정을 통해서, 하나님께서는 잘못하는 사람들에게는 벌을 내리시고, 땅의 곡식에는 양분을 주시며, 도움이 필요한 사람에게는 은혜를 베풀기도 하시는 것입니다. 한가지로 보이는 어떤 자연현상이지만 하나님께서는 그것을 다양한 목적으로 사용하시는 능력과 섭리를 가지고 계십니다.

엘리후의 호소: 무엇을 알기 원하며, 무엇을 할 수 있는가?

¹⁴ 욥 어르신! 어르신의 귀를 열어서 잘 들어 보십시오! 똑바로 서서 하나님의 경이로운 섭리를 살펴보십시오! ¹⁵ 욥 어르신은 하늘

에서 구름이 움직이는 것을 볼 수 있을 뿐이지, 하나님께서 어떻게 구름을 움직이시며 어떻게 그 구름 속에서 빛이 나오게 하시는지 아십니까? [16] 욥 어르신은 어떻게 저 높은 하늘에 구름이 균형을 이루며 떠 있는지 아십니까? 하나님께서 어떻게 그렇게 하시는지 아십니까? 하나님께서 얼마나 위대하고 온전한 지식을 가지고 계신지, 그분께서 하시는 신묘막측한 일들에 대해서 제대로 알고 있으십니까? [17] 땅에 남풍이 불어와 고요한 계절이 되면, 어떻게 욥 어르신이 입고 있는 옷이 덥게 느껴지도록 바뀌는지 아십니까? 날씨를 느낄 수 있을 뿐, 그것에 순응할 수 있을 뿐, 그것이 어떻게 이루어지는지는 모르고, 더 나아가 그렇게 할 수도 없다는 말입니다. [18] 한 청동을 녹여서 부은 다음에 두들겨서 거울을 만들 듯이, 욥 어르신은 하나님과 함께 하늘을 만들어 펼치실 수 있습니까? [19] 우리는 무지와 무능의 암흑 속에 있으니, 혹시라도 욥 어르신께서 아시는 것이 있고 하실 수 있는 것이 있다면 우리에게 말해주십시오! 우리가 하나님께 뭐라고 말씀을 올리면 좋을지 가르쳐 주십시오! [20] 도대체 어떤 사람이 하나님께 하고 싶은 말이 있다고 감히 그것을 전부 다 말한다는 말입니까? 그런 무례하고 경솔한 사람은 기필코 하나님께 삼켜질 것입니다.

엘리후의 결론: 진정 지혜로운 사람은 하나님을 경외한다

[21] 하늘에서 빛나는 모든 것들을 사람은 제대로 볼 수 없습니다. 다만 하나님께서 바람을 불어서 하늘을 맑게 하는 날이 있음을 우리

사람이 느낄 뿐입니다. 하나님께서 보여 주셔야만 우리는 조금이라도 하늘의 것들을 볼 수 있는 존재라는 말입니다. 하물며 하나님에 대해서는 얼마나 더 그렇겠습니까? 22 신들이 살고 있다는 장소인, 북쪽 하늘로부터 영광스러운 빛이 나오듯이, 하나님으로부터 나오는 것은 경외의 빛입니다. 다시 말해서 사람이 하나님을 향해 취해야 하는 바른 태도는 경외뿐이라는 말입니다. 23 그 엄청난 힘과 위대한 심판을 가지신 분, 전능하신 하나님을 우리의 노력으로는 절대 발견하거나 만날 수 없습니다. 하지만 그렇다고 걱정할 필요는 전혀 없습니다. 하나님께서는 완전한 정의로 온 세상을 다스리시고, 절대로 억울하거나 구부러진 일을 하지 않으시는 분이시기 때문입니다. 24 그러므로 사람이 할 일은 하나님을 경외하는 것뿐입니다. 그분은 스스로 지혜롭게 여기는 사람들을 거들떠보지도 않으시기 때문입니다. 그러므로 이제 욥 어르신이 해야만 하고, 할 수밖에 없는 일은 하나님을 경외하는 것입니다. 마음에 지혜가 있는 사람이라면 당연히 그분을 두려워할 수밖에 없기 때문입니다. 그러니 이제 욥 어르신은 더 이상 누가 옳고 누가 틀렸는지에 대해서 판결하려는 태도를 그만두시고, 오직 그분을 신뢰하며 경외하는 태도로 스스로를 바꾸시기를 바랍니다!"

동영상 강해 QR 27. 엘리후의 마지막 발언(37장)

제6부
하나님의 등장과 질문(38-41장)

29. 하나님의 등장과 질문 1(38:1-24)

하나님의 등장: 그 임재의 특별함

38 ¹ 드디어 하나님께서 나타나셔서 말씀하셨다. 그분은 폭
풍 속에서, 욥을 향해 질문으로 대답하셨다(사 29:6; 렘
23:19-20; 겔 1:4; 나 1:3-4; 슥 9:14).

² "제대로 된 지식과 지혜조차 담기지 않은 말로 나의 계획을
어둡게 만들고, 나의 뜻을 잘못되었다고 말하는 사람은 도대체 누
구냐? ³ 욥아! 너는 남자답게 준비해서 지금부터 내가 너에게 묻는
말에 제대로 대답해 보아라!

하나님의 창조 섭리의 특별함

⁴ 먼저 내가 이 땅의 기초를 세울 때, 너는 어디 있었느냐? 네가 만약 창조의 섭리와 능력에 대해서 아는 게 있다면 말해 보아라! ⁵ 이 세상을 창조할 때, 모든 도량형의 기준과 치수를 누가 정했는지 아느냐? 처음으로 창조의 설계도를 펼쳐서 측량을 시작할 때, 누가 그것을 준비했는지 너는 아느냐? ⁶ 이 세상이라는 건축물을 지어 올리기 시작할 때, 어디에 기초를 세웠으며 누가 머릿돌을 놓았는지 너는 아느냐? ⁷ 태초에 천지가 창조되던 그때, 샛별 같은 하나님의 아들들, 바로 천사들이 노래하고 찬양하던 그때에 말이다. ⁸ 특히 네가 주의해서 알아야 할 것은 이것이다! 어머니의 자궁에서 아기가 태어나듯, 바다가 창조되어 터져 나올 때, 누가 그 무시무시한 바다를 적절하게 가두어서 지켰는지 너는 아느냐? ⁹ 아기가 태어나면 옷을 입히고 감싸듯이, 바로 내가 그 바다를 구름옷으로 입히고 어두움의 포대기로 감싸 두었다. ¹⁰ 그뿐만 아니라, 나는 바다에게 경계선을 긋고 한계의 문과 빗장을 세워 두었다. ¹¹ 그래서 나는 바다에게 '너는 여기까지만 넘실거리며 다가올 수 있을 뿐, 그 이상은 넘어갈 수 없다. 너의 높은 물결은 내가 정한 경계선에서 멈춰야 한다!'라고 명령했다.

하나님의 통치 섭리의 특별함

¹² 또한 너는 단 한 번이라도 아침에게 명령하여 새로운 하루가 시작되게 한 적이 있느냐? 새벽에게 명령하여 새로운 날이 시작될

장소를 알려 준 적이 있느냐? ¹³ 이불을 털어서 먼지를 날리듯, 세상의 귀퉁이를 붙잡고 흔들어서 땅에 있는 악인들을 털어낸 적이라도 있느냐? 나는 그렇게 이 땅의 악과 악인을 주시하고 있으며 합당한 시간과 방식으로 심판해 왔다! ¹⁴ 또한 진흙에 도장을 찍어서 색깔과 모양을 변화시키고 누군가에게 옷을 입혀서 단정하게 만들듯이, 너는 온 세상에 있는 땅의 색깔과 모양을 변화시키고 그 땅에 옷을 입혀서 계절과 절기에 맞게 바꿀 수 있느냐? ¹⁵ 이따금 그 땅에 악인들이 일어날 때, 너는 그들을 위한 빛을 차단시키고 그들의 교만한 태도와 폭력을 꺾을 수 있느냐? ¹⁶ 심지어 너는 가장 위험하고 악하며 무서운 장소인 바다의 근원까지, 그 심연의 바닥까지 들어가서 조사해 보고 걸어 본 적이라도 있느냐? ¹⁷ 단 한 번이라도 너는 죽음의 문들이 열리는 것이나 사망의 어두움으로 가득한 지옥의 문들을 본 적이 있느냐? 나는 그 모든 죽음과 어둠의 근원까지 알고 있으며 철저하게 다스리고 있다! ¹⁸ 욥아! 너는 내가 창조한 땅의 넓이를 모두 측정해 보았느냐? 그렇게 네가 아는 것이 많다면, 한번 설명해 보거라! ¹⁹ 빛이 있는 장소는 어디이며, 어둠이 있는 장소는 어디냐? 그곳으로 가는 길을 안다면 말해보거라! ²⁰ 소 떼나 양 떼를 집으로 몰고 가듯이, 빛과 어두움을 그들의 공간과 영역으로 네가 이끌 수 있으며, 그 장소로 가는 길을 네가 찾아낼 수 있겠느냐? ²¹ 네가 지금까지 한 말들을 들어보니, 너는 오래전에 태어나서 참으로 많은 날들을 살았다고 하니, 당연히 그것을 알겠구나! ²² 그렇다면 너는 하늘에 있는 눈(snow)의 창고에 들어가 보거나, 우박의 창고를 본 적이 있느냐? ²³ 이 땅에서 벌어질 환란과 전쟁 및 싸움의 날들을 위해서 내가 저장하고 보관해 놓은 장소를 말이다(출 9:13-35; 수 10:11; 겔 13:13). ²⁴ 너는 하늘에서 빛이 시작되는 곳과 그 빛이 어떤 길을 따라서 분리되고 확산되는지 아느냐? 또한 너는 땅 위에서 부는 동풍이 어디에서 불어와 어디로 흩어지는지 아느냐?"

동영상 강해 QR 28. 하나님의 등장과 질문 1(38:1-24)

30. 하나님의 등장과 질문 2(38:25-39:30)

하늘에 대한 하나님의 섭리

25 "홍수처럼 엄청난 양의 물이 지나갈 길을 누가 만들어 주었으며, 천둥과 번개 같은 강력한 소리와 빛이 통과할 길을 누가 열어 주었느냐? 26 심지어 사람이 전혀 살지 않는 사막과 광야에, 누가 비를 내리게 했느냐? 27 누가 그 황폐하고 메마른 땅에 충분한 물을 보내어 풀들이 싹 터 오르도록 만들 수 있느냐? 28 비에게는 아버지가 없으며, 이슬방울에는 어머니가 없는데, 도대체 누가 비를 내리고 이슬방울을 보낸다는 말이냐? 29 얼음에게도 어머니가 없으며, 서리에게도 아버지가 없는데, 도대체 누가 하늘에서 우박과 서리가 내리게 한다는 말이냐? 30 물을 돌처럼 굳게 만들고 깊은 물의 표면까지 얼게 만드는 겨울은 도대체 누가 만들었느냐? 31 욥아! 너는 하늘의 플레이아데스성단(묘성)을 하나로 묶을 수 있느냐? 혹은 오리온자리(삼성)의 띠를 풀 수 있느냐? 32 아니면 마자롯(황도십이궁) 성좌를 계절에 맞춰서 밤하늘에 나타나게 할 수 있으며, 큰곰자리와 작은곰자리의 별들을 밤하늘에 펼칠 수 있느냐?

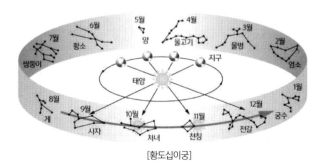

[황도십이궁]

³³ 욥아! 네가 정말 하늘의 법칙을 아느냐? 그래서 그 하늘의 법칙을 이 땅에 적용하고 실현할 수 있다는 말이냐? ³⁴ 네가 구름에게 명령해서 충분한 비로 너 하나라도 적시게 할 수 있느냐? ³⁵ 혹은 하늘에 번개라도 치게 할 수 있느냐? 다시 말해서, 네가 번개들에게 '나가라(번개야 쳐라)!'라고 명령하면 그것들이 너에게 '네, 알겠습니다!'라고 대답하고 순종하게 만들 수 있다는 말이냐? ³⁶ 그 무엇보다 네가 지금까지 살고 말할 수 있도록 누가 너에게 지혜를 주었느냐? 누가 너의 마음속에 총명과 분별력을 주었느냐? ³⁷ 사람 중에서 하늘에 있는 구름의 숫자를 다 셀 수 있을 만큼 지혜로운 사람이 누가 있겠느냐? 더 나아가 그 구름이라는 물 가죽부대를 기울여서 땅에 비와 물이 내리게 만들 만큼 능력 있는 사람이 누가 있겠느냐? ³⁸ 그렇게 해서 메마른 흙들이 진흙이 되게 하고, 그 진흙들이 다시 더 큰 흙덩이로 달라붙을 수 있도록 누가 할 수 있다는 말이냐?

땅에 대한 하나님의 섭리

³⁹ 욥아! 너는 암사자가 먹을 고기를 대신해서 사냥해 줄 수 있느냐? 네가 젊은 사자의 식욕을 채워줄 수 있을 것 같으냐? ⁴⁰ 그것들이 은신처인 굴에서 엎드려 있거나 덤불 속에서 숨어 기다리고 있을 때 말이다. ⁴¹ 또한 까마귀 새끼들이 먹을 것이 없어서 하나님을 향해 울며 소리치고, 여기저기로 먹잇감을 찾아서 돌아다닐 때, 바로 그 까마귀들을 위해서 먹을 것을 장만해 주시는 분이 누구시

냐?

특별한 동물들에 대한 하나님의 섭리

39 **바위 염소와 사슴** [1] 욥아! 너는 바위 염소들이 새끼 낳는 때를 아느냐? 또한 암사슴이 새끼 낳는 모습을 지켜본 적이라도 있느냐? [2] 너는 바위 염소나 암사슴이 몇 달 만에 만삭이 되는지 세어 본 적이 있느냐? 그래서 그것들이 새끼 낳는 때를 아느냐? [3] 그것들이 몸을 구부러트려서 새끼를 낳고, 그와 동시에 그 새끼와 연결된 탯줄을 몸 밖으로 보낸다. 너는 그것을 본 적이라도 있느냐? [4] 그렇게 태어난 새끼들은 강해져서 들에서 크고, 광야로 나아가 다시는 그것들의 어미에게로 돌아오지 않는다. 너는 그것을 알기라도 하느냐?

들나귀 [5] 누가 들나귀를 자유롭게 살도록 허락해 주었으며, 야생 나귀가 그 어떤 매임도 없이 자연에서 마음대로 살도록 풀어 주었느냐? [6] 바로 내가 사막을 그것의 집으로 삼아 주었고, 소금 땅을 그것의 거처로 지정해 주었다. [7] 그것들은 사람의 목소리에 놀라지도 않고, 몰이꾼이 외치는 소리에도 전혀 신경 쓰지 않는다. 내가 바로 그렇게 만들었다! [8] 그것들은 오직 먹을 것이 있는 여러 산들을 돌아다니고 푸른 풀을 찾아다닐 뿐이다.

들소 [9] 어찌 야생 들소가 스스로 너에게 다가와서 너를 위해 일하려고 하겠으며, 네가 만든 외양간의 소처럼 가만히 들어가 있겠느냐? [10] 어찌 네가 들소를 줄로 묶어서 밭을 갈게 만들 수 있을 것이며, 너의 명령을 따라서 험한 골짜기를 소처럼 갈게 만들 수 있 겠느냐? 그것들을 가축처럼 길들일 수 있겠느냐? [11] 들소의 강한 힘이 유용하긴 하겠지만, 어찌 네가 그것의 엄청난 힘을 쉽게 다 룰 수 있겠느냐? 네가 해야 할 힘든 일을 믿고 맡길 수 있겠느냐? [12] 정말로 들소가 너의 곡식을 잘 실어서 너의 집에 있는 타작마당 과 곡간에 무사히 날라줄 것이라고 믿을 수 있느냐? 야생 들소를 가축처럼 만드는 것은 사람에게 불가능한 일이다!

타조[1] [13] 타조는 크고 아름다운 날개를 가지고 있어서, 마치 황 새의 깃털이 날갯짓을 하듯이 즐겁고 빠르게 퍼덕인다. [14] 하지만 타조는 자신이 낳은 알들을 땅에 그냥 내려놓고, 모래 위의 열기 로 부화되도록 내버려 둔다. [15] 그렇게 타조는 자신의 알들을 잊어

---

1. 타조에 대한 참고 정보: 타조의 짝짓기 기간은 습한 지역에서는 6월~10월, 건조한 지역에서는 우기 직후다. 일부일처제의 형태를 띠기도 하나 대부분 은 일부다처제의 형태이고 수컷 타조 1마리당 최대 5마리의 암컷까지 거느 린다. 이 일부다처제 형태에서 가장 힘이 센 암컷과 수컷이 알을 품고 새끼 를 기르며 수컷과 관계 맺은 다른 암컷들은 그냥 알을 낳기만 한다. 이 암컷 들은 자기가 직접 알을 품지 않고 우두머리 암컷의 둥지에 알을 낳으며 우두 머리도 이를 장려한다. 허나 무리가 너무 크면 우두머리 암컷은 알을 다 품 지 못하는데, 그때는 품을 수 없는 알들을 둥지 밖으로 밀어내 버린다. 신기 하게도 우두머리 암컷은 자신의 알만큼은 정확하게 인식하며 절대 밀어내지 않는다. 나중에 새끼가 태어나면 역시 우두머리 암컷이 전부 돌보게 된다. 우 두머리 암컷이 혼자서 무리의 알을 전부 품고 새끼를 돌봐야 하는 어려움이 있지만, 타 암컷의 알을 둥지 밖이나 외곽에 배치하고 자신의 알을 둥지 중 심에 둠으로써 포식자에게 자신의 알을 빼앗길 확률을 낮출 수 있으며, 또한 한꺼번에 많은 수의 새끼를 거느림으로써 포식자에게 습격당했을 때 자신의 새끼가 희생당할 확률을 낮출 수도 있다(참고, 나무위키: https://namu. wiki/w/%ED%83%80%EC%A1%B0).

버리고 혹시라도 사람의 발에 밟히거나 들짐승에 의해서 파괴될 것을 전혀 신경 쓰지 않는다. ¹⁶ 타조는 사람과 달리 자신이 낳은 새끼들에 대해서 무정하며, 심지어 그토록 수고하여 낳은 알과 새끼가 죽는다 해도 크게 놀라거나 신경 쓰지 않는다. ¹⁷ 그 이유는 하나님께서 타조에게 지혜를 허락하지 않으셨기 때문이며 분별력이라는 총명을 나눠 주지 않으셨기 때문이다. ¹⁸ 하지만 타조가 자세를 꼿꼿이 하고 힘차게 달려갈 때는 그 어떤 말이나 말을 탄 사람도 우습게 여길 만큼 엄청난 속도와 힘을 가지고 있다. 그렇게 나는 타조에게 총명함 대신 속도를 주었다!

전쟁용 말(군마) ¹⁹ 전쟁용 말에게 네가 힘을 주었느냐? 또한 그 말의 머리에 있는 갈기를 네가 입혀 준 것이냐? ²⁰ 전쟁용 말이 메뚜기처럼 뛸 수 있도록 네가 만들었느냐? 사람들을 공포에 사로잡히게 하는 그 말의 위엄찬 콧소리를 네가 주었느냐? ²¹ 전쟁용 말들은 험한 골짜기에서도 박차고 앞으로 나아가며, 무장한 적군이 앞에서 달려와도 엄청난 사기로 흥분하며 힘차게 앞으로 달려 나간다. ²² 전쟁용 말들은 전쟁의 두려움을 우습게 여기며 칼 앞에서도 겁내거나 물러나지 않는다. 그토록 그것들은 용맹스럽다! ²³ 싸움터에 나간 전쟁용 말들은, 자신 위에 탄 군인들의 화살통이 덜커덩거리는 소리나 창과 칼로 싸우느라 불꽃이 번쩍거리는 위협에 전혀 위축되지 않는다. ²⁴ 싸움터에 나간 전쟁용 말들은 엄청난 용기와 힘으로 땅을 삼키듯 발굽으로 찍으며 달려 나가고, 그 어떤 상황에서도 뿔 나팔 소리에 따라 달리며 자기 마음대로 멈추지도 않는다. 25 전쟁터에 나간 전쟁용 말들은 뿔 나팔 소리가 울리면 사기충천하게 '힝힝'거리며 소리치고, 멀리서도 싸움 냄새를 맡을 뿐만 아니라 전쟁 지휘관의 우렁찬 목소리와 신호를 따라 달린다.

매, 독수리 26 매가 하늘 높이 날아올라서 날개를 펼치고 남쪽을 찾아서 날아갈 수 있는 지혜와 능력을, 욥아! 네가 주었느냐? 27 또한 독수리가 상승기류를 타고 올라가서 높은 곳에 둥지를 만들게 된 것이, 욥아! 네가 명령했기 때문이냐? 28 매나 독수리는 높은 바위 절벽에 둥지를 만들고, 험한 바위나 요새 위에 집을 짓고 산다. 29 그 높고 험한 장소에서 먹잇감을 살펴보며, 엄청난 시력의 눈을 통해 아주 먼 곳의 사냥감을 집중하여 바라본다. 30 그렇게 탁월한 시력과 능력으로 잡은 사냥감을 자신의 새끼들에게 가져오면, 그 매나 독수리의 새끼들은 그 고기와 피를 먹는다. 잔인하게 죽임을 당한 먹잇감이 있는 곳이 가장 탁월한 시력과 능력을 가진 피조물이 사는 곳이다. 다시 말해서, 이 탁월한 시력과 능력을 가진 특별한 존재가 가장 잔인하게 죽은 부정한 먹이를 먹으면서 산다는 것이다!"

동영상 강해 QR 29. 하나님의 등장과 질문 2(38:25-39:30)

31. 하나님의 등장과 질문 3, 그리고 욥의 대답(40장)

하나님의 제안

40 ¹ 이어서 하나님께서는 욥에게 응답하시며 말씀하셨다. ² "욥아! 네가 전능한 존재인 나와 논쟁해 보겠다는 것이냐? 내가 무엇인가를 잘못했다고 지적하고 책망해서 나를 교정하겠다는 말이냐? 그렇다면 그렇게 한번 해 보아라!"

욥의 첫 번째 대답

³ 그러자 욥이 하나님께 응답하며 다음과 같이 말했다. ⁴ "아! 참으로 제가 미천한 존재임을 깨달았습니다! 제가 하나님께 대답할 말은 전혀 없습니다. 그저 지금 제가 할 수 있는 일은 제 입술에 손을 두어서 침묵하는 것뿐입니다! ⁵ 지금까지 제가 한 말로 충분합니다. 더 이상은 하나님을 향해 이전처럼 말하지 않겠습니다."

하나님의 두 번째 말씀

⁶ 이어서 하나님께서 말씀하셨다. 그분은 폭풍 속에서 욥을 향해 질문으로 대답하셨다. ⁷ "욥아! 너는 남자답게 준비해서 지금부터 내가 너에게 묻는 말에 제대로 대답해 보아라! ⁸ 너는 내가 온 세상을 통치하고 다스리는 방식이 정의롭지 못하고 잘못되었다고 말하는 것이냐? 네가 당한 고난의 억울함으로 인해, 너는 의롭고 나는 불의하다고 판단하는 것이냐? ⁹ 그렇게 네가 옳고 의롭다면,

네가 나(하나님)의 팔과 같은 강력한 힘과 능력이라도 가지고 있다는 말이냐? 네가 나(하나님)의 목소리와 같은 위엄찬 천둥소리를 우렁차게 낼 수 있다는 말이냐? ¹⁰ 그렇다면, 자! 그렇게 한번 해 보아라! 너 자신을 위엄과 존귀와 명예와 화려한 영광으로 옷 입고 꾸며 보아라! 하나님이 되어 보라는 말이다! ¹¹ 그래서 나(하나님)처럼 너의 엄청난 분노를 쏟아내서, 이 땅에 있는 모든 교만한 자를 찾아내고 그들을 내리눌러 낮추어 보아라! 내가 한 일이 잘못되었다고 생각한다면, 네가 한번 제대로 해 보아라! ¹² 이 땅에 있는 모든 교만한 자를 철저히 찾아내 보아라! 그리고 그들을 겸손하게 만들어 보아라! 그 악한 자들을 그들의 장소에서 짓밟아 보아라! ¹³ 그 교만하고 악한 자들을 흙 속에 파묻어 보거라! 그들의 얼굴을 어두운 장소에 가두어 보라는 말이다! ¹⁴ 네가 만약 그렇게 온 세상을 공의롭고 바르게 통치할 수 있다면, 너는 스스로 너 자신을 구원할 수 있는 존재라고 내가 인정해 주겠다!"

베헤모트에 대한 하나님의 질문

¹⁵ "자! 모든 육상 동물들 중에서 궁극적인 대표 짐승인 베헤모트를 잘 보아라! 그것은 내가 너와 함께 만든 나의 상징적인 창조물로 소처럼 풀을 뜯어 먹는 짐승이다. ¹⁶ 베헤모트를 잘 보아라! 그것은 힘이 넘치는 허리를 가지고 있고, 강한 힘줄로 덮힌 배를 가지고 있다. ¹⁷ 그것은 백향목처럼 뻗은 꼬리를 가지고 있고, 강력한 힘줄로 얽힌 넓적다리를 가지고 있다. ¹⁸ 그것은 쇠파이프와 같은

뼈를 가지고 있고, 철근과 같은 갈비뼈를 가지고 있다. [19] 그래서 베헤모트는 하나님께서 만드신 창조물들 중에서 으뜸이 되는 피조물이다. 그것은 너무나 강력해서 오직 그것을 만든 나, 하나님만이 칼로 죽일 수 있다. 오직 내가 이 놈의 생사여탈권을 가지고 있다는 말이다! [20] 참으로 산들은 그것이 먹을 엄청난 양의 풀들을 조공으로 바치며, 모든 짐승은 그것 앞에 있는 풀밭에 나와서 웃으며 재롱을 떤다. 다시 말해서 베헤모트는 모든 들짐승의 왕과 같은 존재라는 말이다! [21] 그것은 연(꽃)들 아래에서 누워있고 갈대가 많은 늪지대에 숨어 지낸다. [22] 연(꽃)잎들이 그늘을 만들어서 그것을 덮어 주고, 강에 심어진 버드나무 가지들이 그것을 감싸준다. [23] 그래서 홍수가 나서 물이 넘쳐도 그것은 놀라거나 서두르지 않으며, 요단강물이 불어서 밀려와도 그것은 태연하다. [24] 바로 그런 강력하고 대단한 짐승인 베헤모트가 눈을 뜨고 있을 때, 그 누가 다가가서 잡을 수 있겠느냐? 그 누가 갈고리로 그것의 코를 꿰어서 끌고 나올 수 있겠느냐(40:19)? 욥아! 네가 정말 그렇게 할 수 있다는 말이냐?"

동영상 강해 QR 30. 하나님의 등장과 질문 3, 그리고 욥의 대답(40장)

32. 하나님의 등장과 질문 4: 리워야단(41장)

리워야단을 통한 "욥에 대한" 질문들(2인칭)

41 [1] "욥아! 너는 혼돈과 악의 궁극적인 존재인 저 리워야단을 낚시하듯이 갈고리로 잡아 올릴 수 있겠느냐? 끈으로 그것의 혀를 묶어서 제압할 수 있겠느냐? [2] 혹은 갈대로 끈을 삼아 그것의 코를 꿸 수 있겠느냐? 가시로 갈고리를 삼아 그것의 아가미나 턱을 꿸 수 있겠느냐? [3] 그것이 무엇인가 필요한 것이 있다고 너에게 다가와서 간절하게 부탁할 것 같으냐? 아니면 부드러운 말이라도 건넬 것 같으냐? [4] 그것이 너에게 다가와 너와 계약을 해서, 너의 영원한 종이 되도록 네가 만들 수 있겠느냐? [5] 그것을 너는 애완용 새처럼 가지고 놀 수 있겠느냐? 너의 가정에 있는 여자아이들로 하여금 애완용으로 키우라고 집에 묶어놓을 수라도 있겠느냐? [6] 마치 생선처럼, 그것을 어부들이 사고팔거나 다른 상인들과 함께 나눠 가질 수 있겠느냐? [7] 그렇게 하기 위해서, 그것의 가죽을 작살로 찌르거나 그것의 머리를 창으로 찌를 수 있겠느냐? [8] 그것 위에 너의 손을 한번 올려놓기만 해 봐라! 그러면 다시는 그럴 수 없을 것이다! 그것과 싸우려는 생각은 아예 꿈도 꾸지 못할 것이다. [9] 하물며! 그것을 잡아보겠다거나 공격해서 제압해 보겠다는 기대는 불가능한 헛짓거리가 될 것이다. 그것을 제대로 보기만 해도 무서움에 충격을 받아 뒤로 넘어지게 될 것이다. 리워야단은 그 존재 자체만으로도 너무나 위협적인 것이

라는 말이다!

리워야단을 통한 하나님에 대한 질문들(3인칭)

[10] 내가 만든 리워야단에게 감히 맞설 수 있는 사람이 이 세상에 아무도 없는데, 도대체 그것의 창조주인 나를 향해 맞설 수 있는 사람이 누구라는 말이냐? [11] 그 누가 그것을 대적해서 공격하고 살아남을 수 있겠느냐? 온 하늘 아래에 그럴 수 있는 사람은 없다! 하물며 그 누가 그것을 만든 창조주인 나에게 무엇인가를 먼저 주었다고 나중에 갚으라고 요구할 수 있겠느냐? 온 하늘 아래에 모든 것이 나의 것인데! 욥아! 네가 나에게 잘했다고 내가 무조건 너에게 잘해주어야만 하는 것은 아니다(롬 11:35)! [12] 이어서 나는 리워야단의 몸을 구성하는 여러 부분에 대해서 말하지 않을 수 없구나. 그것의 강력함과 그것을 구성하는 여러 부분의 아름다움에 대해서 말이다. 하지만 그것의 신체적인 대단함은 곧 그것의 오만함이기에 나는 그것을 그저 가만두지는 않을 것이다! [13] 먼저 누가 그것의 갑옷 같은 가죽을 벗길 수 있겠느냐? 누가 두 겹의 비늘로 덮여 있는 아가미 사이로 손을 넣을 수 있겠느냐? [14] 몸이 모두 강력한 갑옷 같은 가죽으로 되어 있어서 유일한 약점은 입이 될 것이지만, 누가 그것의 얼굴에 있는 문, 바로 입을 벌릴 수 있겠느냐? 그 입안에는 무시무시한 이빨이 사방으로 돌아가며 박혀 있는데 말이다! [15] 그것의 몸에 있는 비늘들은 마치 강력한 방패들이 촘촘하고 단단하게 모여서 합쳐져 있는 것과 같아서, 리워야단의

큰 자랑거리이다. ¹⁶ 그것의 비늘들은 바람조차 그 사이로 들어가지 못할 만큼 서로 강력하게 붙어 있다. ¹⁷ 심지어 그것의 비늘들은 서로서로 딱 달라붙어 있어서 분리되지도 않는다. ¹⁸ 그것이 재채기하면 번개가 번쩍이듯 빛이 나오고, 그것이 눈을 한번 껌뻑거리면 (갑자기 뒤통수를 때릴 때 눈앞에 별이 보이는 것처럼,) 한밤중에 갑자기 새벽이 열리는 것 같다. ¹⁹ 그것이 입을 열면 불과 불꽃들이 튀어나온다. ²⁰ 그것이 화를 내면 양쪽 콧구멍에서 연기가 나오는데 마치 갈대로 불을 피워서 솥을 끓일 때 생기는 연기와 같다. ²¹ 그것이 숨을 내쉬면 석탄에 타오르는 불길이 일어나서 그것의 입안에서부터 번쩍거리는 불꽃이 튀어나온다. ²² 그것의 두꺼운 목에는 강력한 힘이 담겨 있고, 그것의 얼굴에는 공포가 서려 있다. ²³ 그것의 살가죽은 강력한 금속처럼 견고하게 달라붙어 있어서, 그 어떤 상황에서도 떨어지지 않고 그 어떤 무기로도 뚫을 수 없다. ²⁴ 그것의 심장은 돌로 만든 것처럼 단단하며 맷돌의 아래짝처럼 강력하다. ²⁵ 그것이 일어나게 되면 아무리 용감한 전사들이라도 움츠리게 되며, 그것에 의해 파괴되는 것이 두려워서 부리나케 그 자리에서 도망친다. ²⁶ 그것에게 상처를 입히거나 죽일 수 있는 인간의 도구는 전혀 없다. 칼로 내리치든, 화살을 쏘든, 창이나 투창을 던지든, 아무런 효력이 없다. ²⁷ 그것은 철로 만든 무기를 지푸라기처럼 여기며, 놋으로 만든 무기도 썩은 나무 정도로 여긴다. ²⁸ 아무리 많은 화살을 쏘아도 그것은 도망가지 않으며, 엄청나게 많은 돌을 던져서 그것을 덮는다고 해도 그것들을 마치 지푸라기처럼 털어 버린다. ²⁹ 그것은 몽둥이를 지푸라기처럼 여기고, 창이 무섭게 날아와 꽂히는 것조차 우습게 여긴다. ³⁰ 그것의 배 밑은 거친 질그릇 조각처럼 되어 있어서, 그것이 지나가고 나면 진흙 바닥에는 전차의 무한궤도 자국 같은 날카로운 타작 기계의 자국이 생긴다. ³¹ 그것은 얼마나 거대한지, 그것이 물속으로 들어가면, 마치 솥에 있는 물이 끓고 향료를 만들 때 기름이 끓어 넘치는 모습처럼, 깊은 물과 바다가 부글부글하며 거품이 일어나게 만든다. ³² 또한 그것은 얼마나 힘이 넘치는지, 그것이 물 위를 지나가면, 깊은 물과 바다의 표면이 마치 하얀 백발로 바뀌는 것처럼 빛나는 물보라가 일어나게 만든다. ³³ 이 세상에 리워야단과 비슷한 존재는 하나도 없다. 그것은 두려움이라고는 전혀 없는 독보적으로 강력한 피조물이다. ³⁴ 그것은 이 세상의 모든 높은 것들을 깔보는 모든 교만하고 오만한 것들의 왕이다!"

동영상 강해 QR 31. 하나님의 등장과 질문 4: 리워야단(41장)

제7부
욥의 고백과 회복
(42장)

33. 마지막 반전: 욥의 고백과 회복(42장)

욥의 고백과 깨달음

42

¹ 마지막으로 욥은 하나님을 향해 바로잡힌 대답으로
말씀드렸다.

² "저는 이제 알았습니다. 하나님께서는 모든 것이 가능하시다는
것을 말입니다. 하나님께서 계획하신 일 중에서 잘못된 일도 없고,
제한받으실 일도 전혀 없습니다. 의로운 사람에게 고난이 주어지
는 것도 마찬가지임을 인정합니다. ³ 하나님께서 물어보셨지요
(38:3). '나의 계획이 잘못되었다고 말하며 어둡게 만들려고 하는
자가 누구냐?' 바로 제가 그렇게 했습니다! 제가 잘 알지도 못하고
저의 수준을 뛰어넘는 일에 대해서 제대로 된 분별도 없이 그렇게

말했습니다. ⁴ 제가 지금까지 계속 말했지요 '하나님! 제발, 제가 하는 말을 좀 들어주세요! 제가 하나님께 여쭤볼 말이 있어요'라고요. 하지만 이제는 알았습니다. 질문을 해야 하는 것은 제가 아니라 하나님이시라는 것을요. 그래서 하나님께서 이렇게 말씀하신 것입니다. '내가 너에게 물어보겠다. 그러면 너는 나에게 대답해 보거라!' 그렇습니다! 제가 아니라, 하나님께서 말씀하시고 물어보시는 것이 먼저이며, 합당한 것임을 이제는 인정합니다. ⁵ 지금까지 저는 하나님에 대해서 귀로 듣는 수준이었습니다. 그러나 이제는 눈으로 보는 수준으로 하나님을 알게 되었습니다. ⁶ 그러므로 제가 지금까지 잘못 말한 것에 대해서 취소합니다. 하나님께서 저에게 하신 질문들을 통해 저는 티끌과 재 같은 제 고난의 상황에 대해서 위로를 받게 되었으며 티끌과 재 같은 제 자신에 대해서도 다른 마음, 즉 새로운 마음을 얻게 되었습니다(2:8; 30:19). 저는 이제 더욱 새로운 차원으로 하나님을 신뢰하게 되었습니다."

욥의 회복과 역전

⁷ 하나님께서는 욥에게 많은 질문을 통해 말씀하신 후에, 이어서 욥의 친구들에게도 말씀하셨다. 그중에서 대표격인 **데만** 사람 엘리바스에게 이렇게 말씀하셨다. "나의 분노가 너와 너의 두 친구에게 타오른다! 그 이유는 너희들이 나의 종인 욥이 말한 태도와는 전혀 다르게, 나에 대해서 말했기 때문이다. 욥은 언제나 나에게 말했지만 너희들은 나에 대해서만 말했고, 그것조차 욥에게 일

어난 특별한 상황에 대해서 잘못 판단하고 말한 것이기 때문이다. ⁸ 그러므로 너희들은 너희 자신을 위해서 7마리의 수송아지와 7마리의 숫양을 준비해라! 그리고 그것을 욥에게 가져가서 번제로 제사를 드려라! 그러면 나의 종 욥이 너희들을 위해서 중보기도를 할 것이다. 그렇게 하면 내가 욥의 얼굴을 보아서 너희들의 죄를 용서해 줄 것이며 너희들이 잘못한 것에 대해서 무서운 심판을 내리지 않을 것이다. 너희들이 이렇게 해야 하는 이유는 너희들이 나의 종인 욥이 말한 태도와는 전혀 다르게, 나에 대해서 말했기 때문이다."

⁹ 이에 **데만** 사람 엘리바스와 **수아** 사람 빌닷, 그리고 **나아마** 사람 소발이 하나님께서 말씀하신 대로 순종했다. 그리고 욥도 친구들을 위해서 중보기도를 드렸다. 그러자 하나님께서는 욥의 기도를 들어주셨다. ¹⁰ 그렇게 욥이 자신의 친구들을 위해 중보기도하기를 마치자, 하나님께서는 지금까지 겪었던 욥의 어려운 상황을 바꾸시고 회복시켜 주셨다. 그리고 욥에게 있었던 모든 것을 두 배로 더해 주셨다. 그렇게 먼저 하나님께서는 욥의 물질을 회복시켜 주셨다. ¹¹ 이어서 욥의 모든 형제와 자매들 및 이전에 알았던 모든 지인까지 다시금 욥에게로 돌아왔다. 그들은 욥과 함께 그의 집에서 음식을 먹으며 지난날 하나님의 허락하심으로 욥이 당했던 모든 고난과 재앙에 대해 슬퍼하고 그를 위로했다. 그리고 그들은 욥에게 각자 은돈 하나와 금 고리 하나씩을 선물해 주었다. 이렇게 하나님께서는 욥의 관계도 회복시켜 주셨다. ¹² 아울러

하나님께서는 욥의 말년을 이전보다 더욱 축복해 주셨다. 그래서 하나님께서는 욥에게 1만 4천 마리의 양, 6천 마리의 낙타, 1천 쌍의 겨릿소, 그리고 1천 마리의 암나귀를 주셨다. [13] 또한 욥은 7명의 아들과 3명의 딸을 다시 낳았다. [14] 특별히 욥은 첫째 딸의 이름을 여미마(비둘기, 애정 깊음)라고, 둘째 딸의 이름을 굿시아(계피, 계수나무)라고, 그리고 셋째 딸의 이름을 게렌합북(화장품 상자)이라고 지어 주었다. [15] 욥의 딸들이 얼마나 예뻤던지 온 세상에서 욥의 딸들처럼 아름다운 여자들은 찾을 수가 없었다. 욥은 특별히 그 딸들에게도 자기 아들들처럼 유산을 물려주었다. [16] 욥은 이후에 140년을 더 살아서 그의 아들들뿐만 아니라 그의 손자의 손자들까지 4대를 다 보았다. [17] 그렇게 욥은 자신의 모든 생애를 충분히 누리고 삶을 마감했다(창 25:8; 35:29).

동영상 강해 QR 32. 마지막 반전: 욥의 고백과 회복(42장)

부록:

히브리 성경(BHS) 및

강산 문자역(MLT)[1]

---

1. MLT란 Mountain's Literal Translation의 약어로, 강산 문자역을 뜻합니다.
    여기서 둥근 괄호( )는 의미를 통하게 하기 위해 유연하게 표현한 것이고, 대
    괄호[ ]는 원문에 없는 단어를 추가한 것이며, 슬래시/는 대체 가능한 표현
    을 나열한 것입니다.

제1부 욥에게 일어난 특별한 사건(1-3장)

1:1

אִישׁ הָיָה בְאֶרֶץ־עוּץ אִיּוֹב שְׁמוֹ וְהָיָה הָאִישׁ הַהוּא תָּם
וְיָשָׁר וִירֵא אֱלֹהִים וְסָר מֵרָע:

한 사람이 있었다, 우츠(우스) 땅에, 이요브(욥), 그의 이름이(욥이라는 이름을 가진 자가). 그리고 그 사람은 이랬다, 온전하고 곧고 하나님을 경외하며 악으로부터 떠났다.

1:2

וַיִּוָּלְדוּ לוֹ שִׁבְעָה בָנִים וְשָׁלוֹשׁ בָּנוֹת:

그는 낳았다, 그에게, 7 아들을 그리고 3 딸을.

1:3

וַיְהִי מִקְנֵהוּ שִׁבְעַת אַלְפֵי־צֹאן וּשְׁלֹשֶׁת אַלְפֵי גְמַלִּים
וַחֲמֵשׁ מֵאוֹת צֶמֶד־בָּקָר וַחֲמֵשׁ מֵאוֹת אֲתוֹנוֹת וַעֲבֻדָּה
רַבָּה מְאֹד וַיְהִי הָאִישׁ הַהוּא גָּדוֹל מִכָּל־בְּנֵי־קֶדֶם:

그리고 있었다, 그의 소유가, 7천 양 그리고 3천 낙타, 그리고 5백 쌍 소, 그리고 5백 암 나귀, 그리고 종도 매우 많았다. 그리고 되었다, 이 사람은 큰사람, 동쪽(동방)의 모든 아들들(사람들) 중에서.

1:4

וְהָלְכוּ בָנָיו וְעָשׂוּ מִשְׁתֶּה בֵּית אִישׁ יוֹמוֹ וְשָׁלְחוּ וְקָרְאוּ
לִשְׁלֹשֶׁת אַחְיֹתֵיהֶם לֶאֱכֹל וְלִשְׁתּוֹת עִמָּהֶם:

그들은 걸었다(살았다), 그의 아들들. 그리고 축제(잔치) 만들었다, 남자(각각)의 집에, 그날(생일) 그들은 보냈다 그리고 불렀다, 3 누이도, 먹고 마시려고, 함께.

1:5

וַיְהִי כִּי הִקִּיפוּ יְמֵי הַמִּשְׁתֶּה וַיִּשְׁלַח אִיּוֹב וַיְקַדְּשֵׁם
וְהִשְׁכִּים בַּבֹּקֶר וְהֶעֱלָה עֹלוֹת מִסְפַּר כֻּלָּם כִּי אָמַר אִיּוֹב
אוּלַי חָטְאוּ בָנַי וּבֵרֲכוּ אֱלֹהִים בִּלְבָבָם כָּכָה יַעֲשֶׂה אִיּוֹב
כָּל־הַיָּמִים: פ

그리고 있었다, 그런 때, 한 바퀴를 도는 때(마무리하는 때), 날들이. 그리고 보냈다(불렀다), 욥이 그리고 그들을 거룩하게 [하도록]. 그리고 그가 그들을 깨웠다, 아침에, 그리고 번제를 드렸다, 수대로, 그 자녀들만큼. 왜냐하면(그 이유는) 욥이 말했다(생각했다),

혹시라도 내 아들들이 죄지었을까, 하나님을 저주하는("축복하다"의 피엘형/강조형)
마음으로. 이렇게 욥이 행동했다, 그날들 모두. 페(마침표).

1:6

וַיְהִי הַיּוֹם וַיָּבֹאוּ בְּנֵי הָאֱלֹהִים לְהִתְיַצֵּב עַל־יְהוָה וַיָּבוֹא
גַם־הַשָּׂטָן בְּתוֹכָם:

그리고 [이런 일이] 있었다, 그날, 그들이 왔다, 하나님의 아들들이, 자신들을 세우고자,
하나님 앞에. 그리고 그가 왔다, 그 사탄(대적자)도, 그 사이에(그 가운데).

1:7

וַיֹּאמֶר יְהוָה אֶל־הַשָּׂטָן מֵאַיִן תָּבֹא וַיַּעַן הַשָּׂטָן אֶת־יְהוָה
וַיֹּאמַר מִשּׁוּט בָּאָרֶץ וּמֵהִתְהַלֵּךְ בָּהּ:

그러자 말씀하셨다, 하나님께서, 그 사탄에게, 어디서부터 너는 왔느냐? 그러자 대답했
다, 그 사탄이, 하나님께. 그리고 말했다, (여기저기)돌아다니는 것으로부터, 그 땅에 스
스로 걷다가 왔습니다[라고] 대답했다.

1:8

וַיֹּאמֶר יְהוָה אֶל־הַשָּׂטָן הֲשַׂמְתָּ לִבְּךָ עַל־עַבְדִּי אִיּוֹב כִּי אֵין
כָּמֹהוּ בָּאָרֶץ אִישׁ תָּם וְיָשָׁר יְרֵא אֱלֹהִים וְסָר מֵרָע:

그러자 말씀하셨다, 하나님께서. 그 사탄에게 너는 두었느냐, 너의 마음에? 나의 종 욥
위로(에게로). 왜냐하면(참으로) 그 같은 사람이 없다, 그 땅에, 그 사람은 온전하고 곧
고 하나님을 경외하며 악으로부터 떠났다.

1:9

וַיַּעַן הַשָּׂטָן אֶת־יְהוָה וַיֹּאמַר הַחִנָּם יָרֵא אִיּוֹב אֱלֹהִים:

그러자 대답했다, 그 사탄이, 하나님께 그리고 말했다. 그 이유(어떤 이유) 없이, 욥이 하
나님을 경외할까요?

1:10

הֲלֹא־אַתָּ שַׂכְתָּ בַעֲדוֹ וּבְעַד־בֵּיתוֹ וּבְעַד כָּל־אֲשֶׁר־לוֹ
מִסָּבִיב מַעֲשֵׂה יָדָיו בֵּרַכְתָּ וּמִקְנֵהוּ פָּרַץ בָּאָרֶץ:

아닐까요? 당신께서 울타리를 쳐 주시니, 그(욥) 위에, 그리고 그의 집, 그에게 속한 것
들 위에, 둥근 원으로 둘러 주는 것, 주변부터, 그의 손의 행위에, [즉] 당신이 강하게 축
복하신 것이지요. 그래서 그의 소유물이 [그것을] 증거/증명하는 것입니다, 그 땅에(서).

1:11

וְאוּלָם שְׁלַח־נָא יָדְךָ וְגַע בְּכָל־אֲשֶׁר־לֹו אִם־לֹא עַל־פָּנֶיךָ
יְבָרֲכֶךָּ:

하지만 보내세요! 이제/제발 당신의 손을, 그래서 때리소서! 그에게 소속된 모든 것에. 아마도 하지 않을까요? 당신의 얼굴에 대고, 그가 당신을 저주하기를(축복하다의 피엘형/강조형).

1:12

וַיֹּאמֶר יְהוָה אֶל־הַשָּׂטָן הִנֵּה כָל־אֲשֶׁר־לֹו בְּיָדֶךָ רַק אֵלָיו
אַל־תִּשְׁלַח יָדֶךָ וַיֵּצֵא הַשָּׂטָן מֵעִם פְּנֵי יְהוָה:

그러자 말씀하셨다, 하나님께서, 그 사탄에게. 자(보라) 그(욥)의 모든 소유물을, 너의 손에! 오직 그(욥)에게는 보내지 말라(손대지 말라), 너의 손을. 그러자 나갔다, 그 사탄이, 하나님의 얼굴, 하나님과 함께 있음으로부터.

1:13

וַיְהִי הַיֹּום וּבָנָיו וּבְנֹתָיו אֹכְלִים וְשֹׁתִים יַיִן בְּבֵית אֲחִיהֶם
הַבְּכֹור:

그리고 있었다, 그날. 그(욥)의 아들들과 그(욥)의 딸들이 먹으면서 그리고 마시면서, 포도주를, 장남의 집에서.

1:14

וּמַלְאָךְ בָּא אֶל־אִיֹּוב וַיֹּאמַר הַבָּקָר הָיוּ חֹרְשֹׁות וְהָאֲתֹנֹות
רֹעֹות עַל־יְדֵיהֶם:

그리고 전령(메신저)이 왔다, 욥에게. 그리고 말했다, 그 소들은 밭을 갈고 있었습니다 그리고 그 나귀들은 풀을 뜯고 있었습니다, 그들(소들) 곁에서.

1:15

וַתִּפֹּל שְׁבָא וַתִּקָּחֵם וְאֶת־הַנְּעָרִים הִכּוּ לְפִי־חָרֶב וָאִמָּלְטָה
רַק־אֲנִי לְבַדִּי לְהַגִּיד לָךְ:

그리고 떨어졌습니다(덮쳤습니다), 스바 사람이. 그리고 취했습니다(빼앗아 갔습니다) 그것들을. 그리고 종들을 쳐서 죽였습니다, 칼의 날로. 저는 피했습니다, 오직 저만, 혼자, 당신께 알려 드리고자.

1:16

עֹוד זֶה מְדַבֵּר וְזֶה בָּא וַיֹּאמַר אֵשׁ אֱלֹהִים נָפְלָה מִן־
הַשָּׁמַיִם וַתִּבְעַר בַּצֹּאן וּבַנְּעָרִים וַתֹּאכְלֵם וָאִמָּלְטָה רַק־

אֲנִ֥י לְבַדִּ֖י לְהַגִּ֥יד לָֽךְ׃

아직 저 사람이 한참 강하게 말하는 동안, 그리고 또 저가(또 한 사람이) 왔다. 그리고 말했다, 하나님의 불이 내려왔습니다, 하늘로부터, 그리고 소멸시켰습니다, 그 양들을. [양치던] 종들을, 그리고 먹어 버렸습니다, 저는 피했습니다, 오직 저만, 혼자, 당신께 알려 드리고자.

1:17

ע֣וֹד ׀ זֶ֣ה מְדַבֵּ֗ר וְזֶה֮ בָּ֣א וַיֹּאמַר֒ כַּשְׂדִּ֞ים שָׂ֣מוּ ׀ שְׁלֹשָׁ֣ה רָאשִׁ֗ים וַֽיִּפְשְׁט֤וּ עַל־הַגְּמַלִּים֙ וַיִּקָּח֔וּם וְאֶת־הַנְּעָרִ֖ים הִכּ֣וּ לְפִי־חָ֑רֶב וָאִמָּ֨לְטָ֧ה רַק־אֲנִ֛י לְבַדִּ֖י לְהַגִּ֥יד לָֽךְ׃

아직 저 사람이 한참 강하게 말하는 동안, 그리고 저가(또 한 사람이) 왔다 그리고 말했다, 갈대아 사람들이 3 그룹을 형성해서, 그리고 침략했습니다, 낙타들에게. 그리고 빼앗았습니다 그리고 종들을 쳐서 죽였습니다, 칼의 날로. 저는 피했습니다, 오직 저만, 혼자, 당신께 알려 드리고자.

1:18

עַ֚ד זֶ֣ה מְדַבֵּ֔ר וְזֶ֖ה בָּ֣א וַיֹּאמַ֑ר בָּנֶ֨יךָ וּבְנוֹתֶ֤יךָ אֹֽכְלִים֙ וְשֹׁתִ֣ים יַ֔יִן בְּבֵ֖ית אֲחִיהֶ֥ם הַבְּכֽוֹר׃

아직, 저 사람이 한참 강하게 말하는 동안, 그리고 저가(또 한 사람이) 왔다. 그리고 말했다, 당신의 아들들과 딸들이 먹고 포도주를 마시고 있었습니다, 그 첫 번째 형제(맏이) 집에서.

1:19

וְהִנֵּה֩ ר֨וּחַ גְּדוֹלָ֜ה בָּ֣אָה ׀ מֵעֵ֣בֶר הַמִּדְבָּ֗ר וַיִּגַּע֙ בְּאַרְבַּע֙ פִּנּ֣וֹת הַבַּ֔יִת וַיִּפֹּ֥ל עַל־הַנְּעָרִ֖ים וַיָּמ֑וּתוּ וָאִמָּ֨לְטָ֧ה רַק־אֲנִ֛י לְבַדִּ֖י לְהַגִּ֥יד לָֽךְ׃

그리고 보십시오! 거대한 바람이 왔습니다, 광야의 건너편으로부터. 그리고 쳤습니다, 그 집의 네 구석(모퉁이)을, 그래서 무너졌습니다, 그 젊은이들 위에, 그래서 그들이 죽었습니다. 저는 피했습니다, 오직 저만, 혼자, 당신께 알려 드리고자.

1:20

וַיָּ֤קָם אִיּוֹב֙ וַיִּקְרַ֣ע אֶת־מְעִל֔וֹ וַיָּ֖גָז אֶת־רֹאשׁ֑וֹ וַיִּפֹּ֥ל אַ֖רְצָה וַיִּשְׁתָּֽחוּ׃

그러자 일어났다, 욥. 그리고 찢었다, 그의 옷(겉옷)을. 그리고 밀었다, 그의 머리를. 그리고 엎드렸다, 땅을 향해, 그리고 경배했다.

וַיֹּאמֶר עָרֹם יָצָתִי מִבֶּטֶן אִמִּי וְעָרֹם אָשׁוּב שָׁמָּה יְהוָה נָתַן וַיהוָה לָקָח יְהִי שֵׁם יְהוָה מְבֹרָךְ:

그리고 말했다, 벌거벗고 내가 나왔다. 어머니 자궁으로부터 그리고 벌거벗고 내가 돌아간다, 그리로(그곳으로). 하나님께서 주셨다, 그리고 하나님께서 취하셨다. 될 것이다 (되기를 원한다), 하나님의 이름이 높임(찬송 받으시기를)!

בְּכָל־זֹאת לֹא־חָטָא אִיּוֹב וְלֹא־נָתַן תִּפְלָה לֵאלֹהִים: פ

이러한 모든 일에, 죄짓지 않았다, 욥이. 그리고 주지 않았다(내지 않았다). 어리석음[경솔한 말]을 하나님을 향해. 페(마침표).

וַיְהִי הַיּוֹם וַיָּבֹאוּ בְּנֵי הָאֱלֹהִים לְהִתְיַצֵּב עַל־יְהוָה וַיָּבוֹא גַם־הַשָּׂטָן בְּתֹכָם לְהִתְיַצֵּב עַל־יְהוָה:

그리고 [이런 일이] 있었다, 그날, 그들이 왔다, 하나님의 아들들이 자신들을 세우고자, 하나님 앞에. 그리고 그가 왔다, 그 사탄(대적자)도 그들 사이에(그 가운데), 서고자(나오고자), 하나님 앞에.

וַיֹּאמֶר יְהוָה אֶל־הַשָּׂטָן אֵי מִזֶּה תָּבֹא וַיַּעַן הַשָּׂטָן אֶת־יְהוָה וַיֹּאמַר מִשֻּׁט בָּאָרֶץ וּמֵהִתְהַלֵּךְ בָּהּ:

그러자 말씀하셨다, 하나님께서. 그 사탄에게, 어디서부터 너는 왔느냐? 그러자 대답했다, 그 사탄이, 하나님께. 그리고 말했다, (여기저기)돌아다니는 것으로부터, 그 땅에 스스로 걷다가 왔습니다.

וַיֹּאמֶר יְהוָה אֶל־הַשָּׂטָן הֲשַׂמְתָּ לִבְּךָ אֶל־עַבְדִּי אִיּוֹב כִּי אֵין כָּמֹהוּ בָּאָרֶץ אִישׁ תָּם וְיָשָׁר יְרֵא אֱלֹהִים וְסָר מֵרָע וְעֹדֶנּוּ מַחֲזִיק בְּתֻמָּתוֹ וַתְּסִיתֵנִי בוֹ לְבַלְּעוֹ חִנָּם:

그러자 말씀하셨다, 하나님께서 그 사탄에게, 너는 두었느냐, 너의 마음에, 나의 종, 욥 위로(에게로). 왜냐하면(참으로) 그 같은 사람이 없다, 그 땅에. 그 사람은 온전하고 곧고 하나님을 경외하며 악으로부터 떠났다. 그(욥)는 여전히 강하게 달라붙어 있다, 그의 온전함을(에). 네가 나를 찔러서(자극해) 그를 파괴(공격)하게 [했음에도], 이유도 없이.

2:4

וַיַּעַן הַשָּׂטָן אֶת־יְהוָה וַיֹּאמַר עוֹר בְּעַד־עוֹר וְכֹל אֲשֶׁר
לָאִישׁ יִתֵּן בְּעַד נַפְשׁוֹ:

그리고 대답했다, 그 사탄이 하나님께. 그리고 그가 말했다, 가죽 그 위에 가죽! 그리고(그러면) 모든 것, 즉 그 사람에게 속한 모든 것을 그는 줄 것입니다, 그의 혼(생명) 위에(위해서).

2:5

אוּלָם שְׁלַח־נָא יָדְךָ וְגַע אֶל־עַצְמוֹ וְאֶל־בְּשָׂרוֹ אִם־לֹא
אֶל־פָּנֶיךָ יְבָרֲכֶךָּ:

그러니(반대로) 보내 보십시오! 이제(제발) 당신의 손을. 그래서 쳐 보십시오! 그의 뼈에 그리고 그의 살에. 그렇게만 한다면, 당신의 얼굴로(향해) 그가 당신을 저주할 것입니다.

2:6

וַיֹּאמֶר יְהוָה אֶל־הַשָּׂטָן הִנּוֹ בְיָדֶךָ אַךְ אֶת־נַפְשׁוֹ שְׁמֹר:

그러자 말씀하셨다, 하나님께서 그 사탄에게, 자(보라)! 너의 손에 그가 있다. 다만 그의 혼(생명)은 지켜라!

2:7

וַיֵּצֵא הַשָּׂטָן מֵאֵת פְּנֵי יְהוָה וַיַּךְ אֶת־אִיּוֹב בִּשְׁחִין רָע מִכַּף
רַגְלוֹ עַד קָדְקֳדוֹ:

그러자 물러갔다, 그 사탄이 거기서, 하나님의 얼굴[로부터]. 그리고 쳤다. 욥을 악한(악성) 종기로 발바닥에서 머리 정수리까지.

2:8

וַיִּקַּח־לוֹ חֶרֶשׂ לְהִתְגָּרֵד בּוֹ וְהוּא יֹשֵׁב בְּתוֹךְ־הָאֵפֶר:

그러자 그(욥)가 취하였다, 자신을 위해 (깨진) 질그릇 조각을, 긁으려고, 그의 안에(몸을). 그리고 그는 앉아 있었다, 재 한가운데.

2:9

וַתֹּאמֶר לוֹ אִשְׁתּוֹ עֹדְךָ מַחֲזִיק בְּתֻמָּתֶךָ בָּרֵךְ אֱלֹהִים וָמֻת:

그에게 말했다, 그의 아내가, 당신은 아직도 굳게 붙잡고 있느냐, 당신의 그 온전함을? 하나님을 욕하라("축복하다"의 피엘형/강조형)! 그리고 죽으라!

2:10

וַיֹּ֣אמֶר אֵלֶ֗יהָ כְּדַבֵּ֞ר אַחַ֤ת הַנְּבָלוֹת֙ תְּדַבֵּ֔רִי גַּ֣ם אֶת־הַטּ֞וֹב נְקַבֵּל֙ מֵאֵ֣ת הָאֱלֹהִ֔ים וְאֶת־הָרָ֖ע לֹ֣א נְקַבֵּ֑ל בְּכָל־זֹ֛את לֹא־חָטָ֥א אִיּ֖וֹב בִּשְׂפָתָֽיו׃ פ

그가 말했다, 그녀에게, 어리석은 여자들 중 하나 같은 말을, 당신도 [하는 구려]. 그 선함을 우리가 받았는데, 하나님으로부터. 그리고 그 악함도 우리가 받아들여야 하지 않겠소! 이 모든 일에 욥이 죄짓지 않았다, 그의 입술로. 페(마침표).

2:11

וַֽיִּשְׁמְע֞וּ שְׁלֹ֣שֶׁת רֵעֵ֣י אִיּ֗וֹב אֵ֣ת כָּל־הָרָעָ֣ה הַזֹּאת֮ הַבָּ֣אָה עָלָיו֒ וַיָּבֹ֙אוּ֙ אִ֣ישׁ מִמְּקֹמ֔וֹ אֱלִיפַ֤ז הַתֵּֽימָנִי֙ וּבִלְדַּ֣ד הַשּׁוּחִ֔י וְצוֹפַ֖ר הַנַּֽעֲמָתִ֑י וַיִּוָּעֲד֣וּ יַחְדָּ֔ו לָב֥וֹא לָנֽוּד־ל֖וֹ וּֽלְנַחֲמֽוֹ׃

욥의 친구 3명이 들었다, 이러한 그 악(불행) 전부가 그(욥)에게 있다(고). 그래서 그들이 왔다. 각각 자신의 장소로부터, 데마 사람 엘리바스, 그리고 수아 사람 빌닷, 그리고 나아마 사람 소발, 그들이 정했다, 함께 [일정을 잡았다] 오려고, 욥을 위로하고 애곡하고자.

2:12

וַיִּשְׂא֨וּ אֶת־עֵינֵיהֶ֤ם מֵרָחוֹק֙ וְלֹ֣א הִכִּירֻ֔הוּ וַיִּשְׂא֥וּ קוֹלָ֖ם וַיִּבְכּ֑וּ וַֽיִּקְרְעוּ֙ אִ֣ישׁ מְעִל֔וֹ וַיִּזְרְק֧וּ עָפָ֛ר עַל־רָאשֵׁיהֶ֖ם הַשָּׁמָֽיְמָה׃

그리고 그들이 들어 올렸다, 그들의 눈을 저 멀리로. 그리고 분별하기 어려웠다, 그(욥)를. 그래서 그들은 들어 올렸다, 그들의 소리를 그리고 울었다. 그리고 각자 자기 옷을 찢었다. 그리고 날려 뿌렸다, 티끌을, 그들의 머리 위, 하늘을 향해.

2:13

וַיֵּשְׁב֤וּ אִתּוֹ֙ לָאָ֔רֶץ שִׁבְעַ֥ת יָמִ֖ים וְשִׁבְעַ֣ת לֵיל֑וֹת וְאֵין־דֹּבֵ֤ר אֵלָיו֙ דָּבָ֔ר כִּ֣י רָא֔וּ כִּֽי־גָדַ֥ל הַכְּאֵ֖ב מְאֹֽד׃

그들이 앉았다, 그(욥)와 함께 땅바닥으로, 칠일 낮과 칠일 밤. 그들은 말이 없었다, 그에게 말(한 마디도)도. 왜냐하면 그들이 보았기에, 참으로 크다는 것을, 그 비참함이 매우(욥의 비참함이 너무나 크다는 것을).

3:1

אַחֲרֵי־כֵ֗ן פָּתַ֤ח אִיּוֹב֙ אֶת־פִּ֔יהוּ וַיְקַלֵּ֖ל אֶת־יוֹמֽוֹ׃ פ

그런 후에, 열었다 욥이 그의 입. 그리고 가볍게 말했다(저주했다), 그의 날(생일)을.

페(마침표).

3:2

וַיַּעַן אִיּוֹב וַיֹּאמַר:

반응(대답)했다, 욥이, 그리고 말했다.

3:3

יֹאבַד יוֹם אִוָּלֶד בּוֹ וְהַלַּיְלָה אָמַר הֹרָה גָבֶר:

소멸되었다면, 내가 출산 된 그날이! 그리고 [누군가] 남자 아이가 임신했다/태어났다! 라고 말했던 바로 그 날, 그 밤도!

3:4

הַיּוֹם הַהוּא יְהִי חֹשֶׁךְ אַל־יִדְרְשֵׁהוּ אֱלוֹהַּ מִמָּעַל וְאַל־תּוֹפַע עָלָיו נְהָרָה:

그날, 그날이 어두어졌다면, 하나님께서 추구/보호하지 않으셨다면, 위에서부터, 그래서 비치지 않으셨다면, 그날 위에 일광(빛)이!

3:5

יִגְאָלֻהוּ חֹשֶׁךְ וְצַלְמָוֶת תִּשְׁכָּן־עָלָיו עֲנָנָה יְבַעֲתֻהוּ כִּמְרִירֵי יוֹם:

어두움과 죽음의 그림자가 그날을 구속해 버렸다면(사 버렸다면)! 그날 위에 거주/머물렀다면, 구름이! 그날을 어둡게 하는 것이 두렵게 만들었다면!

3:6

הַלַּיְלָה הַהוּא יִקָּחֵהוּ אֹפֶל אַל־יִחַדְּ בִּימֵי שָׁנָה בְּמִסְפַּר יְרָחִים אַל־יָבֹא:

그 (출산하던) 밤이 사로잡혔다면, 음침함에! 기쁨이 되지 않았다면, 그 해의 날들 중에서! 그 달의 여러 날들 중에서 들어오지(포함되지) 않았다면!

3:7

הִנֵּה הַלַּיְלָה הַהוּא יְהִי גַלְמוּד אַל־תָּבֹא רְנָנָה בוֹ:

보라(아)! 바로 그 밤이 불임의(황량한) 밤이 되었더라면, 오지 않았더라면, 환호(즐거운 외침)가 그 안에/가운데!

3:8

יִקְּבֻהוּ אֹרְרֵי־יוֹם הָעֲתִידִים עֹרֵר לִוְיָתָן:

날을 저주하는 자들이, 찔렀더라면(저주했다면), 리워야단(괴물)을 일으키는(자극하는)

능숙한 사람이 [그렇게 했다면]!

3:9

יֶחְשְׁכוּ כּוֹכְבֵי נִשְׁפּוֹ יְקַו־לְאוֹר וָאַיִן וְאַל־יִרְאֶה בְּעַפְעַפֵּי־שָׁחַר:

어두워졌다면, 그날 여명의 별들(새벽별들)이! 빛(밝음, 아침)을 간절히 기다린 것이 헛되게 되고, 새벽의 눈꺼풀(아침이 동터 오는 것)을 보지 못했다면!

3:10

כִּי לֹא סָגַר דַּלְתֵי בִטְנִי וַיַּסְתֵּר עָמָל מֵעֵינָי:

참으로 나의 [어머니] 자궁에 문짝들을 닫지 못해서 [이렇게 되었구나]! [만약 어머니의 자궁문이 닫혀서] 그래서 숨기워졌다면, 나의 눈에서부터 이 비참함이!

3:11

לָמָּה לֹּא מֵרֶחֶם אָמוּת מִבֶּטֶן יָצָאתִי וְאֶגְוָע:

어째서(왜, 무엇을 위해서), 자궁에서부터 죽은 상태가 아니었던가! [어머니] 배 속에서부터 내가 나올 때에, 그리고 내가 숨을 거두지 않았던가!

3:12

מַדּוּעַ קִדְּמוּנִי בִרְכָּיִם וּמַה־שָּׁדַיִם כִּי אִינָק:

무엇을 위해, 나를 받아 주었나 무릎들이, 그리고 어째서 젖가슴들이 참으로 빨게 하였나!

3:13

כִּי־עַתָּה שָׁכַבְתִּי וְאֶשְׁקוֹט יָשַׁנְתִּי אָז יָנוּחַ לִי:

참으로 이제(그때) 내가 누워서 그리고 쉬고 잠들었다면! 그러면 나에게 안식이 있었을 텐데!

3:14

עִם־מְלָכִים וְיֹעֲצֵי אָרֶץ הַבֹּנִים חֳרָבוֹת לָמוֹ:

왕들과 함께, 세상의 모사들(현자들)과 함께, 즉 자신을 위해 황량한 장소에 재건하느라 수고했던 [그 사람들과 함께 있었을 텐데]!

3:15

אוֹ עִם־שָׂרִים זָהָב לָהֶם הַמְמַלְאִים בָּתֵּיהֶם כָּסֶף:

혹은 지도자들과 함께, 그들(자신들)을 위해 금을 가졌던, 그들의 집에 자신들의 은으로 채운 [그들과 함께 있었을 텐데]!

3:16

אֹו כְנֵפֶל טָמוּן לֹא אֶהְיֶה כְּעֹלְלִים לֹא־רָאוּ אֹור:

혹은 (떨어진) 조산/사산아처럼, 낙태된 아이처럼, 내가 존재하지 않았을 것이고, 젖먹이/어린아이같이 빛을 보지 못한 [존재로 남게 되었을 텐데]!

3:17

שָׁם רְשָׁעִים חָדְלוּ רֹגֶז וְשָׁם יָנוּחוּ יְגִיעֵי כֹחַ:

거기서(는) 악한 자들이 멈춘다, 소동(번뇌)을. 그리고 거기서 그들이 쉰다, 곤비(피곤)한 자들이 (애쓰던) 힘(수고)을.

3:18

יַחַד אֲסִירִים שַׁאֲנָנוּ לֹא שָׁמְעוּ קֹול נֹגֵשׂ:

함께/하나 되어서, 포로들/수감자들이 힘들이지 않고 쉬며 기대고 있다. 그들은 듣지 못한다, 감독자(간수)의 소리를.

3:19

קָטֹן וְגָדֹול שָׁם הוּא וְעֶבֶד חָפְשִׁי מֵאֲדֹנָיו:

작은 자와 큰 자들, 거기서 [동일한 처지로] 있다. 그리고 종은 자유롭다(면제된다), 주인으로부터.

3:20

לָמָּה יִתֵּן לְעָמֵל אֹור וְחַיִּים לְמָרֵי נָפֶשׁ:

어째서(왜, 무엇을 위해서), 주셨는가, 비참한 자에게 빛? 그리고 삶을, 혼이 고통스러운 자에게, 영혼이 쓰라린 자에게!

3:21

הַמְחַכִּים לַמָּוֶת וְאֵינֶנּוּ וַיַּחְפְּרֻהוּ מִמַּטְמֹונִים:

그 죽음을 향해 고대하는 자들, [그러나] 그들에겐 없다. 그리고 추구하는 자들, 감추어진 보물들 보다 [더 간절하게 구하는 그들에게도 없다]!

3:22

הַשְּׂמֵחִים אֱלֵי־גִיל יָשִׂישׂוּ כִּי יִמְצְאוּ־קָבֶר:

그 기뻐하는 자들! 참으로 그들이 발견하였기에! 무덤을!

3:23

לְגֶבֶר אֲשֶׁר־דַּרְכֹּו נִסְתָּרָה וַיָּסֶךְ אֱלֹוהַּ בַּעֲדֹו:

남자(사람)에게, 그의 길이 숨겨져 있고, 얽혀 있나? 하나님께서는 그의 주변에 울타리를 쳐서 [그의 길을] 폐쇄하셨는가?

3:24

כִּי־לִפְנֵי לַחְמִי אַנְחָתִי תָבֹא וַיִּתְּכוּ כַמַּיִם שַׁאֲגֹתָי׃

참으로 나의 빵(음식) 앞에서, 나의 한숨/탄식이 나온다. 그리고 쏟아진다, 물처럼, 나의 분노가!

3:25

כִּי פַחַד פָּחַדְתִּי וַיֶּאֱתָיֵנִי וַאֲשֶׁר יָגֹרְתִּי יָבֹא לִי׃

참으로(왜냐하면) 공포가, 내가 두려워했던 것이, 나에게 닥쳤다. 그리고 내가 무서워하던 그것이 나에게 (내 몸에) 왔다!

3:26

לֹא שָׁלַוְתִּי וְלֹא שָׁקַטְתִּי וְלֹא־נָחְתִּי וַיָּבֹא רֹגֶז׃ פ

없다, 평안이, 나에게! 그리고 없다, 평온함도, 나에게! 그리고 없다, 안식도, 그리고 [오직] 왔다, 번뇌만!

제2부 욥과 친구들의 논쟁, 시즌 1(4-14장)

4:1

וַיַּעַן אֱלִיפַז הַתֵּימָנִי וַיֹּאמַר׃

그리고 대답/반응했다, 데만 사람 엘리바스가 말했다.

4:2

הֲנִסָּה דָבָר אֵלֶיךָ תִּלְאֶה וַעְצֹר בְּמִלִּין מִי יוּכָל׃

[누군가] 시도한다면 말을, 너에게, 너는 지치겠지(짜증나겠지)? [하지만] 누가 너의 그런 말에 대해서 말대답하기를 억제할 수 있으랴!

4:3

הִנֵּה יִסַּרְתָּ רַבִּים וְיָדַיִם רָפוֹת תְּחַזֵּק׃

보라! 네가 훈계했다, 많은 이들을. 그리고 손들이 약한 자들을, 네가 강하게 만들어 주었다.

4:4

כּוֹשֵׁל יְקִימוּן מִלֶּיךָ וּבִרְכַּיִם כֹּרְעוֹת תְּאַמֵּץ׃

비틀거리는 자들을 굳게 해 주었다, 너의 말(언사/조언)들로. 약해진(구부러진) 무릎들을 강하게 만들어 주었다.

4:5

כִּי עַתָּה תָּבוֹא אֵלֶיךָ וַתֵּלֶא תִּגַּע עָדֶיךָ וַתִּבָּהֵל׃

참으로(하지만) 이제 그것이 왔다, 너에게. 그러자 지쳤다(짜증을 냈다). 그것이 닥쳤다,
너의 위에 [그러자] 너는 요동하는구나(흔들리는구나).

הֲלֹא יִרְאָתְךָ כִּסְלָתֶךָ תִּקְוָתְךָ וְתֹם דְּרָכֶיךָ׃

너의 경외함이 네가 신뢰하는 것이 아닌가? 그리고 너의 길(행위)이 [너의] 온전함(자
부심) 아닌가?

זְכָר־נָא מִי הוּא נָקִי אָבָד וְאֵיפֹה יְשָׁרִים נִכְחָדוּ׃

제발 생각해 보라, 누구인가? 순결한(죄 없는) 사람이 소멸되는 [경우가]? 어디에 있는
가, 곧은 자들 [중에서] 끊어짐을 당하는 사람이?

כַּאֲשֶׁר רָאִיתִי חֹרְשֵׁי אָוֶן וְזֹרְעֵי עָמָל יִקְצְרֻהוּ׃

내가 본 것과 같이, 헛된 것(악)을 밭 갈아서, 고통(악)을 뿌린 자들은 [그것을] 거두게
된다.

מִנִּשְׁמַת אֱלוֹהַּ יֹאבֵדוּ וּמֵרוּחַ אַפּוֹ יִכְלוּ׃

하나님의 호흡으로 말미암아, 그들은 소멸된다. 그리고 그분의 콧구멍의 그 바람(영)으
로 말미암아 그들은 사라질 것이다.

שַׁאֲגַת אַרְיֵה וְקוֹל שָׁחַל וְשִׁנֵּי כְפִירִים נִתָּעוּ׃

사자의 포효, 그리고 그 [사자의] 소리, 그리고 젊은 사자들의 이빨들이 부서지게 된다.

לַיִשׁ אֹבֵד מִבְּלִי־טָרֶף וּבְנֵי לָבִיא יִתְפָּרָדוּ׃

늙은 사자(도) 소멸된다, 먹이가 없어서. 그리고 암사자의 새끼들(도) 흩어진다.

וְאֵלַי דָּבָר יְגֻנָּב וַתִּקַּח אָזְנִי שֵׁמֶץ מֶנְהוּ׃

그리고 나에게 [한] 말/말씀이 조용히 임했다. 그리고 취했다, 나의 귀가 그 말씀의 작은
속삭임을.

בִּשְׂעִפִּים מֵחֶזְיֹנוֹת לָיְלָה בִּנְפֹל תַּרְדֵּמָה עַל־אֲנָשִׁים׃

나누어질 때(번민하고 있을 때) 밤의 그 묵시(환상)로 인해, 사람들 위에 깊은 잠(비몽사

몽)이 떨어질 때.

4:14

פַּחַד קְרָאַנִי וּרְעָדָה וְרֹב עַצְמוֹתַי הִפְחִיד:

공포가 나에게 닥쳤다, 그리고 떨림이. 나의 뼈들이 모두 흔들렸다.

4:15

וְרוּחַ עַל־פָּנַי יַחֲלֹף תְּסַמֵּר שַׂעֲרַת בְּשָׂרִי:

그리고 [한] 영(숨/호흡)이 내 [얼굴] 앞에 통과했다. 곤두섰다, 내 살의 털이.

4:16

יַעֲמֹד וְלֹא־אַכִּיר מַרְאֵהוּ תְּמוּנָה לְנֶגֶד עֵינָי דְּמָמָה וָקוֹל אֶשְׁמָע:

[그 영이] 서 있었다. [하지만] 나는 인식하지 못했다. 그것의 형태를. [한] 형상/이미지
가 내 눈앞에 고요하고 적막하게, 그리고 소리를 내가 들었다.

4:17

הַאֱנוֹשׁ מֵאֱלוֹהַ יִצְדָּק אִם מֵעֹשֵׂהוּ יִטְהַר־גָּבֶר:

그 죽을 사람(인간)이 하나님보다 의롭다? 어찌 만드신 분(창조주)보다, 깨끗(순수)하겠
는가, 남자가(인간이)?

4:18

הֵן בַּעֲבָדָיו לֹא יַאֲמִין וּבְמַלְאָכָיו יָשִׂים תָּהֳלָה:

주목하라! 자! 그분의 종도 신뢰하지 않으신다(않으시는데). 그리고 그분의 천사에게도
[그분은] 미련하다(부족하다) 평가하시는데,

4:19

אַף שֹׁכְנֵי בָתֵּי־חֹמֶר אֲשֶׁר־בֶּעָפָר יְסוֹדָם יְדַכְּאוּם לִפְנֵי־עָשׁ:

하물며, 흙집에 사는, 그 기초가 티끌로 된, 좀(나방) 앞에서 으깨지는.

4:20

מִבֹּקֶר לָעֶרֶב יֻכַּתּוּ מִבְּלִי מֵשִׂים לָנֶצַח יֹאבֵדוּ:

새벽부터 저녁까지 [그 사이에] 그들은 심하게 상처받고 으스러지며, 아무것도 보는 것
(아는 것) 없으며, 연속되는 것에서 떠나 영원히 그들은 소멸되는데.

4:21

הֲלֹא־נִסַּע יִתְרָם בָּם יָמוּתוּ וְלֹא בְחָכְמָה:

어찌 뽑히지 아니하겠는가, 줄(생명 줄)이 그들로부터? [그들 안에 있는] 그들(사람들)은 죽는다, 그리고 지혜가 없다(지혜도 없이).

5:1

קְרָא־נָא הֲיֵשׁ עוֹנֶךָ וְאֶל־מִי מִקְּדֹשִׁים תִּפְנֶה:

부르짖어라! 제발! [하지만] 존재하겠느냐, 너에게 응답(대답)할 자가? 거룩한 자들 중에서 그 누구에게, 너는 돌리겠느냐(향하겠느냐)?

5:2

כִּי־לֶאֱוִיל יַהֲרָג־כָּעַשׂ וּפֹתֶה תָּמִית קִנְאָה:

참으로, 어리석은 자에게 분노의 살해함(죽일 의도로 때림)이 [임하게 된다]. 그리고 단순한 자를 질투가 죽인다.

5:3

אֲנִי־רָאִיתִי אֱוִיל מַשְׁרִישׁ וָאֶקּוֹב נָוֵהוּ פִתְאֹם:

내가 직접 보았다, 어리석은 자가 뿌리내리는 것을. [하지만] 내가 찔렀다(저주했다), 그의 거처(그가 뿌리 내린 그곳)를 즉시!

5:4

יִרְחֲקוּ בָנָיו מִיֶּשַׁע וְיִדַּכְּאוּ בַשַּׁעַר וְאֵין מַצִּיל:

멀리 떠났다, 그의 아들(자식)들이, 구원(안전)으로부터. 그리고 그들은 부서졌다(짓밟혔다), 성문에서. 그래도 건져 주는 자가 없었다.

5:5

אֲשֶׁר קְצִירוֹ רָעֵב יֹאכֵל וְאֶל־מִצִּנִּים יִקָּחֵהוּ וְשָׁאַף צַמִּים חֵילָם:

그들이 추수한 것을 굶주린 자가 먹을 것이다. 그리고 가시나무(가시밭)에서 추수한 것까지 취한다(빼앗긴다). 그리고 흡입한다, 덫(약탈자)이, 그들이 수고한 것(재산, 소유물)을.

5:6

כִּי לֹא־יֵצֵא מֵעָפָר אָוֶן וּמֵאֲדָמָה לֹא־יִצְמַח עָמָל:

참으로(왜냐하면) 나오지 않는다, 티끌로부터 고통(슬픔)이. 그리고 흙/땅에서부터 싹트지 않는다, 고난이.

5:7

כִּי־אָדָם לְעָמָל יוּלָּד וּבְנֵי־רֶשֶׁף יַגְבִּיהוּ עוּף:

참으로(왜냐하면) 사람이 고난을 향해 태어났기(낳았기) 때문이다. 그리고 [그것은 마치] 불꽃의 아들(불티)이 솟아 올라가는 것 같다(그렇게 당연한 것이다).

5:8

אוּלָ֗ם אֲנִ֥י אֶדְרֹ֥שׁ אֶל־אֵ֑ל וְאֶל־אֱ֝לֹהִ֗ים אָשִׂ֥ים דִּבְרָתִֽי׃

하지만, 그럼에도 불구하고 나는(나라면) 하나님을 추구할 것이다. 그리고 하나님께 내가 놓을 것이다, 나의 이유(원인)를.

5:9

עֹשֶׂ֣ה גְ֭דֹלוֹת וְאֵ֣ין חֵ֑קֶר נִ֝פְלָא֗וֹת עַד־אֵ֥ין מִסְפָּֽר׃

[하나님께서는] 행하시는 분, 큰 거대한 것들, 그리고 조사/측량할 수 없는 것을. 경이를 일으키시는 분, 수(number)가 없는 것 위에(셀 수도 없는 것들로).

5:10

הַנֹּתֵ֣ן מָ֭טָר עַל־פְּנֵי־אָ֑רֶץ וְשֹׁ֥לֵֽחַ מַ֝֗יִם עַל־פְּנֵ֥י חוּצֽוֹת׃

주시는 분, 눈을 땅 표면 위에. 그리고 보내시는 분, 물을, 밖에 있는 밭의 표면 위에.

5:11

לָשׂ֣וּם שְׁפָלִ֣ים לְמָר֑וֹם וְ֝קֹדְרִ֗ים שָׂ֣גְבוּ יֶֽשַׁע׃

낮은 자를 높은 곳으로 두시려고, 그리고 슬픈 자(잿빛, 재투성이)를 자유하게 하시려고, [즉] 구출된 곳에 높이 두시는 분.

5:12

מֵ֭פֵר מַחְשְׁב֣וֹת עֲרוּמִ֑ים וְֽלֹא־תַעֲשֶׂ֥ינָה יְ֝דֵיהֶ֗ם תּוּשִׁיָּֽה׃

분쇄하시는 분, 간사한 자들의 계교(계획, 궁리)를. 그리고 행하지 못하게 하신다, 손으로 하는 일이 지혜롭게(잘되게).

5:13

לֹכֵ֣ד חֲכָמִ֣ים בְּעָרְמָ֑ם וַעֲצַ֖ת נִפְתָּלִ֣ים נִמְהָֽרָה׃

붙잡으시는 분, 지혜롭다고 하는 자들. 그들의 계략에 빠지도록, 그리고 꼬여진 자들(교활한 자들)의 계책이 성급해지게 만드신다(경솔히 행하여 실패하게 만드신다).

5:14

יוֹמָ֥ם יְפַגְּשׁוּ־חֹ֑שֶׁךְ וְ֝כַלַּ֗יְלָה יְמַֽשְׁשׁ֥וּ בַֽצָּהֳרָֽיִם׃

낮에, 그들은 만나게 된다, 어두움을. 그리고 밤처럼 그들은 더듬게 된다, 정오에.

5:15

וַיֹּ֣שַׁע מֵ֭חֶרֶב מִפִּיהֶ֑ם וּמִיַּ֖ד חָזָ֣ק אֶבְיֽוֹן׃

그러나 적극적으로 구원하신다, 칼날 같은 그들의 입으로부터. 그리고 강한 자의 손에서부터, 불쌍한 자(결핍, 압제, 천한 자)를.

וַתְּהִי לַדַּל תִּקְוָה וְעֹלָתָה קָפְצָה פִּיהָ:

그리고(그래서) 있다, 낮고 비천한 자에게 끈(소망)이. 그리고 부정/사악한 자가 폐쇄한 다(막는다), [그의] 입을.

הִנֵּה אַשְׁרֵי אֱנוֹשׁ יוֹכִחֶנּוּ אֱלוֹהַּ וּמוּסַר שַׁדַּי אַל־תִּמְאָס:

보라 복되도다! 하나님께서 바로잡으시는 사람은. 그리고 전능자의 징계/교정을, 너는 거절(경멸)하지 말라.

כִּי הוּא יַכְאִיב וְיֶחְבָּשׁ יִמְחַץ וְיָדָו תִּרְפֶּינָה:

참으로/왜냐하면 그분께서 고통을 주시고 싸매 주실 것이다. 심한 상처를 주시고 그분의 손으로 치유해 주실 것이다.

בְּשֵׁשׁ צָרוֹת יַצִּילֶךָ וּבְשֶׁבַע לֹא־יִגַּע בְּךָ רָע:

여섯 조임(고통)에서 그가 너를 낚아채어 구원해 주실 것이다. 일곱 악(재앙)이 너를 만지지도 못하게 하실 것이다.

בְּרָעָב פָּדְךָ מִמָּוֶת וּבְמִלְחָמָה מִידֵי חָרֶב:

기근(굶주림)에서 그가 너를 구속하신다(구속하실 것이다), 죽음으로부터(죽기 전에). 그리고 전쟁에서 칼의 손(영향력/파괴력)으로부터.

בְּשׁוֹט לָשׁוֹן תֵּחָבֵא וְלֹא־תִירָא מִשֹּׁד כִּי יָבוֹא:

혀의 채찍질(저주)에서 너는 숨겨질 것이다. 그리고 너는 두렵지 않을 것이다, 대파괴(멸망)로부터,

לְשֹׁד וּלְכָפָן תִּשְׂחָק וּמֵחַיַּת הָאָרֶץ אַל־תִּירָא:

재앙에 대해, 그리고 굶주림, 기근에 대해 너는 비웃을 것이다. 그리고 들짐승으로부터(인해) 두려워하지 않을 것이다.

כִּי עִם־אַבְנֵי הַשָּׂדֶה בְרִיתֶךָ וְחַיַּת הַשָּׂדֶה הָשְׁלְמָה־לָךְ:

참으로 밭의 돌과 함께, 너는 언약을 맺으리라. 그리고 그 들짐승과 너에게(너로) 화평

하게 되리라.

5:24

וְיָדַעְתָּ כִּי־שָׁלוֹם אָהֳלֶךָ וּפָקַדְתָּ נָוְךָ וְלֹא תֶחֱטָא׃

그리고 네가 알게 된다(경험하게 된다), 참으로, 너의 장막(집)의 평화/평안을. 그래서 네가 방문한다(살펴본다), 너의 거처를. 그래도 죄지음(부정/잃음)이 없을 것이다.

5:25

וְיָדַעְתָּ כִּי־רַב זַרְעֶךָ וְצֶאֱצָאֶיךָ כְּעֵשֶׂב הָאָרֶץ׃

그리고 네가 알리라, 참으로 많다, 너의 씨(자손)가. 그리고 너의 후손들이, 땅의 풀처럼.

5:26

תָּבוֹא בְכֶלַח אֱלֵי־קָבֶר כַּעֲלוֹת גָּדִישׁ בְּעִתּוֹ׃

너는 이르리라, 장수하여(활력 있게, 건강하게 살다가) 무덤에 들어가리라, 올라가는 것처럼 곡식단이 정한 때에(추수 때에).

5:27

הִנֵּה־זֹאת חֲקַרְנוּהָ כֶּן־הִיא שְׁמָעֶנָּה וְאַתָּה דַע־לָךְ׃ פ

보라, 이것을. 우리가 조사/연구한 것을. 그러므로 이것을 너는 들어라(순복해라) 그리고 너는 알아라! 너 자신을 위해(너 자신에 대해). 페(마침표).

6:1

וַיַּעַן אִיּוֹב וַיֹּאמַר׃

그리고 반응(대답)했다, 욥이 그리고 말했다.

6:2

לוּ שָׁקוֹל יִשָּׁקֵל כַּעְשִׂי וְהַיָּתִי בְּמֹאזְנַיִם יִשְׂאוּ־יָחַד׃

나를 위해(나에 대해) [무게를] 달아 보고 달아 본다면, 나의 원통함, 그리고 나의 고통을, 저울에 모두 올려놓을 수 있다면.

6:3

כִּי־עַתָּה מֵחוֹל יַמִּים יִכְבָּד עַל־כֵּן דְּבָרַי לָעוּ׃

참으로 지금 바다의 모래보다 무거울 것이다. 그래서 내 말들이 경솔하게/거칠게 나왔다.

6:4

כִּי חִצֵּי שַׁדַּי עִמָּדִי אֲשֶׁר חֲמָתָם שֹׁתָה רוּחִי בִּעוּתֵי אֱלוֹהַּ יַעַרְכוּנִי׃

참으로 전능자의 독화살이 나와 함께(나의 안에) [있다]. 그것의 독을 내 영이 마셔서 하나님의 공포가 나를 향해 줄지어 서 있다.

6:5

הֲיִֽנְהַק־פֶּרֶא עֲלֵי־דֶשֶׁא אִם יִגְעֶה־שֹּׁור עַל־בְּלִילֹו׃

풀 위에서 들나귀가 어찌 시끄럽게 울겠는가? 여물 위에서 소가 어찌 큰 소리로 울겠는가?

6:6

הֲיֵאָכֵל תָּפֵל מִבְּלִי־מֶלַח אִם־יֶשׁ־טַעַם בְּרִיר חַלָּמֽוּת׃

소금 없이 싱거운 음식이 먹히겠는가? 마치 [계란의 흰자위 같은] 할라무트의 그 끈적한 것이 [소금 없이] 무슨 맛이 있겠는가?

6:7

מֵאֲנָה לִנְגֹּועַ נַפְשִׁי הֵמָּה כִּדְוֵי לַחְמִֽי׃

내 혼이 [그것을] 만지기도 거절한다. 그런 것들은 나에게 혐오스런 음식 같다.

6:8

מִי־יִתֵּן תָּבֹוא שֶֽׁאֱלָתִי וְתִקְוָתִי יִתֵּן אֱלֹֽוהַּ׃

내가 구하는 것이 나에게 오도록 허락해 주신다면! 하나님께서 내가 기대하는 것을 주신다면!

6:9

וְיֹאֵל אֱלֹוהַּ וִידַכְּאֵנִי יַתֵּר יָדֹו וִֽיבַצְּעֵֽנִי׃

그리고 [그것은] 하나님께서 허락/결정하시는 것이다, 나를 파괴하시기(부서트리시기)를. 그분의 손을 보내셔서 나를 끝장내 버리시는 것이다.

6:10

וּתְהִי עֹוד נֶֽחָמָתִי וַאֲסַלְּדָה בְחִילָה לֹא יַחְמֹול כִּי־לֹא כִחַדְתִּי אִמְרֵי קָדֹֽושׁ׃

그러면 나의 위로가 있을 것이고, 긍휼이 없는 이 고통 속에서 엄청나게 기뻐할 것이다. 왜냐하면 나는 거룩하신 분의 말씀들을 거역하지 않았기에.

6:11

מַה־כֹּחִי כִֽי־אֲיַחֵל וּמַה־קִּצִּי כִּֽי־אַאֲרִיךְ נַפְשִֽׁי׃

그 어떤 힘이 내게 있어서 기다릴 수 있으랴? 그 어떤 결말이 나에게 있다고 내 혼이 기다릴 수 있으랴(참고 견딜 수 있으랴)?

6:12

אִם־כֹּחַ אֲבָנִים כֹּחִי אִם־בְּשָׂרִי נָחוּשׁ׃

어찌 나의 힘이 돌들의 힘 [같은가]? 나의 살이 놋쇠의 [힘 같겠는가]?

6:13

הַאִם אֵין עֶזְרָתִי בִי וְתֻשִׁיָּה נִדְּחָה מִמֶּנִּי׃

나의 도움(나를 도울 힘)이 내 안에 있지 않고, 나의 지원(도움)/지혜가 나로부터 떠나지 않았는가?

6:14

לַמָּס מֵרֵעֵהוּ חָסֶד וְיִרְאַת שַׁדַּי יַעֲזוֹב׃

기진한(절망한) 자를 향해, 그의 친구들로부터 헤세드(신실한 사랑)가 [있어야 하지 않을까?], 그리고(그렇지 않다면) 전능하신 분 경외하기를 소홀하게 하는 것이다.

6:15

אַחַי בָּגְדוּ כְמוֹ־נָחַל כַּאֲפִיק נְחָלִים יַעֲבֹרוּ׃

나의 형제(친구)는 불신실(헤세드의 반대말)한 배신자 같다. 마치 와디처럼 [흐르다] 말라 버리는 와디 계곡 같다.

6:16

הַקֹּדְרִים מִנִּי־קָרַח עָלֵימוֹ יִתְעַלֶּם־שָׁלֶג׃

[와디 계곡] 위에 내렸던 눈이, 그 언 상태에서 녹으면 흙탕물이 되어서 흐르다가.

6:17

בְּעֵת יְזֹרְבוּ נִצְמָתוּ בְּחֻמּוֹ נִדְעֲכוּ מִמְּקוֹמָם׃

[날씨가] 따뜻해지는 때가 되면, [쉽게] 마르고 그 열기로 그 [흐르던] 자리에서 완전히 사라진다.

6:18

יִלָּפְתוּ אָרְחוֹת דַּרְכָּם יַעֲלוּ בַתֹּהוּ וְיֹאבֵדוּ׃

[그 와디에 속아서] 대상들이 길을 바꾸어 그리로 갔다가, 그 황폐한 곳에서 죽게 된다.

6:19

הִבִּיטוּ אָרְחוֹת תֵּמָא הֲלִיכֹת שְׁבָא קִוּוּ־לָמוֹ׃

데마의 상인들도 그것을 보고(유심히 찾고), 스바의 행인들도 그것을 갈망하다가,

6:20

בֹּשׁוּ כִּי־בָטָח בָּאוּ עָדֶיהָ וַיֶּחְפָּרוּ׃

결국 그 와디에 도착해서 기대했던 것에(것이 없으므로) 낙망하고 낙심케 된다.

6:21

כִּי־עַתָּה הֱיִיתֶם לֹא תִּרְאוּ חֲתַת וַתִּירָאוּ:

참으로 너희들이 그런 허망한 존재들이다. 너희들은 [나의] 재앙을 보고 두려워만 하는 구나!

6:22

הֲכִי־אָמַרְתִּי הָבוּ לִי וּמִכֹּחֲכֶם שִׁחֲדוּ בַעֲדִי:

내가 나를 위해 무엇을 달라고 했느냐? 나를 위해 너희 재력으로부터 선물을 요구했느냐?

6:23

וּמַלְּטוּנִי מִיַּד־צָר וּמִיַּד עָרִיצִים תִּפְדּוּנִי:

그리고 대적의 손으로부터 나를 구해달라고 했느냐? 무서운 존재의 손으로부터 나를 구속해 달라고.

6:24

הוֹרוּנִי וַאֲנִי אַחֲרִישׁ וּמַה־שָּׁגִיתִי הָבִינוּ לִי:

내가 알아듣게 가르쳐 보라! 그러면 내가 잠잠하겠다. 내가 무엇을 잘못했는지 분명히 나에게 밝혀 보라!

6:25

מַה־נִּמְרְצוּ אִמְרֵי־יֹשֶׁר וּמַה־יּוֹכִיחַ הוֹכֵחַ מִכֶּם:

[너희들의] 곧은/바른 말들은 어찌 그리 쓰라린가! 너희들의 책망은 [도대체] 무엇을(어떤 잘못을) 책망하는 것인가?

6:26

הַלְהוֹכַח מִלִּים תַּחְשֹׁבוּ וּלְרוּחַ אִמְרֵי נֹאָשׁ:

너희들은 [내가 한] 말들을 책망하려는가? 그리고(다시 말해서) 절망된 자의 말들을 바람으로 [여기느냐]?

6:27

אַף־עַל־יָתוֹם תַּפִּילוּ וְתִכְרוּ עַל־רֵיעֲכֶם:

참으로(심지어) 고아들을 가지고 너희는 제비뽑기하고, 친구조차 너희는 거래하는구나!

6:28

וְעַתָּה הוֹאִילוּ פְנוּ־בִי וְעַל־פְּנֵיכֶם אִם־אֲכַזֵּב:

그러니 이제 나에게로 향하라(나를 보라)! 내가 너희 얼굴들 앞에서 거짓말을 했느냐?

6:29

שׁוּבוּ־נָא אַל־תְּהִי עַוְלָה וְשֻׁבִי עֹוד צִדְקִי־בָהּ׃

제발 너희들은 돌이켜서(다시 한번 생각해서) 부당하게 만들지 마라(실수하지 마라, 나쁘게 만들지 마라)!

6:30

הֲיֵשׁ־בִּלְשׁוֹנִי עַוְלָה אִם־חִכִּי לֹא־יָבִין הַוּֽוֹת׃

어찌 내 혀에 부당한 것이 있겠는가? 어찌 내 입이 패망을 분별하지 못하겠는가?

7:1

הֲלֹא־צָבָא לֶאֱנֹושׁ עַל־אָרֶץ וְכִימֵי שָׂכִיר יָמָיו׃

[군대의 복무 기간처럼] 지정된 시간이 있지 않은가? 땅 위에 있는 죽을 인간에게. 그리고 그의 날들이 품꾼(일용직)의 날처럼.

7:2

כְּעֶבֶד יִשְׁאַף־צֵל וּכְשָׂכִיר יְקַוֶּה פָעֳלֹו׃

그늘(그림자)을 갈망하는 종처럼, 품꾼(일용직)은 그의 일당, 그날의 삯을 고대한다.

7:3

כֵּן הָנְחַלְתִּי לִי יַרְחֵי־שָׁוְא וְלֵילֹות עָמָל מִנּוּ־לִי׃

이처럼, 나에게 분배/할당되었다. 공허한 날들이. 그리고 고통스런 밤들이 나에게 지정되었다.

7:4

אִם־שָׁכַבְתִּי וְאָמַרְתִּי מָתַי אָקוּם וּמִדַּד־עָרֶב וְשָׂבַעְתִּי נְדֻדִים עֲדֵי־נָשֶׁף׃

만약 내가 누우면, 그러면 나는 말한다. 언제 내가 일어날까? 그리고 이 밤이 얼마나 연장/계속될까? [너무나 길게] 느껴져서 뒤척이기를 계속한다, 새벽까지.

7:5

לָבַשׁ בְּשָׂרִי רִמָּה וְגִישׁ עָפָר עֹורִי רָגַע וַיִּמָּאֵס׃

입혔다/덮였다, 나의 살에 구더기와 더러운 흙이. 나의 피부는 상처 났다가 썩어 간다.

7:6

יָמַי קַלּוּ מִנִּי־אָרֶג וַיִּכְלוּ בְּאֶפֶס תִּקְוָה׃

나의 날은 베틀의 북보다 빠르다. 그리고 끝난다, 끈(소망) 없이.

7:7

זְכֹר כִּי־רוּחַ חַיָּי לֹא־תָשׁוּב עֵינִי לִרְאֹות טֹוב׃

기억하소서! 참으로 숨(바람) 같음을, 나의 생명이. 돌아올 수 없습니다, 나의 눈이 선한 것을 보도록.

7:8

לֹא־תְשׁוּרֵנִי עֵין רֹאִי עֵינֶיךָ בִּי וְאֵינֶנִּי:

나를 주목하지 못할 것입니다, 나를 보던 사람들의 눈이. 당신의 눈도 내 안에서 [나를 아무리 찾아도], 그러나 내가 없을 것입니다.

7:9

כָּלָה עָנָן וַיֵּלַךְ כֵּן יוֹרֵד שְׁאוֹל לֹא יַעֲלֶה:

구름이 사라집니다, 그리고 가 버립니다. 바로 그렇게 스올로 내려가는 자는 올라오지 못할 것입니다.

7:10

לֹא־יָשׁוּב עוֹד לְבֵיתוֹ וְלֹא־יַכִּירֶנּוּ עוֹד מְקֹמוֹ:

돌아오지 못할 것입니다, 다시, 그의 집으로. 그리고 그를 인식하지 못할 것입니다. 다시, 그의 장소(처소)도 그를(그 주인을).

7:11

גַּם־אֲנִי לֹא אֶחֱשָׂךְ פִּי אֲדַבְּרָה בְּצַר רוּחִי אָשִׂיחָה בְּמַר נַפְשִׁי:

또한(그러므로) 내가 억제할 수 없습니다, 나의 입을. 내가 말할 것입니다, 내 영의 곤경으로 인해, 내가 불평/한탄할 것입니다, 내 혼의 비통으로.

7:12

הֲיָם־אָנִי אִם־תַּנִּין כִּי־תָשִׂים עָלַי מִשְׁמָר:

내가 바다(물의 신)입니까? 혹은 타닌(바다 괴물)입니까? 어째서 당신이 세우십니까? 내 위에 파수꾼을(감시를)!

7:13

כִּי־אָמַרְתִּי תְּנַחֲמֵנִי עַרְשִׂי יִשָּׂא בְשִׂיחִי מִשְׁכָּבִי:

참으로 내가 말했습니다(생각했습니다), 나의 침상이 나를 위로하리라. 나의 숙고(한탄)를 나의 침대가 들어 올리리라. [내가 잠을 좀 자면 나으려나, 하고.]

7:14

וְחִתַּתַּנִי בַחֲלֹמוֹת וּמֵחֶזְיֹנוֹת תְּבַעֲתַנִּי:

[하지만] 나를 깜짝 놀라게 합니다. 그 꿈들 안에서. 그리고 이상들로부터[이용해서] 나를 두렵게 합니다.

7:15

וַתִּבְחַ֣ר מַחֲנָ֣ק נַפְשִׁ֑י מָ֝֗וֶת מֵֽעַצְמוֹתָֽי׃

그래서 나의 혼이 질식사를 선택했습니다. 뼈보다(뼈로부터, 뼈로 인하여) 죽음보다(그냥 죽는 것보다).

7:16

מָאַ֥סְתִּי לֹא־לְעֹלָ֣ם אֶֽחְיֶ֑ה חֲדַ֥ל מִ֝מֶּ֗נִּי כִּי־הֶ֥בֶל יָמָֽי׃

내가 경멸(혐오)합니다. 내가 계속 살아가기를 원하지 않습니다. 지쳤습니다! 멈추소서! 나로부터(나 홀로) 참으로/왜냐하면 나의 날들이 헛됩니다.

7:17

מָֽה־אֱ֭נוֹשׁ כִּ֣י תְגַדְּלֶ֑נּוּ וְכִי־תָשִׁ֖ית אֵלָ֣יו לִבֶּֽךָ׃

죽을 사람이 무엇인데? 참으로 당신은 그를 크게 여기십니까? 그리고 참으로 당신은 두십니까, 그에게, 당신의 마음을?

7:18

וַתִּפְקְדֶ֥נּוּ לִבְקָרִ֑ים לִ֝רְגָעִ֗ים תִּבְחָנֶֽנּוּ׃

그리고 당신은 그를 방문하십니까? 아침마다, 순간들마다, 당신은 그를 시험하십니까?

7:19

כַּ֭מָּה לֹא־תִשְׁעֶ֣ה מִמֶּ֑נִּי לֹֽא־תַ֝רְפֵּ֗נִי עַד־בִּלְעִ֥י רֻקִּֽי׃

언제 왜 당신은 눈을 돌리지 않으십니까, 나로부터? 나를 가만두지 않으십니까, 내가 침 삼키는 순간조차도?

7:20

חָטָ֡אתִי מָ֤ה אֶפְעַ֨ל ׀ לָךְ֮ נֹצֵ֪ר הָאָ֫דָ֥ם לָ֤מָה שַׂמְתַּ֣נִי לְמִפְגָּ֣ע לָ֑ךְ וָאֶהְיֶ֖ה עָלַ֣י לְמַשָּֽׂא׃

내가 죄를 지었다 [한들], 그런데 그것이 무슨(무엇을) 내가 행했나요, 당신에게? 파수하시는 분이시여! 무엇을 위해 당신은 나를 세우십니까? 과녁으로, 당신을 위해, 그리고 내가 되었는가, 내 위에 무거운 짐으로?

7:21

וּמֶ֤ה ׀ לֹא־תִשָּׂ֣א פִשְׁעִי֮ וְתַעֲבִ֪יר אֶת־עֲוֺ֫נִ֥י כִּֽי־עַ֭תָּה לֶעָפָ֣ר אֶשְׁכָּ֑ב וְשִׁ֖חֲרְתַּ֣נִי וְאֵינֶֽנִּי׃ פ

그리고 어찌하여 나의 죄(반역)를 들어 올려(없애) 주지 않으십니까? 그리고 당신은 넘어가지 않으십니까, 나의 잘못을? 참으로 이제 곧 티끌/흙으로 내가 눕습니다. 그래서 당신이 나를 아무리 찾아도 나는 없을 것입니다. 페(마침표).

8:1

וַיַּעַן בִּלְדַּד הַשּׁוּחִי וַיֹּאמַר׃

그리고 대답했다, 빌닷, 그 수아 사람이, 그리고 그가 말했다.

8:2

עַד־אָן תְּמַלֶּל־אֵלֶּה וְרוּחַ כַּבִּיר אִמְרֵי־פִיךָ׃

언제까지 너는 이렇게 말할 것이냐? 그리고 강력한 바람이다(거칠다), 너의 입의 말들이.

8:3

הַאֵל יְעַוֵּת מִשְׁפָּט וְאִם־שַׁדַּי יְעַוֵּת־צֶדֶק׃

어찌 하나님께서 왜곡하시겠는가, 판결을? 그리고 만약(혹시라도) 전능자께서 정의를 왜곡하시겠는가?

8:4

אִם־בָּנֶיךָ חָטְאוּ־לוֹ וַיְשַׁלְּחֵם בְּיַד־פִּשְׁעָם׃

만약(혹시라도) 너의 아들들이 그분께 죄를 지었다면, 그래서 그분이 그들을 보내셨다, 그들의 반역한 손에 [그들이 한 짓에 부합하게 심판하신 것이다]!

8:5

אִם־אַתָּה תְּשַׁחֵר אֶל־אֵל וְאֶל־שַׁדַּי תִּתְחַנָּן׃

만일 네가 열심히 찾으면, 하나님을 그러면(즉) 전능자를(에게) 겸손히 은혜/자비를 구하면.

8:6

אִם־זַךְ וְיָשָׁר אָתָּה כִּי־עַתָּה יָעִיר עָלֶיךָ וְשִׁלַּם נְוַת צִדְקֶךָ׃

만약 정결하고 곧으면(정직하면) 네가, 참으로 이제(바로 지금) 그분께서 너를 일으키시고(보호하시고), 평화로이 회복시켜 주시리라! 너의 의(의로움)의 거처를.

8:7

וְהָיָה רֵאשִׁיתְךָ מִצְעָר וְאַחֲרִיתְךָ יִשְׂגֶּה מְאֹד׃

[비록] 그래서 일어났다(되었다), 너의 시작은 작게(불충분하게), 그러나 너의 뒤/마지막은 매우 크게 높여지리라!

8:8

כִּי־שְׁאַל־נָא לְדֹר רִישׁוֹן וְכוֹנֵן לְחֵקֶר אֲבוֹתָם׃

그러므로/참으로, 너는 구해 보라(물어보라), 제발! 첫 번째(앞선) 세대에게 그리고 견고

하라(확립하라), 선조들의 조사한 것에.

8:9

כִּֽי־תְמ֣וֹל אֲנַ֔חְנוּ וְלֹ֣א נֵדָ֑ע כִּ֤י צֵ֛ל יָמֵ֖ינוּ עֲלֵי־אָֽרֶץ׃

참으로 어제(조금 전에) 우리는 [태어났다]! 그래서 우리는 알지 못한다, 참으로 우리의
날들이 그림자 같다[는 것을], 땅 위에(이 세상에서).

8:10

הֲלֹא־הֵ֣ם יוֹר֣וּךָ יֹ֣אמְרוּ לָ֑ךְ וּ֝מִלִּבָּ֗ם יוֹצִ֥אוּ מִלִּֽים׃

그들이 아니겠는가? 너에게 던지다(알려 주다), 그들이 말한 것이 [그들이 너를 가르쳐
말하지 않겠는가?] 그리고 그들의 마음에서부터 나왔다, 그 언사들이(바른말들이).

8:11

הֲיִֽגְאֶה־גֹּ֭מֶא בְּלֹ֣א בִצָּ֑ה יִשְׂגֶּה־אָ֥חוּ בְלִי־מָֽיִם׃

어찌 자라나겠는가, 파피루스가 진흙이 없는 곳에서? 크겠는가, 갈대가 물 없는 곳에서?

8:12

עֹדֶ֣נּוּ בְ֭אִבּוֹ לֹ֣א יִקָּטֵ֑ף וְלִפְנֵ֖י כָל־חָצִ֣יר יִיבָֽשׁ׃

여전히 그것의 녹색(푸르름)이 있어도, 자르지 않아도(자르기 전에), 그리고 모든 풀보
다 [그 앞서] 말라 버린다.

8:13

כֵּ֗ן אָ֭רְחוֹת כָּל־שֹׁ֣כְחֵי אֵ֑ל וְתִקְוַ֖ת חָנֵ֣ף תֹּאבֵֽד׃

그렇게(그런 식으로) 하나님을 잊어버린 자들 모두의 길도 똑같다. 그리고 위선적인 자
(신성모독한 자)의 끈(소망)은 소멸된다.

8:14

אֲשֶׁר־יָק֥וֹט כִּסְל֑וֹ וּבֵ֥ית עַ֝כָּבִ֗ישׁ מִבְטַחֽוֹ׃

그의 허리(확신하는 것)는 끊어질 것이다. 그리고(즉) 거미의 집 [같다], 그의 피난처(신
뢰하는 것)는.

8:15

יִשָּׁעֵ֣ן עַל־בֵּ֭יתוֹ וְלֹ֣א יַעֲמֹ֑ד יַחֲזִ֥יק בּ֝֗וֹ וְלֹ֣א יָקֽוּם׃

그의 집 위로 그가 기댄다. 그러면 서 있지(감당하지) 못한다. 그것은 그가 굳게 잡아도,
그래서 일어나지 못하리라.

8:16

רָטֹ֣ב ה֭וּא לִפְנֵי־שָׁ֑מֶשׁ וְעַ֥ל גַּ֝נָּת֗וֹ יֹֽנַקְתּ֥וֹ תֵצֵֽא׃

[어떤] 풀이 물기 있고 푸르다, 태양 앞에서(태양 빛을 받아서) 그리고 그것의 정원 위에

어린 가지(순)가 뻗어 나간다.

8:17

עַל־גַּל שָׁרָשָׁיו יְסֻבָּכוּ בֵּית אֲבָנִים יֶחֱזֶה:

더미(돌무더기) 위에 그것의 뿌리들이 얽혀지게 되었다. 돌들 가운데도 바라본다(뿌리 내린다).

8:18

אִם־יְבַלְּעֶנּוּ מִמְּקוֹמוֹ וְכִחֶשׁ בּוֹ לֹא רְאִיתִיךָ:

만약 없애면(뽑히면) 그 장소에서, 그곳이(그 장소가) 부정한다, 내가 너를 본 적 없다!

8:19

הֶן־הוּא מְשׂוֹשׂ דַּרְכּוֹ וּמֵעָפָר אַחֵר יִצְמָחוּ:

보라, 이것이 즐거움/환희다, 그의 길에! [그런 식물들이 잠시 누리는 기쁨의 전부다!] 그리고 티끌/흙으로부터 또 다른 것이 그것들이 솟아날 것이다.

8:20

הֶן־אֵל לֹא יִמְאַס־תָּם וְלֹא־יַחֲזִיק בְּיַד־מְרֵעִים:

보라, 하나님께서는 내쫓지(거절하지) 않으신다, 온전함/순전한 사람을. 그리고 강하게 붙잡지 않으신다(굳게 잡아 주시지 않는다), 악한 자들의 손을.

8:21

עַד־יְמַלֵּה שְׂחוֹק פִּיךָ וּשְׂפָתֶיךָ תְרוּעָה:

아직도 여전히, 그가 채우시리라, 웃음으로, 너의 입에, 그리고 너의 입술에 환호(기쁘게 떠드는 소리)를.

8:22

שֹׂנְאֶיךָ יִלְבְּשׁוּ־בֹשֶׁת וְאֹהֶל רְשָׁעִים אֵינֶנּוּ: פ

너를 미워하는 자들은 수치를 입을 것이다. 그리고 사악한 자들의 집(거처/장막)은 더이상 없어지리라! 페(마침표).

9:1

וַיַּעַן אִיּוֹב וַיֹּאמַר:

그리고 대답(반응)했다, 욥이 그리고 말했다.

9:2

אָמְנָם יָדַעְתִּי כִי־כֵן וּמַה־יִּצְדַּק אֱנוֹשׁ עִם־אֵל:

진실로(정말로) 내가(나도) 안다, 참으로 그렇다는 것을. 그리고(즉) 어찌, 의롭겠는가? 죽을 인간이 하나님과 같이(하나님처럼).

9:3

אִם־יַחְפֹּץ לָרִיב עִמּוֹ לֹא־יַעֲנֶנּוּ אַחַת מִנִּי־אָלֶף:

만약 하나님과 논쟁하기를 희망하더라도, 그는 하나도 대답할 수 없다, [하나님의] 천 개 [의 질문들]로부터.

9:4

חֲכַם לֵבָב וְאַמִּיץ כֹּחַ מִי־הִקְשָׁה אֵלָיו וַיִּשְׁלָם:

[하나님께서는] 지혜로우시다, 그 마음이. 그리고 강하시다, 그 힘이. 누가 그분에게 완고하게 하며 (거역/겨루어서) 안전(평안)하겠는가?

9:5

הַמַּעְתִּיק הָרִים וְלֹא יָדָעוּ אֲשֶׁר הֲפָכָם בְּאַפּוֹ:

[그분이] 산들을 제거하시는 것, 그리고(그래도) 그들(산들)이 알지 못한다, 그분이 그분의 분노로 전복시키시는 것을.

9:6

הַמַּרְגִּיז אֶרֶץ מִמְּקוֹמָהּ וְעַמּוּדֶיהָ יִתְפַלָּצוּן:

땅을 흔드시는 분, 그것의 자리로부터. 그래서 그것의 기둥들이 비틀거린다/떨린다.

9:7

הָאֹמֵר לַחֶרֶס וְלֹא יִזְרָח וּבְעַד כּוֹכָבִים יַחְתֹּם:

그 말씀하심(명령하심)이 태양을 향해, 그러면 솟아오르지(비치지) 못하게 된다. 그리고 별들 [뒤로] 인봉해 놓으신다(빛나지 못하게 만드신다).

9:8

נֹטֶה שָׁמַיִם לְבַדּוֹ וְדוֹרֵךְ עַל־בָּמֳתֵי יָם:

펴심(뻗으심) 하늘을, 혼자서. 걸으심(밟으심) 바다의 물결들 위로.

9:9

עֹשֶׂה־עָשׁ כְּסִיל וְכִימָה וְחַדְרֵי תֵמָן:

만드신 분, 큰곰자리, 오리온자리(삼성) 그리고 북두칠성, 그리고 남쪽의 방들(남쪽 하늘들의 성좌들/별자리들).

9:10

עֹשֶׂה גְדֹלוֹת עַד־אֵין חֵקֶר וְנִפְלָאוֹת עַד־אֵין מִסְפָּר:

행하시는 분, 거대한 일들을, 측량할 수 없는 그 이상[의 일들]을. 그리고 경이로운 일들을, 계산/셀 수 없는 그 이상[의 일들]을.

9:11

הֵן יַעֲבֹר עָלַי וְלֹא אֶרְאֶה וְיַחֲלֹף וְלֹא־אָבִין לֽוֹ׃

보라! 지나가신다/건너가신다, 내 위로(나를 가로질러), 그러나 나는 볼 수 없다. 그리고 그분이 통과해 가시지만, 나는 그것을 분별할 수 없다.

9:12

הֵן יַחְתֹּף מִי יְשִׁיבֶנּוּ מִי־יֹאמַר אֵלָיו מַה־תַּעֲשֶֽׂה׃

보라! 그분이 잡아채시면, 누가 돌이킬 수(취소할 수) 있는가? 누가 말할 수 있는가, 당신은 뭐하시는거에요? [라고]

9:13

אֱלוֹהַּ לֹא־יָשִׁיב אַפּוֹ תַּחְתָּו שָׁחֲחוּ עֹזְרֵי רָֽהַב׃

하나님께서는 돌이키지 않으신다, 그의 분노를. 라합(바다 괴물)을 돕는 자들도 그 아래 굴복한다.

9:14

אַף כִּי־אָנֹכִי אֶעֱנֶנּוּ אֶבְחֲרָה דְבָרַי עִמּֽוֹ׃

비록(하물며) 내가 대답할 수 있으랴, 내가 선택할 수 있으랴, 그분과 함께(어울릴) 나의 말들을?

9:15

אֲשֶׁר אִם־צָדַקְתִּי לֹא אֶעֱנֶה לִמְשֹׁפְטִי אֶתְחַנָּֽן׃

만약 내가 의롭다(옳다) 해도 대답할 수 없다, 나의 심판자에게, 나는 자비를 구할 뿐이다.

9:16

אִם־קָרָאתִי וַֽיַּעֲנֵנִי לֹא־אַאֲמִין כִּֽי־יַאֲזִין קוֹלִֽי׃

만약 내가 불렀다. 그래서 그분이 나에게 대답하셨다(대답하신다고), 나는 확신할 수 없다. 참으로 그분이 내 음성에 경청하셨다고.

9:17

אֲשֶׁר־בִּשְׂעָרָה יְשׁוּפֵנִי וְהִרְבָּה פְצָעַי חִנָּֽם׃

즉, 왜냐하면 태풍(폭풍)으로 그는 나를 상하게 하신다. 그리고 증가/많게 하셨다, 나의 상처들을, 이유 없이.

9:18

לֹא־יִתְּנֵנִי הָשֵׁב רוּחִי כִּי יַשְׂבִּעַנִי מַמְּרֹרִֽים׃

그가 나를 허락하지 않으신다, 나의 영(호흡)을 쉬도록. 참으로 그가 나를 채우신다, 쓴 것들로(괴로움으로).

9:19

אִם־לְכֹחַ אַמִּיץ הִנֵּה וְאִם־לְמִשְׁפָּט מִי יוֹעִידֵנִי:

만약 힘으로라면, 강하시다(최강이시다). 보라! 그리고 만약 심판(정의)으로라면, 누가 나를 변호해 줄 수 있나?

9:20

אִם־אֶצְדָּק פִּי יַרְשִׁיעֵנִי תָּם־אָנִי וַיַּעְקְשֵׁנִי:

만약 내가 의롭다고 해도, 내 입이(그렇게 말하는 내 말이) [이미] 나를 악하다[라고] 정 죄한다. 내가 순전/온전해도, 그분은 나의 사악함을 드러내시리라.

9:21

תָּם־אָנִי לֹא־אֵדַע נַפְשִׁי אֶמְאַס חַיָּי:

나는 순전/온전해도, 나는 알 수 없다, 증명할 수 없다. 나는 경멸한다, 나의 생명/삶을.

9:22

אַחַת הִיא עַל־כֵּן אָמַרְתִּי תָּם וְרָשָׁע הוּא מְכַלֶּה:

하나다(일반이다)! 모든 게 다 똑같다! 그래서 내가 이렇게 말했다. 순전/온전함과 악함, [모두] 그분께서 다 끝장내신다.

9:23

אִם־שׁוֹט יָמִית פִּתְאֹם לְמַסַּת נְקִיִּם יִלְעָג:

만약, 채찍질(천벌/재앙)이 갑작스럽게 [모두를] 죽인다면(죽더라도), 결백한 자들의 절 망[된 상태]에 대해 조롱/비웃으실 것이다.

9:24

אֶרֶץ נִתְּנָה בְיַד־רָשָׁע פְּנֵי־שֹׁפְטֶיהָ יְכַסֶּה אִם־לֹא אֵפוֹא מִי־הוּא:

땅(세상)이 주어졌다, 악인의 손안에. 그 땅의 [진정한] 재판관 얼굴이 숨겨/덮여졌다. [그렇게 한 것이] 만약(진정), 그분이 아니라면, 누구겠는가?

9:25

וְיָמַי קַלּוּ מִנִּי־רָץ בָּרְחוּ לֹא־רָאוּ טוֹבָה:

나의 날들이 가볍다/빠르다, 달리는 사람보다. 그 날들이 [더 빠르게] 된다, 엄청나게 빠 르게 지나간다. [그 날들이] 선한 것(좋은 때)을 볼 수 없다.

9:26

חָלְפוּ עִם־אֳנִיּוֹת אֵבֶה כְּנֶשֶׁר יָטוּשׂ עֲלֵי־אֹכֶל:

[그 날들이] 통과한다/뚫고 지나간다. 갈대 배(빠른 배)같이, 독수리같이, 먹잇감 위에 날아내리는.

9:27

אִם־אָמְרִי אֶשְׁכְּחָה שִׂיחִי אֶעֶזְבָה פָנַי וְאַבְלִיגָה׃

만약 내가 말하기를 내가 잊겠다, 나의 원통/불평을, 내가 나의 얼굴을 고쳐서 [의지적으로] 미소 짓는다(밝게 한다) 해도,

9:28

יָגֹרְתִּי כָל־עַצְּבֹתָי יָדַעְתִּי כִּי־לֹא תְנַקֵּנִי׃

나는 [여전히] 무섭다, 나의 모든 고통/상처들이. 나는 안다, 참으로 하나님께서 나를 무죄로 여겨 자유롭게 하지 않으신(실) 것을.

9:29

אָנֹכִי אֶרְשָׁע לָמָּה־זֶּה הֶבֶל אִיגָע׃

내가 [어차피 유죄일 텐데] 뭐하러 헛수고를! 내가 힘써야 하나?

9:30

אִם־הִתְרָחַצְתִּי בְמוֹ־שָׁלֶג וַהֲזִכּוֹתִי בְּבֹר כַּפָּי׃

만약 내가 물로 목욕한다 해도, 눈(녹은 물)으로, 그리고 내가 투명하게(깨끗하게) 한다 해도 잿물(비누)로 나의 손바닥을.

9:31

אָז בַּשַּׁחַת תִּטְבְּלֵנִי וְתִעֲבוּנִי שַׂלְמוֹתָי׃

여전히, 그렇게 하더라도, [더러운] 웅덩이 안에 당신이 나를 빠트리실 것이다. 그리고 몹시 싫어할 것이다, [심지어] 나의 겉옷조차.

9:32

כִּי־לֹא־אִישׁ כָּמֹנִי אֶעֱנֶנּוּ נָבוֹא יַחְדָּו בַּמִּשְׁפָּט׃

참으로, [그분은] 사람이 아니시기 때문에, 나처럼, 내가 그분께 대답할 수 없다. 함께 들어갈 수도 없다, 재판의 자리로.

9:33

לֹא יֵשׁ־בֵּינֵינוּ מוֹכִיחַ יָשֵׁת יָדוֹ עַל־שְׁנֵינוּ׃

우리 사이에 아무도 없다, 바로잡아 줄 사람도, 그의 손을 얹어 줄 사람도, 양쪽 사이에.

9:34

יָסֵר מֵעָלַי שִׁבְטוֹ וְאֵמָתוֹ אַל־תְּבַעֲתַנִּי׃

그가 치우셨으면, 내 위에서부터, 그분의 막대기(징계)를. 그리고 그분의 공포가 [나를]

두렵게 하지 않으셨으면.

9:35

אֲדַבְּרָהוְלֹא אִירָאֶנּוּ כִּי לֹא־כֵן אָנֹכִי עִמָּדִי׃

[그러면] 내가 강력히 말하리라, 또한 그분에 대한(그분께) 나의(나의 말을) 두려움 없이.

10:1

נָקְטָהנַפְשִׁי בְּחַיָּי אֶעֶזְבָה עָלַי שִׂיחִי אֲדַבְּרָה בְּמַר נַפְשִׁי׃

몹시 싫어졌다(살기 싫다), 내 혼이 사는 것을. 내가 풀어놓겠다, 나에 대해, 나의 불평(원통함)을. 내가 말할 것이다, 내 혼의 쓰라림에 대해.

10:2

אֹמַר אֶל־אֱלוֹהַּ אַל־תַּרְשִׁיעֵנִי הוֹדִיעֵנִי עַל מַה־תְּרִיבֵנִי׃

내가 말할 것이다, 하나님께. 나를 악하다 마소서(정죄 마소서)! 나로 알게 하소서! 무슨 이유로 나와 싸우시는지.

10:3

הֲטוֹב לְךָ כִּי־תַעֲשֹׁק כִּי־תִמְאַס יְגִיעַ כַּפֶּיךָ וְעַל־עֲצַת רְשָׁעִים הוֹפָעְתָּ׃

선한 것입니까, 당신께? 참으로(그렇게) 당신이 짓누르는 것이. 참으로 당신이 내쫓는 것이(거절하시는 것이), 당신의 손으로 수고하신 것(만드신 것/욥)을. 그래서 악한 자들의 충고 위에 [친구들의 충고로] 당신이 빛나시는 것(당신이 옳다고 드러나는 것)이.

10:4

הַעֵינֵי בָשָׂר לָךְ אִם־כִּרְאוֹת אֱנוֹשׁ תִּרְאֶה׃

육체(사람 같은)의 눈인가요, 당신의 것(당신의 눈이)? 마치 죽을 사람들이 보는 것처럼, 당신은 보십니까?

10:5

הֲכִימֵי אֱנוֹשׁ יָמֶיךָ אִם־שְׁנוֹתֶיךָ כִּימֵי גָבֶר׃

죽을 사람의 날들 같은가요? 당신의 날들이. 마치 당신의 해(year)가 남자(사람)의 날들처럼 동일합니까(같습니까)?

10:6

כִּי־תְבַקֵּשׁ לַעֲוֹנִי וּלְחַטָּאתִי תִדְרוֹשׁ׃

참으로(왜) 당신은 추적하시나요, 나의 과오를? 그리고 나의 죄를 찾으시나요, 그래서/참으로(그렇게) 해 보시는 것인가요?

10:7

עַל־דַּעְתְּךָ כִּי־לֹא אֶרְשָׁע וְאֵין מִיָּדְךָ מַצִּיל׃

자연스레 당신은 알게 되실 것입니다, 참으로 내가 악하지 않음을 그리고 당신의 손으로부터 구해 낸 사람이 하나도 없다는 것을.

10:8

יָדֶיךָ עִצְּבוּנִי וַיַּעֲשׂוּנִי יַחַד סָבִיב וַתְּבַלְּעֵנִי׃

당신의 손으로 나를 새기셨습니다/만드셨습니다. 그리고 하나로 만드셨습니다, 주변(원/여러 지체들). 그런데 당신은 나를 심하게 삼키십니다.

10:9

זְכָר־נָא כִּי־כַחֹמֶר עֲשִׂיתָנִי וְאֶל־עָפָר תְּשִׁיבֵנִי׃

기억하소서 제발! 참으로 진흙으로 당신께서 나를 만드셨습니다. 그리고 티끌로 당신께서 나를 돌려보내시렵니까?

10:10

הֲלֹא כֶחָלָב תַּתִּיכֵנִי וְכַגְּבִנָּה תַּקְפִּיאֵנִי׃

하지 않으셨나요? 우유처럼 당신께서 나를 쏟으셨습니다. 그리고 치즈처럼 당신께서 나를 엉키고 굳게 하셨습니다.

10:11

עוֹר וּבָשָׂר תַּלְבִּישֵׁנִי וּבַעֲצָמוֹת וְגִידִים תְּסֹכְכֵנִי׃

가죽(피부)과 살을 당신께서 나에게 옷 입히셨습니다. 그리고 뼈와 힘줄을(로) 당신께서 나를 (울타리처럼) 얽혀/엮어 주셨습니다.

10:12

חַיִּים וָחֶסֶד עָשִׂיתָ עִמָּדִי וּפְקֻדָּתְךָ שָׁמְרָה רוּחִי׃

생명과 헤세드(신실한 사랑)를 당신께서 행하셨습니다, 내 위에. 그리고 당신의 방문 (visit)이 지켰습니다, 내 영을.

10:13

וְאֵלֶּה צָפַנְתָּ בִלְבָבֶךָ יָדַעְתִּי כִּי־זֹאת עִמָּךְ׃

그런데, 이것들을(이 모든 것들) 당신이 품으셨습니다/감추셨습니다, 당신의 마음에. 내가 압니다, 참으로, 이것이 당신과 함께 [있다는 것]! [즉, 당신이 하신 일이라는 것을!]

10:14

אִם־חָטָאתִי וּשְׁמַרְתָּנִי וּמֵעֲוֹנִי לֹא תְנַקֵּנִי׃

만약 내가 죄를 짓는지를, 그리고(그렇게) 당신께서 나를 지키십니다(지켜보시니). 그리고 나의 사악함/죄로부터 당신은 나를 깨끗하게 하지 않으십니다.

10:15

אִם־רָשַׁעְתִּי אַלְלַי לִי וְצָדַקְתִּי לֹא־אֶשָּׂא רֹאשִׁי שְׂבַע קָלוֹן
וּרְאֵה עָנְיִי׃

만약 내가 죄를 지었다면, 나에게 화가 있을 것입니다. 그리고 내가 옳다(의롭다)고 해도, 나의 머리를 들 수 없습니다, 수치가 가득합니다. 그리고 나의 악함/고난을 보고 있습니다! [지금 바로 그런 상황입니다!]

10:16

וְיִגְאֶה כַּשַּׁחַל תְּצוּדֵנִי וְתָשֹׁב תִּתְפַּלָּא־בִי׃

그리고 올라갑니다(일어 난다), 나의 머리를(내가 머리를 들면), 그 사자처럼 당신이 나를 사냥하십니다. 그리고 당신이 돌아다니십니다, 당신은 충격적인 일을 행하십니다, 나에게 다시금 계속적으로.

10:17

תְּחַדֵּשׁ עֵדֶיךָ נֶגְדִּי וְתֶרֶב כַּעַשְׂךָ עִמָּדִי חֲלִיפוֹת וְצָבָא עִמִּי׃

당신이 새롭게 하십니다, 당신의 증인/증거를, 나를 대항하여. 그리고 당신이 증가시키십니다, 당신의 진노를, 나를 향하여(위에) 그리고 군대가 나와 함께(대항하여), 교체하여(반복/지속적으로).

10:18

וְלָמָּה מֵרֶחֶם הֹצֵאתָנִי אֶגְוַע וְעַיִן לֹא־תִרְאֵנִי׃

그러면 어째서 자궁으로부터 당신은 나를 나오게 하셨습니까? 내가 숨을 거두었다[면], 그러면 어떤 눈도 나를 보지 못했을 텐데.

10:19

כַּאֲשֶׁר לֹא־הָיִיתִי אֶהְיֶה מִבֶּטֶן לַקֶּבֶר אוּבָל׃

내가 존재하지도 않은 사람처럼 되어서 자궁으로부터. [바로] 무덤으로 내가 옮겨졌을 것입니다(옮겨졌을 텐데).

10:20

הֲלֹא־מְעַט יָמַי יַחְדָּל יָשִׁית מִמֶּנִּי וְאַבְלִיגָה מְּעָט׃

어찌하여(어차피) 나의 날들은 적지 않습니까? 멈추시고 내버려 두소서! 나로부터, 그래서 잠시라도 늦추어/쉬게 하소서!

10:21

בְּטֶרֶם אֵלֵךְ וְלֹא אָשׁוּב אֶל־אֶרֶץ חֹשֶׁךְ וְצַלְמָוֶת׃

내가 가기(걸어가기) 전에, 내가 돌아오지 못하는 곳[으로], 어둡고 죽음의 그림자가 내려진 땅[으로].

10:22

אֶרֶץ עֵיפָתָה ׀ כְּמוֹ אֹפֶל צַלְמָוֶת וְלֹא סְדָרִים וַתֹּפַע כְּמוֹ־אֹפֶל: פ

그 땅은 어두컴컴한, 그 땅은 흑암, 죽음 그 자체의 짙은 어두움(무질서) 같습니다. 그리고 밝음이나 어두움이 구별/차이가 없습니다(질서가 없고 혼란스럽습니다). 페(마침표).

11:1

וַיַּעַן צֹפַר הַנַּעֲמָתִי וַיֹּאמַר:

그리고 대답했다. 소발, 그 나아마 사람이, 그리고 말했다.

11:2

הֲרֹב דְּבָרִים לֹא יֵעָנֶה וְאִם־אִישׁ שְׂפָתַיִם יִצְדָּק:

어찌나 말들이 많은지! 대답되어 지는 것이 없겠는가? 그리고 만약(어찌) 입술의 사람이 의롭다 할 수 있겠는가?

11:3

בַּדֶּיךָ מְתִים יַחֲרִישׁוּ וַתִּלְעַג וְאֵין מַכְלִם:

너의 허풍스런 말에 대해, 남자로서(정상적인 사람이라면) 잠잠할 수 있겠는가? 그리고 (그래서) 네가 비웃는다(조롱한다) 하면, 너를 꾸짖어 부끄럽게 할 수 있는 사람이 없겠는가?

11:4

וַתֹּאמֶר זַךְ לִקְחִי וּבַר הָיִיתִי בְעֵינֶיךָ:

그리고 너는 말한다, 나의 식견/입장이 순수하다고. 그리고 나는 깨끗하다 그분 앞에서[라고].

11:5

וְאוּלָם מִי־יִתֵּן אֱלוֹהַּ דַּבֵּר וְיִפְתַּח שְׂפָתָיו עִמָּךְ:

그러나 하나님께서 말씀하시는 것을 분명히 해 주시길 바란다. 그리고 그분의 입술을 여시기를 너와 함께(너에 대하여).

11:6

וְיַגֶּד־לְךָ ׀ תַּעֲלֻמוֹת חָכְמָה כִּי־כִפְלַיִם לְתוּשִׁיָּה וְדַע כִּי־יַשֶּׁה

לְךָ אֱלוֹהַ מֵעֲוֹנֶךָ׃

그리고 보여 주시길(드러내시길), 너에게, 지혜의 비밀을. 왜냐하면, 양면이다(접혀 있다/신비롭다), 그분의 지식이. 그래서 너는 알아라! 참으로, 그분이 잊어버리셨다, 너에 대해, 하나님께서, 너의 죄보다.

11:7

הַחֵקֶר אֱלוֹהַ תִּמְצָא אִם עַד־תַּכְלִית שַׁדַּי תִּמְצָא׃

하나님의 그 깊음을 네가 어찌 찾겠느냐? 전능하신 분을 완전하게 네가 발견/만날 수 있겠느냐?

11:8

גָּבְהֵי שָׁמַיִם מַה־תִּפְעָל עֲמֻקָה מִשְּׁאוֹל מַה־תֵּדָע׃

하늘[보다] 높음을, 어떻게 네가 할 수 있는가? 스올보다 깊음을 어찌 네가 알겠는가?

11:9

אֲרֻכָּה מֵאֶרֶץ מִדָּהּ וּרְחָבָה מִנִּי־יָם׃

땅보다 길다/크다, 그 규모가, 그리고 바다보다 넓다.

11:10

אִם־יַחֲלֹף וְיַסְגִּיר וְיַקְהִיל וּמִי יְשִׁיבֶנּוּ׃

만약 그분이 통과/지나가시면, 그리고 그분이 감금하시고 소집하시면, 그러면 누가 취소시킬 수 있는가?

11:11

כִּי־הוּא יָדַע מְתֵי־שָׁוְא וַיַּרְא־אָוֶן וְלֹא יִתְבּוֹנָן׃

참으로 그분은 텅 빈 남자(사람)를 아시기 때문이다. 그리고 헛된 노력을, 악함을 보신다(보시기 때문이다). 그런데 그분이 분별치 않으시랴(간과하시랴)?

11:12

וְאִישׁ נָבוּב יִלָּבֵב וְעַיִר פֶּרֶא אָדָם יִוָּלֵד׃

그리고 텅빈 사람이 [스스로] 정신 차리고 총명하다면(총명하다고 주장한다면) 그것은 들나귀 새끼도 사람으로 태어나는 꼴이다.

11:13

אִם־אַתָּה הֲכִינוֹתָ לִבֶּךָ וּפָרַשְׂתָּ אֵלָיו כַּפֶּךָ׃

만약 네가 네 마음을 견고하게 했다면, 굳게 마음 먹었다면, 그분을 향해 너의 손바닥을 펼쳐라(기도하라)!

11:14

אִם־אָ֭וֶן בְּיָדְךָ֣ הַרְחִיקֵ֑הוּ וְאַל־תַּשְׁכֵּ֖ן בְּאֹהָלֶ֣יךָ עַוְלָֽה׃

만약 너의 손이 죄악이 있으면 멀리 버려라. 그래서 사악함이 너의 장막에 거하지 못하게 하라!

11:15

כִּי־אָ֤ז ׀ תִּשָּׂ֣א פָנֶ֣יךָ מִמּ֑וּם וְהָיִ֥יתָ מֻ֝צָ֗ק וְלֹ֣א תִירָֽא׃

그러면 정녕 너의 얼굴을 네가 들어 올리게 될 것이다, 흠으로부터(흠 없이). 그리고 굳건해져서 두려움이 없으리라.

11:16

כִּי־אַ֭תָּה עָמָ֣ל תִּשְׁכָּ֑ח כְּמַ֖יִם עָבְר֣וּ תִזְכֹּֽר׃

참으로 네가 [지난] 고생(불행)을, 너는 잊을 것이다. 이미 흘러버린 물처럼 네가 기억할 것이다(기억하지 못하게 될 것이다).

11:17

וּֽ֭מִצָּהֳרַיִם יָק֣וּם חָ֑לֶד תָּ֝עֻ֗פָה כַּבֹּ֥קֶר תִּהְיֶֽה׃

그리고 정오보다 높게(밝게) 솟아오를 것이다. 일생(너의 인생)에 너의 어두움이 아침처럼 될 것이다.

11:18

וּֽ֭בָטַחְתָּ כִּי־יֵ֣שׁ תִּקְוָ֑ה וְ֝חָפַרְתָּ֗ לָבֶ֥טַח תִּשְׁכָּֽב׃

그리고 네가 신뢰(기대)할 것이다, 소망이 있기 때문에. 그리고 안전한 곳을 발견하고 너는 쉴 것이다.

11:19

וְֽ֭רָבַצְתָּ וְאֵ֣ין מַחֲרִ֑יד וְחִלּ֖וּ פָנֶ֣יךָ רַבִּֽים׃

그리고 네가 쭉 뻗을 것이다. 그래도 두려움이 없을 것이다. 그리고 많은 사람들이 너의 얼굴을 간청할 것이다(너의 얼굴에 좋은 말을 할 것이다).

11:20

וְעֵינֵ֥י רְשָׁעִ֗ים תִּ֫כְלֶ֥ינָה וּ֭מָנוֹס אָבַ֣ד מִנְהֶ֑ם וְ֝תִקְוָתָ֗ם מַֽפַּח־נָֽפֶשׁ׃ פ

그리고(그러나) 사악한 자들의 눈들은 어두워져 끝날 것이다. 그래서 피난처(도망할 곳)도 소멸될 것이다, 그로부터. 그래서 그들의 희망(끈)은 숨을 거두게 된다(될 것이다). 페(마침표).

12:1

וַיַּעַן אִיּוֹב וַיֹּאמַר:

그리고 대답(반응)했다 욥이, 그리고 말했다.

12:2

אָמְנָם כִּי אַתֶּם־עָם וְעִמָּכֶם תָּמוּת חָכְמָה:

참으로(그래)! 너희들은[만] 백성/사람이구나(지혜를 가진 사람이구나)! 너희들과 함께 지혜가 죽겠구나.

12:3

גַּם־לִי לֵבָב כְּמוֹכֶם לֹא־נֹפֵל אָנֹכִי מִכֶּם וְאֶת־מִי־אֵין כְּמוֹ־
אֵלֶּה:

[하지만] 나 또한, 너희 같은 마음(이해/지혜)이 있다. [그래서] 나도 떨어지지(부족하지) 않다, 너희보다. 그리고 누구인들 [너희가 아는] 그것들을 모르겠느냐?

12:4

שְׂחֹק לְרֵעֵהוּ אֶהְיֶה קֹרֵא לֶאֱלוֹהַּ וַיַּעֲנֵהוּ שְׂחוֹק צַדִּיק
תָּמִים:

내가 친구들에게 조롱거리가 [되었다]. [나는] 하나님을 부르는 자였고, 부름받은(응답받는) 자였는데(혹은, 내가 하나님께 부르짖어 대답을 얻으려고 하고 있으니), 바르고 온전한 자가 조롱거리가 되었다.

12:5

לַפִּיד בּוּז לְעַשְׁתּוּת שַׁאֲנָן נָכוֹן לְמוֹעֲדֵי רָגֶל:

평안한 사람의 마음에는 횃불(재앙)을 멸시한다. [하지만] 발이 미끄러지는 자에게는 그것이 일어나게 된다(현실이 된다).

12:6

יִשְׁלָיוּ אֹהָלִים לְשֹׁדְדִים וּבַטֻּחוֹת לְמַרְגִּיזֵי אֵל לַאֲשֶׁר הֵבִיא
אֱלוֹהַּ בְּיָדוֹ:

파괴자의 장막은 평안하다. 그리고 하나님을 화나게 하는 자들에게는 안전하다. 하나님께서 그들의 손에 들어가/가져다 주시기 때문이다.

12:7

וְאוּלָם שְׁאַל־נָא בְהֵמוֹת וְתֹרֶךָּ וְעוֹף הַשָּׁמַיִם וְיַגֶּד־לָךְ:

그러나 물어보라, 제발, 짐승들에게. 그러면 그것들이 가르쳐 줄 것이다. 그리고 하늘의 새들에게 [물어보라] 그러면 너에게 알려줄 것이다.

12:8

אֹ֥ו שִׂ֥יחַ לָאָ֖רֶץ וְתֹרֶ֑ךָּ וִֽיסַפְּר֥וּ לְךָ֗ דְּגֵ֥י הַיָּֽם׃

혹은 말해보라(제출하라/물어보라) 땅에게, [그러면] 가르쳐주리라 그리고 계산/설명
해주리라, 너에게, 그 바다의 물고기도.

12:9

מִ֭י לֹא־יָדַ֣ע בְּכָל־אֵ֑לֶּה כִּ֥י יַד־יְ֝הוָ֗ה עָ֣שְׂתָה זֹּֽאת׃

누가 알지 못하랴, 이것들 모두(전부) 중에서. 참으로 하나님의 손이 이것을 행하셨다는
것을!

12:10

אֲשֶׁ֣ר בְּ֭יָדֹו נֶ֣פֶשׁ כָּל־חָ֑י וְ֝ר֗וּחַ כָּל־בְּשַׂר־אִֽישׁ׃

즉, 그분의 손안에, 혼이. 그리고 모든 인간 육체의 영이.

12:11

הֲלֹא־אֹ֭זֶן מִלִּ֣ין תִּבְחָ֑ן וְ֝חֵ֗ךְ אֹ֣כֶל יִטְעַם־לֹֽו׃

귀가 말들을 검사하지(시험하지) 못하며, 그리고 입이 음식의 맛을 감지/분별하지 못하
겠는가?

12:12

בִּֽישִׁישִׁ֥ים חָכְמָ֑ה וְאֹ֖רֶךְ יָמִ֣ים תְּבוּנָֽה׃

노인에게는 지혜가 그리고 날들이 긴 사람들(장수하는 사람들)에게는 명철이.

12:13

עִ֭מֹּו חָכְמָ֣ה וּגְבוּרָ֑ה לֹ֝֗ו עֵצָ֥ה וּתְבוּנָֽה׃

그분과 함께 지혜와 능력이, 그에게, 충고(모략)와 명철이.

12:14

הֵ֣ן יַ֭הֲרֹוס וְלֹ֣א יִבָּנֶ֑ה יִסְגֹּ֥ר עַל־אִ֝֗ישׁ וְלֹ֣א יִפָּתֵֽחַ׃

보라, 그가 부수어 버리면, 재건할 수 없다. [그분께서] 사람 위에 잠궈 버리면 [아무도]
열 수 없다.

12:15

הֵ֤ן יַעְצֹ֣ר בַּמַּ֣יִם וְיִבָ֑שׁוּ וִֽ֝ישַׁלְּחֵ֗ם וְיַ֖הַפְכוּ אָֽרֶץ׃

보라, 물들로 그치게 하시면(비가 내리지 않게 하시면) 그것들은 말라 버린다. 그리고 [
다시] 흘려보내시면, 땅을 전복시킨다 [그 물이].

12:16

עִמֹּו עֹז וְתֽוּשִׁיָּה לֹו שֹׁגֵג וּמַשְׁגֶּֽה׃

그분과 함께, 능력과 지혜가. 그분께, 속는 자(벗어나는 자)와 속이는 자(벗어나게 만드는 자)가.

12:17

מֹולִיךְ יֹועֲצִים שֹׁולָל וְשֹׁפְטִים יְהֹולֵֽל׃

그분은 모사/자문관들을 맨발로 걷게 하신다(포로로 끌려가게 하신다). 그리고 재판관/법관들을 바보가 되게 하신다.

12:18

מוּסַר מְלָכִים פִּתֵּחַ וַיֶּאְסֹר אֵזֹור בְּמָתְנֵיהֶֽם׃

왕들의 허리끈을 풀어 버리신다. 그리고 그들의 허리에 끈으로 [포로 삼아] 묶으신다.

12:19

מֹולִיךְ כֹּהֲנִים שֹׁולָל וְאֵתָנִים יְסַלֵּֽף׃

제사장들을 끌어가신다, 맨발로. 그리고 영속한 가문 권력자들 즉 왕권을 전복시키신다.

12:20

מֵסִיר שָׂפָה לְנֶאֱמָנִים וְטַעַם זְקֵנִים יִקָּֽח׃

충성/신실한 자들의 언변을 제거하신다. 그리고 늙은 자들의 맛/지각, 감각을 빼앗으신다.

12:21

שֹׁופֵךְ בּוּז עַל־נְדִיבִים וּמְזִיחַ אֲפִיקִים רִפָּֽה׃

고관 귀족들 위에 멸시를 쏟으신다. 그리고 강한 자들의 허리띠를 풀어 버리신다.

12:22

מְגַלֶּה עֲמֻקֹות מִנִּי־חֹשֶׁךְ וַיֹּצֵא לָאֹור צַלְמָֽוֶת׃

암흑으로부터 깊은 것들(신비한 것들)을 드러내신다. 그리고 죽음의 그늘(에서) 빛으로 나오게 하신다.

12:23

מַשְׂגִּיא לַגֹּויִם וַֽיְאַבְּדֵם שֹׁטֵחַ לַגֹּויִם וַיַּנְחֵֽם׃

이방 나라들을 향해, 증거하게(커지게) 하신다. 그리고 소멸시키신다, 이방 나라들(열방)을 향해. 확장시키신다(뻗어나가게 하신다) 그리고 인도하신다(추방/이주시키신다).

12:24

מֵסִ֗יר לֵ֭ב רָאשֵׁ֣י עַם־הָאָ֑רֶץ וַ֝יַּתְעֵ֗ם בְּתֹ֣הוּ לֹא־דָֽרֶךְ׃

그 땅(세상)의 백성들의 머리들(지도자들)의 마음/총명을 빼앗으신다. 그리고 길이 없는 황무지에서 방황하게 만드신다.

12:25

יְמַֽשְׁשׁוּ־חֹ֥שֶׁךְ וְלֹא־א֑וֹר וַ֝יַּתְעֵ֗ם כַּשִּׁכּֽוֹר׃

어두움(에서) 더듬거리게 만드시고, 빛이 없이, 그리고 술 취한 사람같이, 그가 비틀거리게 만드신다.

13:1

הֶן־כֹּ֭ל רָאֲתָ֣ה עֵינִ֑י שָֽׁמְעָ֥ה אָ֝זְנִ֗י וַתָּ֥בֶן לָֽהּ׃

보라, 모든 것을 나의 눈이 보았다. 나의 귀가 들었다. 그래서 그것들을 분별/이해했다.

13:2

כְּֽ֭דַעְתְּכֶם יָדַ֣עְתִּי גַם־אָ֑נִי לֹא־נֹפֵ֖ל אָנֹכִ֣י מִכֶּֽם׃

너희들이 아는 것처럼, 나도 안다. 내가 너희들보다 떨어지지 않는다(부족하지 않다).

13:4

אוּלָ֗ם אֲ֭נִי אֶל־שַׁדַּ֣י אֲדַבֵּ֑ר וְהוֹכֵ֖חַ אֶל־אֵ֣ל אֶחְפָּֽץ׃

하지만, 나는 전능자(하나님)께 강력하게 말한다(하나님과 말하기를 간절히 바란다). 그래서 하나님께서 증명하셔서서(따져 보셔서), 내가 만족하길 바란다.

13:4

וְֽאוּלָ֗ם אַתֶּ֥ם טֹֽפְלֵי־שָׁ֑קֶר רֹפְאֵ֖י אֱלִ֣ל כֻּלְּכֶֽם׃

오히려, 너희들은 거짓말을 만들어 내는 자들이다. 아무짝에도 쓸모없는 의사들이다, 모두다.

13:5

מִֽי־יִ֭תֵּן הַחֲרֵ֣שׁ תַּחֲרִישׁ֑וּן וּתְהִ֖י לָכֶ֣ם לְחָכְמָֽה׃

누가 주었으면, 잠잠하게 만드는 것을, 너희들이(을) 잠잠하게 만드는 것을. 그러면 그것이 너희들에게 지혜가 [될 것인데]!

13:6

שִׁמְעוּ־נָ֥א תוֹכַחְתִּ֑י וְרִב֖וֹת שְׂפָתַ֣י הַקְשִֽׁיבוּ׃

제발 너희들은 들어라, 나의 반박을. 내 입술의 논쟁을 귀 기울여 들어보라.

13:7

הַלְאֵ֗ל תְּדַבְּר֥וּ עַוְלָ֑ה וְ֝ל֗וֹ תְּֽדַבְּר֥וּ רְמִיָּֽה׃

하나님을 향해(위해) 너희들이 말하느냐? 부정/사악을(부정하게), 그리고(그래서) 그분을 향해(위해) 너희들이 말하려느냐, 태만/배신을, 속임수로!

13:8

הֲפָנָיו תִּשָּׂאוּן אִם־לָאֵל תְּרִיבוּן׃

그분의 그 얼굴을 너희들이 올려/세워주려느냐? 너희들이 만약(어찌) 그분을 위해 논쟁하려느냐?

13:9

הֲטוֹב כִּי־יַחְקֹר אֶתְכֶם אִם־כְּהָתֵל בֶּאֱנוֹשׁ תְּהָתֵלּוּ בוֹ׃

좋겠느냐? 참으로 하나님께서 너희들을 조사(수색/심문)하시면, 만약 마치 사람을 비웃듯이(속이듯이) 그분을 비웃으려 하느냐?

13:10

הוֹכֵחַ יוֹכִיחַ אֶתְכֶם אִם־בַּסֵּתֶר פָּנִים תִּשָּׂאוּן׃

그분께서 너희들을 참으로 증명/책망하실 것이다, 만약 너희들이 너희 얼굴들을 들어 올린다면, 비밀스럽게.

13:11

הֲלֹא שְׂאֵתוֹ תְּבַעֵת אֶתְכֶם וּפַחְדּוֹ יִפֹּל עֲלֵיכֶם׃

그분의 위엄이 너희들을 두렵게 하지 않겠느냐? 그분의 공포가 너희들 위에 임하지 않겠느냐?

13:12

זִכְרֹנֵיכֶם מִשְׁלֵי־אֵפֶר לְגַבֵּי־חֹמֶר גַּבֵּיכֶם׃

너희들의 기억들(기억에 남을 말들)은 재 같은 속담/말뿐이요. 너희들이 방어할 수 있는 것(방어/변호하는 말들)은 진흙으로 만든 토성일 뿐이다.

13:13

הַחֲרִישׁוּ מִמֶּנִּי וַאֲדַבְּרָה־אָנִי וְיַעֲבֹר עָלַי מָה׃

너희들은 잠잠하라, 나로부터(떨어져). 내가 이제 말 좀 하게 하라! 무엇이 내 위에 지나가든!

13:14

עַל־מָה אֶשָּׂא בְשָׂרִי בְשִׁנָּי וְנַפְשִׁי אָשִׂים בְּכַפִּי׃

어째서 뭐하러, 내가 내 살을 내 이로 물어 올리겠는가? 내 혼(생명)을 내 손바닥에 두겠는가?

13:15

הֵן יִקְטְלֵנִי לֹא אֲיַחֵל אַךְ־דְּרָכַי אֶל־פָּנָיו אוֹכִיחַ:

보라, 그분께서 나를 죽이실 것이다. 나는 기다릴 수 없다. 그럼에도 불구하고 나의 길들을 그분의 얼굴 앞에 [증명하고 말리라]!

13:16

גַּם־הוּא־לִי לִישׁוּעָה כִּי־לֹא לְפָנָיו חָנֵף יָבוֹא:

또한 그것이 나에게 구원이 [되리라]. 왜냐하면/참으로 그분 앞에 서지 못한다, 위선적이고 불경건한 자는 들어가지 못한다.

13:17

שִׁמְעוּ שָׁמוֹעַ מִלָּתִי וְאַחֲוָתִי בְּאָזְנֵיכֶם:

너희는 들으라, 듣고 들어라, 나의 말을! 그리고 나의 선언/진술을 너희들의 귀 안에!

13:18

הִנֵּה־נָא עָרַכְתִּי מִשְׁפָּט יָדַעְתִּי כִּי־אֲנִי אֶצְדָּק:

자, 보라! 제발, 내가 정리하였다, 판결을(나의 입장을). 나는 안다, 참으로 내가, 내가 옳다는 것을, 내가 의롭다/옳다라고 판결을 받게 되리라는 것을!

13:19

מִי־הוּא יָרִיב עִמָּדִי כִּי־עַתָּה אַחֲרִישׁ וְאֶגְוָע:

그 누구냐? 나와 함께 논쟁할 사람이? [있다면] 그러면 참으로 지금 내가 침묵하고 내가 숨을 거두리라(죽을 준비가 되었다)!

13:20

אַךְ־שְׁתַּיִם אַל־תַּעַשׂ עִמָּדִי אָז מִפָּנֶיךָ לֹא אֶסָּתֵר:

오직, 그럼에도 불구하고, 두 가지를 나와 함께(나에게) 행하지 마소서. 그러면 당신의 얼굴 앞에 내가 숨지 않겠습니다.

13:21

כַּפְּךָ מֵעָלַי הַרְחַק וְאֵמָתְךָ אַל־תְּבַעֲתַנִּי:

당신의 손바닥을 내 위로부터 멀리하소서! 그리고 당신의 공포를(로) 나를 두렵게 하지 마소서!

13:22

וּקְרָא וְאָנֹכִי אֶעֱנֶה אוֹ־אֲדַבֵּר וַהֲשִׁיבֵנִי:

그리고 나를 부르소서! 그러면 내가 대답하겠습니다. 혹은 내가 말할 테니 당신은 나에게 돌아오소서(대답하소서)!

13:23

כַּמָּה לִי עֲוֹנוֹת וְחַטָּאוֹת פְּשָׁעִי וְחַטָּאתִי הֹדִיעֵנִי:

얼마나 많은가요, 사악들과 죄들이? 나의 위반함과 나의 죄를 나에게 알게 하소서!

13:24

לָמָּה־פָנֶיךָ תַסְתִּיר וְתַחְשְׁבֵנִי לְאוֹיֵב לָךְ:

어째서, 당신의 얼굴을 당신은 숨기십니까? 그리고 나를 여기십니까, 대적으로, 당신에게?

13:25

הֶעָלֶה נִדָּף תַּעֲרוֹץ וְאֶת־קַשׁ יָבֵשׁ תִּרְדֹּף:

조각난/흩날리는 그 잎사귀(낙엽) 같은 나를, 당신은 떨게/두렵게 하십니까? 그리고 마른 짚(풀) 같은 나를 당신은 뒤쫓으십니까?

13:26

כִּי־תִכְתֹּב עָלַי מְרֹרוֹת וְתוֹרִישֵׁנִי עֲוֹנוֹת נְעוּרָי:

참으로 당신은 쓰실 것입니까(기록할 것입니까)? 나의 위에(대해) 쓰라린 것들을. 그리고(그래서) 당신은 내가 받게 하십니까, 나의 젊은(어린) 시절의 죄들까지?

13:27

וְתָשֵׂם בַּסַּד רַגְלַי וְתִשְׁמוֹר כָּל־אָרְחוֹתָי עַל־שָׁרְשֵׁי רַגְלַי תִּתְחַקֶּה:

그리고 당신은 두실 것입니까, 내 발들을 족쇄로? 그리고 당신은 철저히 조사하십니까, 내 길의 모든 것, 내 발들이 걸어온 밑바닥까지 전부, 당신은 새기십니까(기억하여 심판하십니까)?

13:28

וְהוּא כְּרָקָב יִבְלֶה כְּבֶגֶד אֲכָלוֹ עָשׁ:

그래서(그러면) 그것은(나는) 부패한 것처럼 낡아질 것입니다, 좀이 먹어 버린 옷처럼.

14:1

אָדָם יְלוּד אִשָּׁה קְצַר יָמִים וּשְׂבַע־רֹגֶז:

여자가 낳은 사람은 날들이 짧고, 소요(걱정)가 가득합니다.

14:2

כְּצִיץ יָצָא וַיִּמָּל וַיִּבְרַח כַּצֵּל וְלֹא יַעֲמוֹד:

꽃처럼 나왔다가 베어지고 그림자처럼 사라집니다. 그리고(그렇게 계속) 서 있지(유지되지) 못합니다.

אַף־עַל־זֶה פָּקַחְתָּ עֵינֶךָ וְאֹתִי תָבִיא בְמִשְׁפָּט עִמָּךְ:

심지어(그런데도) 이런 자 위에, 당신은 당신의 눈들을 고정하십니까? 그리고 나를 당신께서 끌고 가십니까, 당신과 함께[하는] 재판 안에?

מִי־יִתֵּן טָהוֹר מִטָּמֵא לֹא אֶחָד:

누가 줄 수 있나요(내놓을 수 있나요), 순수/깨끗한 것을, 더러움으로부터? 하나도 없습니다!

אִם חֲרוּצִים יָמָיו מִסְפַּר־חֳדָשָׁיו אִתָּךְ חֻקָּו עָשִׂיתָ וְלֹא יַעֲבוֹר:

만약 그의 날들이 정해져 있고, 달들의 숫자도, 당신께. 당신께서 그 한계를 정하셨으므로 그것을 넘어갈 수 없습니다.

שְׁעֵה מֵעָלָיו וְיֶחְדָּל עַד־יִרְצֶה כְּשָׂכִיר יוֹמוֹ:

그(사람/욥) 위로부터 [떠나] 응시하소서(나를 향해 눈을 고정하시던 것에서 당신의 눈을 돌려주소서/떠나 주소서)! 그래서 멈추게(쉬게) 하소서! 품꾼 같은 그의 날들이 기뻐할 때까지.

כִּי יֵשׁ לָעֵץ תִּקְוָה אִם־יִכָּרֵת וְעוֹד יַחֲלִיף וְיֹנַקְתּוֹ לֹא תֶחְדָּל:

참으로 나무에는 끈(소망)이 있습니다. 만약 찍혀도 다시 움트고 순이 나서, 끝나지 않습니다.

אִם־יַזְקִין בָּאָרֶץ שָׁרְשׁוֹ וּבֶעָפָר יָמוּת גִּזְעוֹ:
מֵרֵיחַ מַיִם יַפְרִחַ וְעָשָׂה קָצִיר כְּמוֹ־נָטַע:

만약 그것의 뿌리가 땅속에서 늙고 그것의 줄기가 흙 속에서 죽더라도,
물의 향기로 인해 싹이 나오고 가지가 솟아 나옵니다, [새로 심은] 나무처럼.

וְגֶבֶר יָמוּת וַיֶּחֱלָשׁ וַיִּגְוַע אָדָם וְאַיּוֹ:

그리고/그러나 남자(사람)는 죽습니다(죽으면), 그리고 소멸되고 숨을 거둔다(면), 사람은 어디/어떻게 되겠습니까?

14:11–12

אָזְלוּ־מַיִם מִנִּי־יָם וְנָהָר יֶחֱרַב וְיָבֵשׁ׃
וְאִישׁ שָׁכַב וְלֹא־יָקוּם עַד־בִּלְתִּי שָׁמַיִם לֹא יָקִיצוּ וְלֹא־יֵעֹרוּ מִשְּׁנָתָם׃

물이 바다에서부터 사라지고(사라지듯) 강이 마르고 시들어 버립니다(버리듯),
그리고(그처럼) 사람이 누우면 일어나지 못하고, 하늘이 사라질 때까지, 일어나지 못하고, 그 잠에서부터 깨어나지 못합니다.

14:13

מִי יִתֵּן בִּשְׁאוֹל תַּצְפִּנֵנִי תַּסְתִּירֵנִי עַד־שׁוּב אַפֶּךָ תָּשִׁית לִי חֹק וְתִזְכְּרֵנִי׃

오! 당신께서 나를 스올에 감춰 주소서, 나를 숨겨 주소서, 당신의 분노가 돌이킬(지나갈) 때까지! 당신께서 나를 위해 기간을 정해 주시고 나를 기억해 주소서!

14:14

אִם־יָמוּת גֶּבֶר הֲיִחְיֶה כָּל־יְמֵי צְבָאִי אֲיַחֵל עַד־בּוֹא חֲלִיפָתִי׃

만약 남자(사람)가 죽으면 다시 살 수 있을까요? 내가 싸우는(스올 속에서 투쟁하는) 동안, 나는 기다리겠습니다, 변경되는 것이 오기까지(상황이 바뀔 때까지).

14:15

תִּקְרָא וְאָנֹכִי אֶעֱנֶךָּ לְמַעֲשֵׂה יָדֶיךָ תִכְסֹף׃

당신께서 부르시면, 내가 대답하겠습니다. 당신의 손으로 지으신 것을 위해(향해) 당신은 갈망/사모하시지요(다시 사랑해 주시겠지요)?

14:16

כִּי־עַתָּה צְעָדַי תִּסְפּוֹר לֹא־תִשְׁמוֹר עַל־חַטָּאתִי׃

참으로 지금은 나의 걸음들을 당신이 세십니다. [하지만 그때는] 나의 죄에 대해 더 이상 지켜보지 않으시겠지요!

14:17

חָתֻם בִּצְרוֹר פִּשְׁעִי וַתִּטְפֹּל עַל־עֲוֹנִי׃

나의 반역/죄를 주께서 주머니 [안에] 봉해 버리시고, 나의 범죄 위에 덧칠해 버리시겠지요(아교로 붙여 버리시겠지요)!

14:18

וְאוּלָם הַר־נוֹפֵל יִבּוֹל וְצוּר יֶעְתַּק מִמְּקֹמוֹ:

그러나 반대로, 산은 무너져 부서지고 바위는 그 자리에서 움직였습니다.

14:19

אֲבָנִים שָׁחֲקוּ מַיִם תִּשְׁטֹף־סְפִיחֶיהָ עֲפַר־אָרֶץ וְתִקְוַת אֱנוֹשׁ הֶאֱבָדְתָּ:

물들이 돌들을 가루로 [닳게] 만들고, 떨어지는 물들은 쓸어버립니다, 땅의 티끌을. 그리고(그처럼) 사람의 끈(소망)을 당신께서 소멸시키십니다.

14:20

תִּתְקְפֵהוּ לָנֶצַח וַיַּהֲלֹךְ מְשַׁנֶּה פָנָיו וַתְּשַׁלְּחֵהוּ:

당신께서 그들(사람들)을 영원히 압도하시고, 가 버리게 하시고, 그의 얼굴(빛)을 변경시키셔서 보내 버리십니다(쫓아 버리십니다).

14:21

יִכְבְּדוּ בָנָיו וְלֹא יֵדָע וְיִצְעֲרוּ וְלֹא־יָבִין לָמוֹ:

그(사람)의 아들들이 무거워도(존귀해도) 그것을 알지 못하고, 그들이 작아도(낮아도) 그것을 분별(깨닫지) 못합니다.

14:22

אַךְ־בְּשָׂרוֹ עָלָיו יִכְאָב וְנַפְשׁוֹ עָלָיו תֶּאֱבָל: פ

오직 그의 위에 있는 살(피부)이 고통스럽고, 그의 혼이 그로 인하여 슬프기만 합니다. 페(마침표).

제3부 욥과 친구들의 논쟁, 시즌 2(15-21장)

15:1

וַיַּעַן אֱלִיפַז הַתֵּימָנִי וַיֹּאמַר:

그리고 대답했다, 데만 사람 엘리바스가, 그리고 그가 말했다.

15:2

הֶחָכָם יַעֲנֶה דַעַת־רוּחַ וִימַלֵּא קָדִים בִּטְנוֹ:

그 지혜로운 자가, 바람(헛된) 지식을(으로) 대답하겠는가? 그리고 동풍을(으로) 채우겠는가, 그의 배(자궁)에?

15:3

הוֹכֵחַ בְּדָבָר לֹא יִסְכֹּון וּמִלִּים לֹא־יוֹעִיל בָּם:

어떻게 변증/바로잡음이 되겠는가? 유익하지 않은 말들로, 그리고 가치 없는 말들로?

15:4

אַף־אַתָּה תָּפֵר יִרְאָה וְתִגְרַע שִׂיחָה לִפְנֵי־אֵל:

더욱이(참으로) 너는 [하나님] 경외하기를 무효화시킨다. 그리고 하나님의 얼굴 앞에서 묵상 기도함을 축소/제거한다.

15:5

כִּי יְאַלֵּף עֲוֹנְךָ פִיךָ וְתִבְחַר לְשׁוֹן עֲרוּמִים:

참으로, 그래서 너의 죄(사악함)를 너의 입이 연결/지지한다. 그리고 너는 선택했다, 교활한 자들의 혀를.

15:6

יַרְשִׁיעֲךָ פִיךָ וְלֹא־אָנִי וּשְׂפָתֶיךָ יַעֲנוּ־בָךְ:

너의 입이, 네가 악하다고 정죄한다, 즉 내가 아니라, 너의 입술이 대답한다, 너에 대해(대항해서).

15:7

הֲרִאישׁוֹן אָדָם תִּוָּלֵד וְלִפְנֵי גְבָעוֹת חוֹלָלְתָּ:

그 첫 번째로 네가 태어난 사람이냐? 언덕(산)들 앞에 [그것들이 존재하기 전에] 네가 출생했느냐?

15:8

הַבְסוֹד אֱלוֹהַ תִּשְׁמָע וְתִגְרַע אֵלֶיךָ חָכְמָה:

하나님의 총회(천상 회의)에서 네가 들었느냐? 너 혼자 지혜를 독점했느냐?

15:9

מַה־יָּדַעְתָּ וְלֹא נֵדָע תָּבִין וְלֹא־עִמָּנוּ הוּא:

네가 아는 것이 무엇이냐? 너의 깨달은 것을 우리가 알지 못하겠느냐? 그것이 우리와 함께하지 않겠느냐?

15:10

גַּם־שָׂב גַּם־יָשִׁישׁ בָּנוּ כַּבִּיר מֵאָבִיךָ יָמִים:

또한 백발의 상태이며, 또한 늙었다, 우리 중에는, 너의 아버지보다 [살아온] 날들이 더 많은 사람도 있다.

15:11

הַמְעַט מִמְּךָ תַּנְחֻמוֹת אֵל וְדָבָר לָאַט עִמָּךְ:

어찌 작은가, 너로부터, 하나님의 위로가? 그리고 너와 함께(너에게) 부드럽게 하시는 하나님의 말씀이!

15:12

מַה־יִּקָּחֲךָ לִבֶּךָ וּמַה־יִּרְזְמוּן עֵינֶיךָ:

무엇/왜? 너의 마음이 너를 취하는가(끌어당기는가/빼앗는가)? 그리고 무엇/왜? 너의 눈을 번쩍/깜빡거리며 [하나님을 향해] 부라리는가?

15:13

כִּי־תָשִׁיב אֶל־אֵל רוּחֶךָ וְהֹצֵאתָ מִפִּיךָ מִלִּין:

참으로 네가 돌이키는가(반대하는가), 하나님을, 너의 영이(너의 영으로)? 그리고 내보내는가, 네 입 밖으로 그런 언사들을?

15:14

מָה־אֱנוֹשׁ כִּי־יִזְכֶּה וְכִי־יִצְדַּק יְלוּד אִשָּׁה:

어떻게 (죽을) 사람이 참으로 깨끗하겠는가, 그리고 참으로 올바르겠는가, 여자로부터 나온 자가?

15:15

הֵן בִּקְדֹשָׁו לֹא יַאֲמִין וְשָׁמַיִם לֹא־זַכּוּ בְעֵינָיו:

보라, 거룩한 자들조차 하나님께서는 신뢰하지 않으신다. 그리고 하늘이라도 순수하지 않다, 그분의 눈에는.

15:16

אַף כִּי־נִתְעָב וְנֶאֱלָח אִישׁ־שֹׁתֶה כַמַּיִם עַוְלָה:

하물며, 참으로 부패한 사람이랴, 부정함/죄짓기를 물처럼 마시는 사람이랴?

15:17

אֲחַוְךָ שְׁמַע־לִי וְזֶה־חָזִיתִי וַאֲסַפֵּרָה:

내가 너에게 말해주겠다, 나를(내가 하는 말을) 들어라! 그리고 내가 주목한 것을 내가 자세히 계산/설명해 주리라!

15:18

אֲשֶׁר־חֲכָמִים יַגִּידוּ וְלֹא כִחֲדוּ מֵאֲבוֹתָם:

이것은 지혜자들이 알려 준/선포한 내용들이다. 그리고 그들의 선조들로부터 그들이 [전해 받아] 숨기지/감추지 않은 것이다.

15:19

לָהֶם לְבַדָּם נִתְּנָה הָאָרֶץ וְלֹא־עָבַר זָר בְּתוֹכָם:

그들에게 홀로/오직 주어졌다, 그 땅. 그리고(그래서) 건너가지 못했다, 이방인들도 그들 가운데를.

15:20

כָּל־יְמֵי רָשָׁע הוּא מִתְחוֹלֵל וּמִסְפַּר שָׁנִים נִצְפְּנוּ לֶעָרִיץ:

악인의 모든 날들은 그것이 꼬여 있다(고통스럽다). 그리고 해(year)들의 숫자는 숨겨져/저장(작정)되어 있다, 그 포학자에게.

15:21

קוֹל־פְּחָדִים בְּאָזְנָיו בַּשָּׁלוֹם שׁוֹדֵד יְבוֹאֶנּוּ:

무서운 소리가 그들의 귀 안에 [울린다]. 안전/평안할 때, 멸망시키는 자가 그에게 올 것이다.

15:22

לֹא־יַאֲמִין שׁוּב מִנִּי־חֹשֶׁךְ וְצָפוּי הוּא אֱלֵי־חָרֶב:

그는 확신하지 못할 것이다, 돌이키기(탈출하기)를, 어둠으로부터, 그리고 기다릴 뿐이다, 그의(그를 향하는) 칼을!

15:23

נֹדֵד הוּא לַלֶּחֶם אַיֵּה יָדַע כִּי־נָכוֹן בְּיָדוֹ יוֹם־חֹשֶׁךְ:

그는 매(맹수)의 먹잇감이 되도록 결정되었고, 그는 알게 된다, 참으로 어두운 날이 손 앞에, 가깝다는 것을.

15:24

יְבַעֲתֻהוּ צַר וּמְצוּקָה תִּתְקְפֵהוּ כְּמֶלֶךְ עָתִיד לַכִּידוֹר:

그것들이 그를 두렵게 만들 것이다, 좁음(환란)과 압박(곤경)이 압도할 것이다, 그를! [예정된] 전쟁을 준비하는 왕처럼!

15:25

כִּי־נָטָה אֶל־אֵל יָדוֹ וְאֶל־שַׁדַּי יִתְגַּבָּר:

참으로/그 이유는, 그가 그의 손을 하나님을 대적해 뻗었기 때문이다. 그리고 전능자에게 자신을 과시했기 때문이다.

15:26

יָרוּץ אֵלָיו בְּצַוָּאר בַּעֲבִי גַּבֵּי מָגִנָּיו:

그는 달려갔다, 그분께, 목을 [치켜세운] 상태로, 곧은 목을 하고서, 두껍고 볼록한 방패를 들고 달려들었기에.

15:27

כִּי־כִסָּה פָנָיו בְּחֶלְבּוֹ וַיַּעַשׂ פִּימָה עֲלֵי־כָסֶל:

참으로 그의 얼굴은 덮여 있다, 그의 살찜/기름이, 그리고 만들어져 있다, 과도한 비만의 지방이 허리 위에.

15:28

וַיִּשְׁכּוֹן עָרִים נִכְחָדוֹת בָּתִּים לֹא־יֵשְׁבוּ לָמוֹ אֲשֶׁר הִתְעַתְּדוּ לְגַלִּים:

그리고 그가 거주했다, 황폐한 성읍들, [사람이] 살지 않는 집, 그곳은 돌무더기가 될 곳이다.

15:29

לֹא־יֶעְשַׁר וְלֹא־יָקוּם חֵילוֹ וְלֹא־יִטֶּה לָאָרֶץ מִנְלָם:

그는 재물을 축적한다 [해도] 부자가 되지 못할 것이고, 그의 힘을 세우지도 못하며, 그의 삶이 성취되는 것이 이 땅에서 이루어지지 못할 것이다.

15:30

לֹא־יָסוּר מִנִּי־חֹשֶׁךְ יֹנַקְתּוֹ תְּיַבֵּשׁ שַׁלְהָבֶת וְיָסוּר בְּרוּחַ פִּיו:

그는 암흑으로부터 벗어날 수 없을 것이고 불꽃이 그의 어린순/나무의 새싹을 소멸시킬 것이다. 그래서 하나님의 입의 영(바람/기운)이 그를 제거해 버릴 것이다.

15:31

אַל־יַאֲמֵן בַּשָּׁו נִתְעָה כִּי־שָׁוְא תִּהְיֶה תְמוּרָתוֹ:

그는 믿지 않아야 한다, 헛된 것들을, 그를 벗어나게 만드는(속이는) 헛된 것들을. 왜냐하면 결국 헛된 것이 그의 보상이 될 것이기 때문이다.

15:32

בְּלֹא־יוֹמוֹ תִּמָּלֵא וְכִפָּתוֹ לֹא רַעֲנָנָה:

그의 날이 아닌 때에, 그가 채워질 것이다(끝날 것이다). 그리고 즉, 그의 가지가 무성하게(푸르게) 되지 못할 것이다.

15:33

יַחְמֹס כַּגֶּפֶן בִּסְרוֹ וְיַשְׁלֵךְ כַּזַּיִת נִצָּתוֹ:

포도가 익기 전에 난폭하게 털림 같을 것이고, 올리브 꽃이 뽑히는 것같이 될 것이다.

15:34

כִּי־עֲדַת חָנֵף גַּלְמוּד וְאֵשׁ אָכְלָה אָהֳלֵי־שֹׁחַד:

참으로 위선적인/불경한 모임의 사람들(공동체)은 불임(열매 없는)의 상태가 될 것이고, 뇌물의 장막(뇌물 받은 가정)은 불이 삼킬 것이다.

15:35

הָרֹה עָמָל וְיָלֹד אָוֶן וּבִטְנָם תָּכִין מִרְמָה: ס

악함을 임신하고 고통을 산출하는 것이다. 자궁(배)은 속임/배신을 낳는다. 싸멕(문단 분리표시).

16:1

וַיַּעַן אִיּוֹב וַיֹּאמַר:

그리고 대답(반응)했다, 욥이, 그리고 말했다.

16:2

שָׁמַעְתִּי כְאֵלֶּה רַבּוֹת מְנַחֲמֵי עָמָל כֻּלְּכֶם:

내가 들었다, 그와 같은 것들(말들)을, 많이. 너희들은 모두가 다 고통스러운 위로자들이다.

16:3

הֲקֵץ לְדִבְרֵי־רוּחַ אוֹ מַה־יַּמְרִיצְךָ כִּי תַעֲנֶה:

바람 [같은] 말들에 끝이 있으랴? 혹은 무엇이 너를 자극해서 이토록 너는 대답/대응하는 것이냐?

16:4

גַּם אָנֹכִי כָּכֶם אֲדַבֵּרָה לוּ־יֵשׁ נַפְשְׁכֶם תַּחַת נַפְשִׁי אַחְבִּירָה עֲלֵיכֶם בְּמִלִּים וְאָנִיעָה עֲלֵיכֶם בְּמוֹ רֹאשִׁי:

역시 나도 너희들처럼 말할 수 있다, 오! 만약 너희들의 혼이 내 혼에 있다면(너희가 내 입장이라면). 내가 [강하게] 결합시킬 것이다, 너희들에 대항해서 여러 말들로, 그리고 내가 흔들 수 있다, 너희들을 대항해서 내 머리를.

16:5

אֲאַמִּצְכֶם בְּמוֹ־פִי וְנִיד שְׂפָתַי יַחְשֹׂךְ:

내가 너희들을 강하게 하여/용기를 주었으리라, 내 입으로. 그리고 내 입술의 떨림으로 억제/완화시켜 주었으리라.

16:6

אִם־אֲדַבְּרָה לֹא־יֵחָשֵׂךְ כְּאֵבִי וְאַחְדְּלָה מַה־מִנִּי יַהֲלֹךְ:

만약 내가 강하게 말해도 나의 고통/슬픔이 완화/해결되지 않는다, 그리고 내가 침묵한
다 해도, 어떻게 나로부터 그것이 걸어(떨어져) 나갈까?

16:7

אַךְ־עַתָּה הֶלְאָנִי הֲשִׁמּוֹתָ כָּל־עֲדָתִי:

정말로(참으로) 지금, 그분이 나를 지치게 만드셨다, 황폐하게 만드셨다, 나의 모든 가
족(공동체)을.

16:8

וַתִּקְמְטֵנִי לְעֵד הָיָה וַיָּקָם בִּי כַחֲשִׁי בְּפָנַי יַעֲנֶה:

당신께서 나를 시들게 잡아채셨다(만드셨다). 이것이 바로 그 흔적(증거)이다, [즉] 쇠
약한 내가(내 모습이) 일어나서, 내 앞에, 대답한다.

16:9

אַפּוֹ טָרַף וַיִּשְׂטְמֵנִי חָרַק עָלַי בְּשִׁנָּיו צָרִי יִלְטוֹשׁ עֵינָיו לִי:

그의 콧구멍/분노가 찢고 증오한다. 이를 간다, 내 위에. 나를 향해, 나의 원수/대적이 그
의 눈으로 나를 날카롭게 본다.

16:10

פָּעֲרוּ עָלַי בְּפִיהֶם בְּחֶרְפָּה הִכּוּ לְחָיָי יַחַד עָלַי יִתְמַלָּאוּן:

그들은 크게 벌렸다, 나에 대해 그들의 입을, 비난과 경멸로. 그들은 친다, 나의 뺨(턱)
을, 하나로 뭉쳐.

16:11

יַסְגִּירֵנִי אֵל אֶל עֲוִיל וְעַל־יְדֵי רְשָׁעִים יִרְטֵנִי:

하나님께서 나를 넘기셨다, 사악한 자에게. 그리고 악한 자들의 손에, 나를 (밀어) 떨어
뜨리셨다.

16:12

שָׁלֵו הָיִיתִי וַיְפַרְפְּרֵנִי וְאָחַז בְּעָרְפִּי וַיְפַצְפְּצֵנִי וַיְקִימֵנִי לֹו
לְמַטָּרָה:

내가 평안히 살고 있는데, 그분이 나를 부수시고 내 목을 움켜잡고 나를 산산조각 내셨
다. 나를 세워서 과녁/표적으로 삼으셨다.

16:13

יָסֹבּוּ עָלַי רַבָּיו יְפַלַּח כִּלְיוֹתַי וְלֹא יַחְמוֹל יִשְׁפֹּךְ לָאָרֶץ
מְרֵרָתִי:

그분의 궁수들이 내 주변에 둘러싸고 내 허리/콩팥에 (활을) 쏘아 관통시켜서 인정사정 없이 내 쓸개(답즙)가 땅에 쏟아졌다.

16:14

יְפָרְצֵנִי פֶרֶץ עַל־פְּנֵי־פָרֶץ יָרֻץ עָלַי כְּגִבּוֹר:

그가 나에게 터트리셨다, 그 터진 곳 위를 [다시]. 터트리려 달려오신다, 나에게, 용사처럼.

16:15

שַׂק תָּפַרְתִּי עֲלֵי גִלְדִּי וְעֹלַלְתִּי בֶעָפָר קַרְנִי:

굵은 베(옷을)를 내가 꿰맨다, 내 피부 위에. 그리고 밀어 넣었다, 흙 속에, 나의 뿔(영광)을.

16:16

פָּנַי חֳמַרְמְרָה מִנִּי־בֶכִי וְעַל עַפְעַפַּי צַלְמָוֶת:

내 얼굴은 붉게 되었다, 육신으로 인해(너무 울어서 얼굴이 붉어졌다). 그리고 나의 눈꺼풀 위에는 죽음의 그림자[가 있다]!

16:17

עַל לֹא־חָמָס בְּכַפָּי וּתְפִלָּתִי זַכָּה:

그럼에도 나의 손바닥에는 폭력(부정함)이 없다. 그리고 나의 기도는 순수하다.

16:18

אֶרֶץ אַל־תְּכַסִּי דָמִי וְאַל־יְהִי מָקוֹם לְזַעֲקָתִי:

땅이여, 내 피를 덮지 말아라. 그리고 나의 부르짖음이 [쉴] 곳이 없게 하라.

16:19

גַּם־עַתָּה הִנֵּה־בַשָּׁמַיִם עֵדִי וְשָׂהֲדִי בַּמְּרוֹמִים:

또한 지금! 보라! 하늘에 나의 증인이 [계시다]. 그리고 나의 변호인이 높은 곳에 [계시다]!

16:20

מְלִיצַי רֵעָי אֶל־אֱלוֹהַ דָּלְפָה עֵינִי:

나의 친구들은 나를 조롱한다(중재한다). 나의 눈은 하나님을 향해 눈물을 떨어뜨린다.

16:21

וְיוֹכַח לְגֶבֶר עִם־אֱלוֹהַּ וּבֶן־אָדָם לְרֵעֵהוּ:

그래서 바로잡아 주시길/증명해 주시길, 용사(남자)와 하나님을 함께(그 사이를). 그리고 사람의 아들과 이웃(친구)을 함께(그 사이를).

16:22

כִּי־שְׁנוֹת מִסְפָּר יֶאֱתָיוּ וְאֹרַח לֹא־אָשׁוּב אֶהֱלֹֽךְ׃

왜냐하면 수년들/여러 해가 [몇 해만 더] 지나면, 내가 돌아올 수 없는 길로, 내가 걸어 가게 될 것이기 때문이다.

17:1

רוּחִי חֻבָּלָה יָמַי נִזְעָכוּ קְבָרִים לִֽי׃

나의 영이 묶였다/손상되었다. 나의 날들이 끝났다. 무덤들이 나를 위해 [준비되었다].

17:2

אִם־לֹא הֲתֻלִים עִמָּדִי וּבְהַמְּרוֹתָם תָּלַן עֵינִֽי׃

만약, 비웃는/조롱하는 자들이 나와 함께하지 않는다면 좋을 텐데, 그리고(그렇지 않으니) 그들의 도발에 내 눈이 머문다.

17:3

שִׂימָה־נָּא עָרְבֵנִי עִמָּךְ מִי הוּא לְיָדִי יִתָּקֵֽעַ׃

제발 서 주소서, 나의 보증[으로], 당신과 함께(당신께서)! 그 누가 나의 손을 잡아 토닥 거려 줄 사람이 [당신 외에] 누가 있겠습니까?

17:4

כִּי־לִבָּם צָפַנְתָּ מִשָּׂכֶל עַל־כֵּן לֹא תְרֹמֵֽם׃

왜냐하면 참으로 그들의 마음을, 당신께서 감추셨다/닫으셨다, 이해/통찰력으로부터. 그래서 당신이 그들을 높게 하지 않게(못하게) 만드실 것이다.

17:5

לְחֵלֶק יַגִּיד רֵעִים וְעֵינֵי בָנָיו תִּכְלֶֽנָה׃

① [자신의] 몫을 위해, 친구들을 고발하는 자는, 그래서 그의 후손들의 눈들이 멀어 버 릴지라. / ② 친구들의 몫(유익)을 받아가라고 하면서, 제 자식은 못 먹어서 눈이 멀어 가는 것 같다.

17:6

וְהִצִּגַנִי לִמְשֹׁל עַמִּים וְתֹפֶת לְפָנִים אֶהְיֶֽה׃

그분이 나를 세우셨다, 백성들(민족들)의 이야깃거리로. 그래서 나는 사람들이 내 얼굴 에 침 뱉는 자가 되었다.

17:7

וַתֵּכַהּ מִכַּעַשׂ עֵינִי וִיצֻרַי כַּצֵּל כֻּלָּֽם׃

그리고 나의 눈이, 짜증/슬픔으로 인해, 약해졌다/어두워졌다. 나의 지체(몸의 사지) 모든 부분이 그림자같이 [그림자처럼 희미/무의미하게 사라진다].

17:8

יִשֹׁמּוּ יְשָׁרִים עַל־זֹאת וְנָקִי עַל־חָנֵף יִתְעֹרָר:

정직한 자들이 이것 위에(이런 현실로 인해) 아연실색/대경실색한다. 그리고 결백한 자들은 위선자 위에(위선자들로 인해) 일어난다/분노(격동)한다.

17:9

וְיֹאחֵז צַדִּיק דַּרְכּוֹ וּטֳהָר־יָדַיִם יֹסִיף אֹמֶץ:

그리고(그러나) 의인은 그의 길을 움켜잡을 것이다(신실하게 고수할 것이다). 그리고 손들이 깨끗한 사람은 힘을 증가시킨다.

17:10

וְאוּלָם כֻּלָּם תָּשֻׁבוּ וּבֹאוּ נָא וְלֹא־אֶמְצָא בָכֶם חָכָם:

그러나 너희들 모두 돌이키라! 그리고 제발 [돌이켜] 오라! 그리고 내가 찾을 수 없다, 그들 중에서 지혜자를.

17:11

יָמַי עָבְרוּ זִמֹּתַי נִתְּקוּ מוֹרָשֵׁי לְבָבִי:

나의 날들이 넘어갔다. 나의 계획/목적들이 뽑혔다(파괴되었다), 내 마음의 소유(생각들)도.

17:12

לַיְלָה לְיוֹם יָשִׂימוּ אוֹר קָרוֹב מִפְּנֵי־חֹשֶׁךְ:

밤을 낮으로 그들은 정한다. 빛이 가깝다, 어두움 앞에서부터.

17:13

אִם־אֲקַוֶּה שְׁאוֹל בֵּיתִי בַּחֹשֶׁךְ רִפַּדְתִּי יְצוּעָי:

만약 내가 기다린다면(소망한다면), 스올을 나의 집으로, 어두움 속에서 내가 펼치리라, 나의 침대를.

17:14

לַשַּׁחַת קָרָאתִי אָבִי אָתָּה אִמִּי וַאֲחֹתִי לָרִמָּה:

무덤에게 내가 부르리라(부르겠다), 내 아버지, 내 어머니[라고]. 그리고 내 자매라고, 구더기(벌레)에게.

17:15

וְאַיֵּה אֵפוֹ תִקְוָתִי וְתִקְוָתִי מִי יְשׁוּרֶנָּה:

그리고 나의 끈(소망)이 어디 있는가? 그리고 나의 끈(소망)을 누가 보겠는가(볼 수 있겠는가)?

17:16

בְּדֵּי שְׁאֹל תֵּרַדְנָה אִם־יַחַד עַל־עָפָר נָחַת׃ ס

스올의 문들[로] 그들(나와 소망)이 하나가 되어(함께) 내려가리라. 흙/티끌 위에서, 우리가 쉴 것이다. 싸멕(문단분리표시).

18:1

וַיַּעַן בִּלְדַּד הַשֻּׁחִי וַיֹּאמַר׃

그리고 대답(반응)했다, 수아 사람 빌닷이. 그리고 말했다.

18:2

עַד־אָנָה תְּשִׂימוּן קִנְצֵי לְמִלִּין תָּבִינוּ וְאַחַר נְדַבֵּר׃

언제까지 너희들은 둘 것이냐, 발화(대화) [즉] 말들을 향한 덫(끝)을? 너희들은 분별하라, 그 후에 우리가 말하겠다.

18:3

מַדּוּעַ נֶחְשַׁבְנוּ כַבְּהֵמָה נִטְמִינוּ בְּעֵינֵיכֶם׃

왜/어째서, 우리를 여기는가, 짐승처럼 부정하게, 너희들의 눈에?

18:4

טֹרֵף נַפְשׁוֹ בְּאַפּוֹ הַלְמַעַנְךָ תֵּעָזַב אָרֶץ וְיֶעְתַּק־צוּר מִמְּקֹמוֹ׃

그의 코(분노)로 인하여 그의 혼을 찢는다. 너를 위하여(너로 인하여) 땅이 버려지고, 바위가 제거되겠느냐, [원래 있었던] 그 자리로부터?

18:5

גַּם אוֹר רְשָׁעִים יִדְעָךְ וְלֹא־יִגַּהּ שְׁבִיב אִשּׁוֹ׃

또한 정말로 악인의 빛은 꺼진다. 그래서 그 불꽃은 빛나지 않는다.

18:6

אוֹר חָשַׁךְ בְּאָהֳלוֹ וְנֵרוֹ עָלָיו יִדְעָךְ׃

그 집/장막 안의 빛은 어두워진다. 그리고 그(집) 위에 등잔/등불은 꺼진다.

18:7

יֵצְרוּ צַעֲדֵי אוֹנוֹ וְתַשְׁלִיכֵהוּ עֲצָתוֹ׃

그의 활력 넘치는 걸음걸이들이 힘들어지고, 그(자신)의 충고(꾀)가 자신을 던져 버린다 (함정에 빠지게 한다).

18:8

כִּי־שֻׁלַּח בְּרֶשֶׁת בְּרַגְלָיו וְעַל־שְׂבָכָה יִתְהַלָּךְ׃

참으로, 그의 발걸음 안에서(으로 인해) 그물 안으로 [스스로] 보내진 것이다. 그리고 올가미 위로 그가 걸어간 것이다.

18:9

יֹאחֵז בְּעָקֵב פָּח יַחֲזֵק עָלָיו צַמִּים׃

발뒤꿈치를 올가미가 움켜잡을 것이다. 그의 [몸] 위에 함정/올무가 달라붙을 것이다.

18:10

טָמוּן בָּאָרֶץ חַבְלוֹ וּמַלְכֻּדְתּוֹ עֲלֵי נָתִיב׃

그의 끝이 땅(아래)에 숨겨져 있다. 그리고 그의(그를) 함정이 [그가] 걸어가는 길 위에 [있다].

18:11

סָבִיב בִּעֲתֻהוּ בַלָּהוֹת וֶהֱפִיצֻהוּ לְרַגְלָיו׃

사방에서 공포(테러)가 그를 두렵게 한다. 그리고 그의 발(다리)로, 그를 흩어지게/후들거리게 만든다(그의 발을 추격한다).

18:12

יְהִי־רָעֵב אֹנוֹ וְאֵיד נָכוֹן לְצַלְעוֹ׃

그의 힘(활력)은 아사 상태가 된다. 그리고 재앙이 서 있다(기다린다), 그의 곁(옆구리)에서.

18:13

יֹאכַל בַּדֵּי עוֹרוֹ יֹאכַל בַּדָּיו בְּכוֹר מָוֶת׃

그것이 그의 살/가죽의 일부를 먹을 것이다. 사망의 장자가 그의 사지를 먹을 것이다.

18:14

יִנָּתֵק מֵאָהֳלוֹ מִבְטַחוֹ וְתַצְעִדֵהוּ לְמֶלֶךְ בַּלָּהוֹת׃

그의 피난처(안전한 장소)인 그의 장막에서부터 그는 뽑히리라. 그래서 공포의 왕에게로 끌려가리라(나아갈 것이다).

18:15

תִּשְׁכּוֹן בְּאָהֳלוֹ מִבְּלִי־לוֹ יְזֹרֶה עַל־נָוֵהוּ גָפְרִית׃

그에게 소속되지 않은 사람(것)이 그의 장막에 살게 된다. 그의 거처 위에는 유황이 뿌려진다.

18:16

מִתַּחַת שָׁרָשָׁיו יִבָשׁוּ וּמִמַּעַל יִמַּל קְצִירוֹ:

아래로는 그의 뿌리가 마를 것이다. 위에서는 그의 가지(수확, 추수), 큰 가지가 베어질
것이다.

18:17

זִכְרוֹ־אָבַד מִנִּי־אָרֶץ וְלֹא־שֵׁם לוֹ עַל־פְּנֵי־חוּץ:

그의 기억(그 사람에 대한 기억)이 사라질 것이다, 땅으로부터. 그리고 그에 대한 이름(
명성)이 없어질 것이다, 외부의 얼굴 위에(거리 바깥세상 위에).

18:18

יֶהְדְּפֻהוּ מֵאוֹר אֶל־חֹשֶׁךְ וּמִתֵּבֵל יְנִדֻּהוּ:

빛으로부터 그들이 그를 몰아낼 것이다, 어둠으로. 그래서 세상으로부터 그들이 그를 쫓
아낼 것이다.

18:19

לֹא נִין לוֹ וְלֹא־נֶכֶד בְּעַמּוֹ וְאֵין שָׂרִיד בִּמְגוּרָיו:

그에게 자식이 없다. 그리고 백성 중에서 후손도 없다. 그리고 그의 거처에 남은 자(생
존자)도 없다.

18:20

עַל־יוֹמוֹ נָשַׁמּוּ אַחֲרֹנִים וְקַדְמֹנִים אָחֲזוּ שָׂעַר:

그의 날 위에(그의 인생으로 인해) 서쪽 사람(후대 사람들)이 충격을 받으리라. 그리고
동쪽 사람(선대 사람들)이 공포에 사로잡힌다.

18:21

אַךְ־אֵלֶּה מִשְׁכְּנוֹת עַוָּל וְזֶה מְקוֹם לֹא־יָדַע־אֵל: ס

참으로 사악한 자의 거처가 이렇게 될 것이다. 그리고 하나님을 알지 못하는 자의 장소
(삶의 자리)가. 싸멕(문단분리표시).

19:1

וַיַּעַן אִיּוֹב וַיֹּאמַר:

그리고 대답(반응)했다, 욥이 그리고 말했다.

19:2

עַד־אָנָה תּוֹגְיוּן נַפְשִׁי וּתְדַכְּאוּנַנִי בְמִלִּים:

언제까지/얼마나 오랫동안, 너희들은 괴롭히려느냐, 내 혼을? 그리고 너희들은 나를 부
서트리려 [하느냐]?

19:3

זֶה עֶשֶׂר פְּעָמִים תַּכְלִימוּנִי לֹא־תֵבֹשׁוּ תַּהְכְּרוּ־לִי:

이렇게 10번이나 너희들이 나를 모욕하고도, 너희들이 부끄러워하지 않는구나, 나를 잘 못 대한 것에 대해서.

19:4

וְאַף־אָמְנָם שָׁגִיתִי אִתִּי תָּלִין מְשׁוּגָתִי:

만약 내가 진정으로 죄를 지었다면(잘못했다면), 나를/나에게만 나의 잘못이 머물러 있 는 것이다.

19:5

אִם־אָמְנָם עָלַי תַּגְדִּילוּ וְתוֹכִיחוּ עָלַי חֶרְפָּתִי:

만약 진정으로 내 위에(나를 향해) 너희들이 크게 한다면(교만하겠다면), 그러면 너희들 이 증명하라, 내 위에(나를 향해) 나의 수치됨을.

19:6

דְּעוּ־אֵפוֹ כִּי־אֱלוֹהַּ עִוְּתָנִי וּמְצוּדוֹ עָלַי הִקִּיף:

지금/바로 알아라! 왜냐하면/참으로 하나님께서 나를 구부러트리시고 그분의 그물(올 가미)로 나를 에워싸셨다/잡아채셨다.

19:7

הֵן אֶצְעַק חָמָס וְלֹא אֵעָנֶה אֲשַׁוַּע וְאֵין מִשְׁפָּט:

보라, 내가 소리친다, 폭력을(내가 폭행당한다고 소리친다). 하지만 응답/도움이 없다. 내가 고함치나, 판결(신원/공의)이 없다.

19:8

אָרְחִי גָדַר וְלֹא אֶעֱבוֹר וְעַל נְתִיבוֹתַי חֹשֶׁךְ יָשִׂים:

나의 좁은 길을 그가 막아서 내가 지나가지 못하게 하셨다. 그리고 내가 가는 길 위에 그 가 어두움을 두셨다.

19:9

כְּבוֹדִי מֵעָלַי הִפְשִׁיט וַיָּסַר עֲטֶרֶת רֹאשִׁי:

나의 영광을, 내 위에서부터, 그가 벗기셨다. 그리고 치우셨다/빼앗으셨다, 내 머리의 왕 관(면류관)을.

19:10

יִתְּצֵנִי סָבִיב וָאֵלַךְ וַיַּסַּע כָּעֵץ תִּקְוָתִי:

그분이 나를 부서/무너뜨리셨다, 나의 (둥근) 사면을. 그래서 나는 [죽으러] 간다. 그분 이 뽑으셨다, 나무처럼(나무 뽑듯) 나의 소망을.

19:11

וַיַּ֣חַר עָלַ֣י אַפּ֑וֹ וַ֝יַּחְשְׁבֵ֗נִי ל֣וֹ כְצָרָֽיו׃

불타오른다/뜨겁다, 내 위에(나를 향한) 그분의 분노가. 그리고 그분은 여기신다, 나를
원수처럼.

19:12

יַ֤חַד ׀ יָ֘בֹ֤אוּ גְדוּדָ֗יו וַיָּסֹ֣לּוּ עָלַ֣י דַּרְכָּ֑ם וַיַּחֲנ֖וּ סָבִ֣יב לְאָהֳלִֽי׃

그분의 군대가 함께/일제히 나온다(공격한다) 그래서 나를 [공격하기 위한] 그들의 길
을 만든다(돋운다). 그리고 [나의] 장막을 향해 사방을 포위 공격한다.

19:13

אַ֭חַי מֵעָלַ֣י הִרְחִ֑יק וְ֝יֹדְעַ֗י אַךְ־זָ֥רוּ מִמֶּֽנִּי׃

내 형제들을 내 위에서부터 그가 멀어지게 하셨다. 그리고 나를 아는 사람들(지인들)은
참으로 이방인(처럼) 나로부터(멀어졌다)!

19:14

חָדְל֥וּ קְרוֹבָ֑י וּֽמְיֻדָּעַ֥י שְׁכֵחֽוּנִי׃

나의 친척들[도] 멈추었다(나와 거리를 두고 절연했다). 그리고 나를 가장 잘 아는 이들
(친지/친구)도 나를 잊어버렸다.

19:15

גָּ֘רֵ֤י בֵיתִ֣י וְ֭אַמְהֹתַי לְזָ֣ר תַּחְשְׁבֻ֑נִי נָ֝כְרִ֗י הָיִ֥יתִי בְעֵינֵיהֶֽם׃

나의 집에 거하는 자들과 나의 여종들[조차] 이방인으로, 나를 취급한다. 외국인(낯선
사람)처럼 내가 되었다, 그들의 눈에.

19:16

לְעַבְדִּ֣י קָ֭רָאתִי וְלֹ֣א יַעֲנֶ֑ה בְּמוֹ־פִ֝֗י אֶתְחַנֶּן־לֽוֹ׃

나의 종을 향해, 내가 불러도(소리쳐도) 그가 대답하지 않는다. 나의 입으로(내 입으로
직접) 내가 은혜를 구해야 한다, 그에게.

19:17

ר֭וּחִֽי זָ֣רָה לְאִשְׁתִּ֑י וְ֝חַנֹּתִ֗י לִבְנֵ֥י בִטְנִֽי׃

나의 호흡을(숨결, 숨 쉬는 것도) 낯설어 한다/싫어한다, 나의 아내가. 그리고 내가 은혜
를 구한다, 내 배의(나에게서 태어난) 나의 아들들(후손들)에게.

19:18

גַּם־עֲ֭וִילִים מָ֣אֲסוּ בִ֑י אָ֝ק֗וּמָה וַיְדַבְּרוּ־בִֽי׃

유아들조차 나를 내쫓는다(거부한다/경멸한다). 내가 일어나면 나에 대해 그들은 말한

다(수군거린다/조롱한다)!

19:19

תִּעֲבוּנִי כָּל־מְתֵי סוֹדִי וְזֶה־אָהַבְתִּי נֶהְפְּכוּ־בִי׃

나를 혐오한다, 나와 가까운 나의 모든 친구들이. 그리고 나의 사랑/좋아하던 자들도 나에게서 등을 돌렸다.

19:20

בְּעוֹרִי וּבִבְשָׂרִי דָּבְקָה עַצְמִי וָאֶתְמַלְּטָה בְּעוֹר שִׁנָּי׃

나의 피부와 살이 나의 뼈와 붙었다. 잇몸만 내가 구출했다(나에겐 잇몸만 남았다).

19:21

חָנֻּנִי חָנֻּנִי אַתֶּם רֵעָי כִּי יַד־אֱלוֹהַּ נָגְעָה בִּי׃

나에게 은혜를 베풀어라. 나에게 은혜를 베풀어라(나를 불쌍히 여기라), 너희들, 나의 친구들아! 왜냐하면, 하나님의 손이 나를 치셨기에.

19:22

לָמָּה תִּרְדְּפֻנִי כְמוֹ־אֵל וּמִבְּשָׂרִי לֹא תִשְׂבָּעוּ׃

왜 어째서, 너희들이 나를 추격/핍박하느냐, 하나님으로부터? 그리고 하나님께서 하시듯(하나님처럼) 내 살로부터 [먹고도] 너희들은 만족하지 않느냐?

19:23

מִי־יִתֵּן אֵפוֹ וְיִכָּתְבוּן מִלָּי מִי־יִתֵּן בַּסֵּפֶר וְיֻחָקוּ׃

누가 주었으면(되었으면) 좋겠도다! 지금/어떻게든, 나의 말들이(내가 한 말들이) 기록되었으면! 책에 그것들이 쓰였으면!

19:24

בְּעֵט־בַּרְזֶל וְעֹפָרֶת לָעַד בַּצּוּר יֵחָצְבוּן׃

철필과 납으로 영원히 돌에 새겨졌으면 (좋겠도다)!

19:25

וַאֲנִי יָדַעְתִּי גֹּאֲלִי חָי וְאַחֲרוֹן עַל־עָפָר יָקוּם׃

그리고(그러나) 내가 안다, 나의 구속자/구원자(고엘/대속자)가 살아 있다[는 것을]! 그래서 나중에/훗날에 티끌 위에 그가 서시리라(마지막에 흙 위에서 일어나실 것을)!

19:26

וְאַחַר עוֹרִי נִקְּפוּ־זֹאת וּמִבְּשָׂרִי אֶחֱזֶה אֱלוֹהַּ׃

그리고 나의 피부/가죽이 바로 이것이 벗겨진/썩은 후에(비록 벗겨지더라도), 그러면 나의 육체로부터 내가 주시하리라(바라보리라), 하나님을!

19:27

אֲשֶׁר אֲנִי אֶחֱזֶה־לִּי וְעֵינַי רָאוּ וְלֹא־זָר כָּלוּ כִלְיֹתַי בְּחֵקִי׃

그분을 내가 직접 볼 것이다, 그리고(또한) 나의 눈으로. 그분을 보면, (외인처럼) 낯설지 않을 것이다, 다른 누군가가 아니라! 내 콩팥들이 내 안에서 쇠약하다(내 콩팥들이 얼마나 갈망하는지)!

19:28

כִּי תֹאמְרוּ מַה־נִּרְדָּף־לוֹ וְשֹׁרֶשׁ דָּבָר נִמְצָא־בִי׃

참으로, 그 이유는 너희들이 말하기 때문이다. 어떻게 그(욥)를 추격할까? 그리고 사건(욥에게 일어난 일)의 뿌리가 그(욥) 안에 발견된다.

19:29

גּוּרוּ לָכֶם מִפְּנֵי־חֶרֶב כִּי־חֵמָה עֲוֹנוֹת חָרֶב לְמַעַן תֵּדְעוּן שַׁדִּין׃

너희들은 스스로 두려워해라, 다가오는 칼을! 왜냐하면/참으로 분노는 칼의 형벌을 [부른다/초래한다]. 그래서 너희들은 알게 될 것이다, 심판을(하나님의 심판이 있다는 것을)!

20:1

וַיַּעַן צֹפַר הַנַּעֲמָתִי וַיֹּאמַר׃

그리고 대답했다, 소발, 그 나아마 사람이 그리고 말했다.

20:2

לָכֵן שְׂעִפַּי יְשִׁיבוּנִי וּבַעֲבוּר חוּשִׁי בִי׃

그러므로, 나의 나누어진(산란한) 마음(감정)으로 인해, 내가 돌이킨다(대답한다). 그 이유는 내가 조급하다(서두른다), 내 안에서!

20:3

מוּסַר כְּלִמָּתִי אֶשְׁמָע וְרוּחַ מִבִּינָתִי יַעֲנֵנִי׃

나의 수치가 되는(모욕하는) 책망을 내가 들었다. 그래서 나의 이해/분별로부터 넘어서는 영이 나에게(나를 대신하여) 대답한다.

20:4

הֲזֹאת יָדַעְתָּ מִנִּי־עַד מִנִּי שִׂים אָדָם עֲלֵי־אָרֶץ׃

어찌 이것을 알지 못하는가? 오래전부터 아담(사람)이 존재할 때부터, 땅 위에 [존재한] 진리를]!

20:5

כִּי רִנְנַת רְשָׁעִים מִקָּרוֹב וְשִׂמְחַת חָנֵף עֲדֵי־רָגַע:

참으로 악인들의 환호는 가깝고(아주 잠깐이고) 불경건한/위선하는 자의 기쁨도 눈 깜
빡거림(한순간)까지다.

20:6

אִם־יַעֲלֶה לַשָּׁמַיִם שִׂיאוֹ וְרֹאשׁוֹ לָעָב יַגִּיעַ:

만약 그의 높음(교만)이 저 하늘까지 올라가고, 그의 머리가 구름까지 닿아도,

20:7

כְּגֶלֲלוֹ לָנֶצַח יֹאבֵד רֹאָיו יֹאמְרוּ אַיּוֹ:

그의 똥처럼 영원히 소멸될 것이다. 그를 주목했던 자들이 (이렇게) 말할 것이다, 그가
어디 있지?

20:8

כַּחֲלוֹם יָעוּף וְלֹא יִמְצָאוּהוּ וְיֻדַּד כְּחֶזְיוֹן לָיְלָה:

꿈처럼 날아가리니, 곧 그들이 그를 발견할 수 없으리라. 그리고 그가 후퇴할 것이다, 밤
의 환상처럼.

20:9

עַיִן שְׁזָפַתּוּ וְלֹא תוֹסִיף וְלֹא־עוֹד תְּשׁוּרֶנּוּ מְקוֹמוֹ:

그를 바라보던 [사람들의] 눈이 더 이상 [볼 수] 없을 것이다. 그의 처소도 그를 다시 정
탐할(찾아낼) 수 없으리라.

20:10

בָּנָיו יְרַצּוּ דַלִּים וְיָדָיו תָּשֵׁבְנָה אוֹנוֹ:

그의 아들들(후손들)이 호의/도움을 청할 것이다, 가난한 자들에게. 그리고(그 이유는)
그의 손들로 그의 재산을 돌려주어야만 하기에.

20:11

עַצְמוֹתָיו מָלְאוּ עֲלוּמָו וְעִמּוֹ עַל־עָפָר תִּשְׁכָּב:

그의 뼈들은 젊음으로 채워져 있으나, 그것(그 젊음)이 그와 함께 흙 위에 눕게 되리라.

20:12

אִם־תַּמְתִּיק בְּפִיו רָעָה יַכְחִידֶנָּה תַּחַת לְשׁוֹנוֹ:

만약(비록) 달콤하다, 그의 입에, 악한 것이(비록 악이 그의 입에 달아서), 그의 혀 밑에
감추어서,

20:13

יַחְמֹל עָלֶיהָ וְלֹא יַעַזְבֶנָּה וְיִמְנָעֶנָּה בְּתוֹךְ חִכּוֹ:

그것을 아껴서 버리지 않으며, 입 가운데, [그] 안에 담고(지키고) 있으면,

20:14

לַחְמוֹ בְּמֵעָיו נֶהְפָּךְ מְרוֹרַת פְּתָנִים בְּקִרְבּוֹ:

그가 먹은(삼킨) 것이 그의 배 속에서 변질되어, 독사의 쓸개(쓴 것)가 되리라, 그의 중심에서!

20:15

חַיִל בָּלַע וַיְקִאֶנּוּ מִבִּטְנוֹ יוֹרִשֶׁנּוּ אֵל:

힘/재물(탐욕)을 그가 삼켰다. 그리고 그가 토한다(토해 내리라), 그의 배에서부터. 하나님께서 빼앗으신다(나오게 하신다).

20:16

רֹאשׁ־פְּתָנִים יִינָק תַּהַרְגֵהוּ לְשׁוֹן אֶפְעֶה:

독사의 독을 그가 빤 것이다. 독사/뱀의 혀가(독이) 그를 죽이리라.

20:17

אַל־יֵרֶא בִפְלַגּוֹת נַהֲרֵי נַחֲלֵי דְּבַשׁ וְחֶמְאָה:

그는 [맛]보지 못할 것이다, 올리브 기름이 흐르는 강을, 젖과 꿀이 흐르는 강을.

20:18

מֵשִׁיב יָגָע וְלֹא יִבְלָע כְּחֵיל תְּמוּרָתוֹ וְלֹא יַעֲלֹס:

돌려주는 것이 [된다], 수고한 이득이. 그리고 삼키지 못한다(누리지 못한다), 그가 거래하여 얻은 유익으로, 기쁨이 되지 못한다.

20:19

כִּי־רִצַּץ עָזַב דַּלִּים בַּיִת גָּזַל וְלֹא יִבְנֵהוּ:

참으로/왜냐하면, 그가 짓눌렀기 때문이다. 낮은 자(가난한 자)들을 무시하고, 자신이 건축하지 않은 집을 빼앗았기 때문이다.

20:20

כִּי לֹא־יָדַע שָׁלֵו בְּבִטְנוֹ בַּחֲמוּדוֹ לֹא יְמַלֵּט:

참으로/왜냐하면, 그는 알지 못한다(경험할 수 없다), 평안/만족을 그의 뱃속에. 그의 기뻐하는 것/갈망하는 것 안에(으로), 그는 벗어날 수(탈출할 수) 없기 때문이다.

20:21

אֵין־שָׂרִיד לְאָכְלוֹ עַל־כֵּן לֹא־יָחִיל טוּבוֹ:

남은 것이 없다, 그의 먹는 것에. 그러므로 그의 선함(재산/형통)이 지속되지 못한다.

20:22

בִּמְלֹאות שִׂפְקוֹ יֵצֶר לוֹ כָּל־יַד עָמֵל תְּבוֹאֶנּוּ׃

그의 풍성함이 가득 차 있을 때, 그에게 위기가 닥칠 것이다. 모든 고통의 손이 그에게 닿으리라(닥치리라).

20:23

יְהִי לְמַלֵּא בִטְנוֹ יְשַׁלַּח־בּוֹ חֲרוֹן אַפּוֹ וְיַמְטֵר עָלֵימוֹ בִּלְחוּמוֹ׃

그가 채우려고 할 때, 그의 배를, 그분이 보내신다, 그에게, 불타는 코(분노)를. 그래서 비처럼 내릴 것이다, 그의 위에, 그의 내장/창자(몸)에!

20:24

יִבְרַח מִנֵּשֶׁק בַּרְזֶל תַּחְלְפֵהוּ קֶשֶׁת נְחוּשָׁה׃

그가 철로 된 무기로부터 피할지라도, 놋 화살이 그를 꿰뚫을 것이다.

20:25

שָׁלַף וַיֵּצֵא מִגֵּוָה וּבָרָק מִמְּרֹרָתוֹ יַהֲלֹךְ עָלָיו אֵמִים׃

그가 [박힌 놋 화살을] 몸으로부터 뽑아서 꺼내면, 쓸개로부터 [휘젓고 나온] 그 반짝이는 화살촉이(으로 인해) 무시무시한 공포가 그 위에 [닥칠 것이다].

20:26

כָּל־חֹשֶׁךְ טָמוּן לִצְפּוּנָיו תְּאָכְלֵהוּ אֵשׁ לֹא־נֻפָּח יֵרַע שָׂרִיד בְּאָהֳלוֹ׃

모든 어두움(완전한 어두움)이 묻어 버릴 것이다, 그의 보물들을. [사람이] 붙이지 않은 불이 삼킬 것이다, 그것(그 불)이 살라 버릴 것이다, 그 집(장막)에 남은 것들(사람, 물건)을.

20:27

יְגַלּוּ שָׁמַיִם עֲוֹנוֹ וְאֶרֶץ מִתְקוֹמָמָה לוֹ׃

하늘이 드러낸다, 그의 악을. 그리고 땅이 [그를 치러] 일어날 것이다.

20:28

יִגֶל יְבוּל בֵּיתוֹ נִגָּרוֹת בְּיוֹם אַפּוֹ׃

그의 집에 [있는] 재산이 떠나간다. 그분의 코(진노)의 날에 떠내려간다.

20:29

זֶה חֵלֶק־אָדָם רָשָׁע מֵאֱלֹהִים וְנַחֲלַת אִמְרוֹ מֵאֵל: פ

이것은 악한 사람의 몫이다, 하나님으로부터. 그리고 그에게 선언된 유산이다, 하나님으로부터. 페(마침표).

21:1

וַיַּעַן אִיּוֹב וַיֹּאמַר:

그리고 대답(반응)했다, 욥이 그리고 말했다.

21:2

שִׁמְעוּ שָׁמוֹעַ מִלָּתִי וּתְהִי־זֹאת תַּנְחוּמֹתֵיכֶם:

너희들은 듣고 들어라, 나의 발언! 이것이 너희들의 위로가 될 것이다.

21:3

שָׂאוּנִי וְאָנֹכִי אֲדַבֵּר וְאַחַר דַּבְּרִי תַלְעִיג:

나를 들어 올려라! 그러면 내가 분명히 말하겠다! 내가 말한 후에 조롱해라!

21:4

הֶאָנֹכִי לְאָדָם שִׂיחִי וְאִם־מַדּוּעַ לֹא־תִקְצַר רוּחִי:

내가 [지금] 사람을 향해 [말하고 있느냐], 나의 묵상(고민, 원망, 한탄)을? 그렇다면 왜/어째서 나의 영이 [이토록] 짧은가?

21:5

פְּנוּ־אֵלַי וְהָשַׁמּוּ וְשִׂימוּ יָד עַל־פֶּה:

나를 향하라(나를 보아라)! 그리고 깜짝 놀라라(충격을 받아라)! 그리고 두어라, 손을 입 위에!

21:6

וְאִם־זָכַרְתִּי וְנִבְהָלְתִּי וְאָחַז בְּשָׂרִי פַּלָּצוּת:

그리고 만약, 내가 기억만 해도, 나는 떨리고, 공포가 내 살(몸)을 사로잡는다.

21:7

מַדּוּעַ רְשָׁעִים יִחְיוּ עָתְקוּ גַּם־גָּבְרוּ חָיִל:

왜 어째서, 악인들이 살아서 장수하며, 여전히(계속) 힘이 강하냐?

21:8

זַרְעָם נָכוֹן לִפְנֵיהֶם עִמָּם וְצֶאֱצָאֵיהֶם לְעֵינֵיהֶם:

그들의 후손은 견고하다(잘산다), 그들 앞에서, 그들과 함께. 그리고 그들의 자손들도 그들의 눈에.

21:9

בָּתֵּיהֶם שָׁלוֹם מִפָּחַד וְלֹא שֵׁבֶט אֱלוֹהַּ עֲלֵיהֶם:

그들의 집이 평안하다, 두려움으로부터(두려움 없이). 그리고 하나님의 막대기/재앙이 그들 위에 없다.

21:10

שׁוֹרוֹ עִבַּר וְלֹא יַגְעִל תְּפַלֵּט פָּרָתוֹ וְלֹא תְשַׁכֵּל:

그의 수소는 새끼를 배게 한다, 실패 없이. 그들의 암소는 새끼를 낳는다, 낙태하지 않고.

21:11

יְשַׁלְּחוּ כַצֹּאן עֲוִילֵיהֶם וְיַלְדֵיהֶם יְרַקֵּדוּן:

그들은 보낸다, 양 떼처럼, 그들의 아이들을. 그들의 아이들은(자녀들은) 뛰어다닌다/춤춘다.

21:12

יִשְׂאוּ כְּתֹף וְכִנּוֹר וְיִשְׂמְחוּ לְקוֹל עוּגָב:

그들은 들어 올린다, 탬버린과 하프를. 그리고 그들은 기뻐한다, 피리의 소리로.

21:13

יְבַלּוּ בַטּוֹב יְמֵיהֶם וּבְרֶגַע שְׁאוֹל יֵחָתּוּ:

그들은 [주어진] 그들의 날들을 충분히 누리고, 순식간에 스올로 내려간다.

21:14

וַיֹּאמְרוּ לָאֵל סוּר מִמֶּנּוּ וְדַעַת דְּרָכֶיךָ לֹא חָפָצְנוּ:

그리고 그들은 말한다, 하나님께, 떠나소서 우리로부터, 그리고 당신의 길을 아는 것을, 우리는 즐거워하지 않습니다.

21:15

מַה־שַׁדַּי כִּי־נַעַבְדֶנּוּ וּמַה־נּוֹעִיל כִּי נִפְגַּע־בּוֹ:

전능자가 누구이기에(누구냐), 참으로 우리가 그를 섬겨서(섬겨야만 하는가) 무엇을 얻겠는가? 참으로 우리가 그에게 간구해야 하느냐?

21:16

הֵן לֹא בְיָדָם טוּבָם עֲצַת רְשָׁעִים רָחֲקָה מֶנִּי:

보라! 아닌가, 그들의 손안에? 그들의 선함(복)이! 악인들의 계획(악인들에 대한 너희들의 의견)은 나로부터 아주 멀다(나와 전혀 상관없다)!

21:17

כַּמָּה נֵר־רְשָׁעִים יִדְעָךְ וְיָבֹא עָלֵימוֹ אֵידָם חֲבָלִים יְחַלֵּק
בְּאַפּוֹ:

악인들의 등잔(등불)이 꺼진 적이 있는가? 그리고 그들 위에 들어오는가(임하는가)? 고통스러운 재앙이 [얼마나 자주] 그분의 진노로 배정하심(심판하심)이 [있었는가]?

21:18

יִהְיוּ כְּתֶבֶן לִפְנֵי־רוּחַ וּכְמֹץ גְּנָבַתּוּ סוּפָה:

바람 앞의 지푸라기가 되었는가 [그들이]? 그리고 왕겨처럼 폭풍에 날아갔는가?

21:19

אֱלוֹהַ יִצְפֹּן־לְבָנָיו אוֹנוֹ יְשַׁלֵּם אֵלָיו וְיֵדָע:

하나님께서 그의 자손들을 위해 [재앙이나 심판을] 저축해 두셨는가? [너희들은 그렇다고 말하지만] 그의 죄악은 [자손들이 아니라] 그에게 갚으셔서 그가 깨닫게 해야 하는 거 아닌가?

21:20

יִרְאוּ עֵינָו כִּידוֹ וּמֵחֲמַת שַׁדַּי יִשְׁתֶּה:

그들이 보아야 한다, 자기 눈으로, 자신의 멸망을. 전능자의 진노를 그가 [직접] 마셔야 할 것이 아닌가?

21:21

כִּי מַה־חֶפְצוֹ בְּבֵיתוֹ אַחֲרָיו וּמִסְפַּר חֳדָשָׁיו חֻצָּצוּ:

참으로 무슨 즐거움(상관)이 있을까, 그의 집에 대해? 그의 달수가 다하고 나서!

21:22

הַלְאֵל יְלַמֶּד־דָּעַת וְהוּא רָמִים יִשְׁפּוֹט:

그 하나님께 지식을 가르치려는가? 그리고 그는 높은 자들을 심판하신다(심판하시는 분이시다) [라고].

21:23

זֶה יָמוּת בְּעֶצֶם תֻּמּוֹ כֻּלּוֹ שַׁלְאֲנַן וְשָׁלֵיו:

저 사람 [즉] 어떤 사람은 죽는다(죽을 것이다), 그의 온전한(충만한) 뼈(힘) 속에서, 그의 모든 것이 평안하고 안락하게.

21:24

עֲטִינָיו מָלְאוּ חָלָב וּמֹחַ עַצְמוֹתָיו יְשֻׁקֶּה:

그의 그릇들은 젖(우유)으로 가득하다, 그리고 그의 뼈들의 골수는 윤택(생기)이 넘친다.

21:25

וְזֶה יָמוּת בְּנֶפֶשׁ מָרֶה וְלֹא־אָכַל בַּטּוֹבָה׃

[반면에] 그리고 어떤 이는 죽는다, 그의 혼에(의) 쓴 상태로. 그리고 선한 것/복된 것에 대해서는 먹어 보지도/맛보지도 못하고서.

21:26

יַחַד עַל־עָפָר יִשְׁכָּבוּ וְרִמָּה תְּכַסֶּה עֲלֵיהֶם׃

[그 두 종류의 사람들이] 함께/동일하게 흙 위에 눕는다. 그러자 구더기가 덮는다, 그들 위에.

21:27

הֵן יָדַעְתִּי מַחְשְׁבוֹתֵיכֶם וּמְזִמּוֹת עָלַי תַּחְמֹסוּ׃

보라! 내가 안다, 너희들의 생각/궁리와 계획을. 즉, 내 위에(나를 향해) 너희들이 공격하는 것!

21:28

כִּי תֹאמְרוּ אַיֵּה בֵית־נָדִיב וְאַיֵּה אֹהֶל מִשְׁכְּנוֹת רְשָׁעִים׃

참으로(왜냐하면) 너희들이 말한다, 고관(귀인)의 집이 어디 있느냐? 그리고 악인들의 거하던 장막들이 어디 있느냐?

21:29

הֲלֹא שְׁאֶלְתֶּם עוֹבְרֵי דָרֶךְ וְאֹתֹתָם לֹא תְנַכֵּרוּ׃

너희들이 물어보지 않았는가, 길을 가는 사람들에게? 그리고(바로) 그 증언/증거들을?

21:30

כִּי לְיוֹם אֵיד יֵחָשֶׂךְ רָע לְיוֹם עֲבָרוֹת יוּבָלוּ׃

참으로 멸망의 날을 향해(날이 되어도) 악(악인)은 보류된다/남겨진다, 분노의 날을 향해(날이 되어도) 그들은 흘러가 버린다.

21:31

מִי־יַגִּיד עַל־פָּנָיו דַּרְכּוֹ וְהוּא־עָשָׂה מִי יְשַׁלֶּם־לוֹ׃

누가 맞서서 말하는가? 그 [악인]의 길(행위) 앞에(얼굴에 대고) 그리고 그가 행한 것에 대해, 누가 그에게 갚아 주겠는가?

21:32

וְהוּא לִקְבָרוֹת יוּבָל וְעַל־גָּדִישׁ יִשְׁקוֹד׃

그리고 그가 무덤으로 운반된다. 그리고 그 무덤 위를 [사람이] 지킬 것이다.

21:33

מָתְקוּ-לֹו רִגְבֵי נָחַל וְאַחֲרָיו כָּל-אָדָם יִמְשׁוֹךְ וּלְפָנָיו אֵין מִסְפָּר׃

그에게 달콤하다(유쾌하다), 골짜기의 흙덩어리들이. 그리고 그의 뒤로 모든 사람들이 따라간다. 그리고 그의 앞에 간 사람들도 셀 수가 없다.

21:34

וְאֵיךְ תְּנַחֲמוּנִי הָבֶל וּתְשׁוּבֹתֵיכֶם נִשְׁאַר-מָעַל׃ ס

그러니 어찌 너희들의 위로함이 헛되지 않겠는가? 너희들의 대답은 배신/거짓만 남긴다! 싸멕(문단분리표시).

제4부 욥과 친구들의 논쟁, 시즌 3(22-31장)

22:1

וַיַּעַן אֱלִיפַז הַתֵּמָנִי וַיֹּאמַר׃

그러자 대답(반응)했다, 엘리바스, 데만 사람이 그리고 말했다.

22:2

הַלְאֵל יִסְכָּן-גָּבֶר כִּי-יִסְכֹּן עָלֵימוֹ מַשְׂכִּיל׃

어찌 하나님께 유익이 되겠는가? 용사(사람/남자)가! 참으로 유익하겠는가, 그분 위에? 지혜(신중/분별력) 있는 자(사람이)라도!

22:3

הַחֵפֶץ לְשַׁדַּי כִּי תִצְדָּק וְאִם-בֶּצַע כִּי-תַתֵּם דְּרָכֶיךָ׃

무슨 기쁨이, 전능자에게 [있겠는가]? 참으로/만약 네가 의롭다 [해도]. 그리고 만약/무슨 이익이 있는가? 참으로/만약 너의 길들(행위들)이 온전해도.

22:4

הֲמִיִּרְאָתְךָ יֹכִיחֶךָ יָבוֹא עִמְּךָ בַּמִּשְׁפָּט׃

너의 경외함 때문일까, 그분께서 너를 올바르게(교정) 하시는 것이? 그분께서 들어가시는가, 너와 함께 판결(소송/재판) 안으로?

22:5

הֲלֹא רָעָתְךָ רַבָּה וְאֵין-קֵץ לַעֲוֹנֹתֶיךָ׃

너의 악이 크지 않느냐? 그리고 너의 죄악/사악함이 극단적이지(지나치지) 않느냐?

22:6

כִּי־תַחְבֹּל אַחֶיךָ חִנָּם וּבִגְדֵי עֲרוּמִּים תַּפְשִׁיט:

참으로 너는 담보/볼모 잡았다, 이유 없이 네 형제를. 헐벗은 자들의 옷들을 네가 벗겼다(빼앗았다).

22:7

לֹא־מַיִם עָיֵף תַּשְׁקֶה וּמֵרָעֵב תִּמְנַע־לָחֶם:

지치고 목마른 자에게 물을 마시게 하지 않았고 배고픈 자들로부터 음식을 너는 보류했다.

22:8

וְאִישׁ זְרוֹעַ לוֹ הָאָרֶץ וּנְשׂוּא פָנִים יֵשֶׁב בָּהּ:

그리고 힘 있는 사람, 그에게 그 땅이 [주어진다/얻게 된다]. 그리고 얼굴이 올려진 자(존귀한 자)가 산다, 그곳에.

22:9

אַלְמָנוֹת שִׁלַּחְתָּ רֵיקָם וּזְרֹעוֹת יְתֹמִים יְדֻכָּא:

과부를 네가 돌려보냈다, 빈[손]으로. 그리고 고아들의 팔들을 네가 부서트렸다(꺾었다).

22:10

עַל־כֵּן סְבִיבוֹתֶיךָ פַחִים וִיבַהֶלְךָ פַּחַד פִּתְאֹם:

이러한 이유로, 너의 주위/둘레에 덫들(올가미들)이 [있는 것이다]. 그리고 너를 두렵게 한다, 두려움이 갑자기.

22:11

אוֹ־חֹשֶׁךְ לֹא־תִרְאֶה וְשִׁפְעַת־מַיִם תְּכַסֶּךָּ:

혹은 어두움[으로 인해] 네가 보지 못하게 되고, 물의 많음이 너를 덮는다.

22:12

הֲלֹא־אֱלוֹהַּ גֹּבַהּ שָׁמָיִם וּרְאֵה רֹאשׁ כּוֹכָבִים כִּי־רָמּוּ:

하나님께서 하늘의 높은 곳에 계시지 않느냐? 그러니 보라! 별들의 높음이 얼마나 높은 가를!

22:13

וְאָמַרְתָּ מַה־יָּדַע אֵל הַבְעַד עֲרָפֶל יִשְׁפּוֹט:

그러나 너는 말한다. 하나님께서 무엇을 아시겠는가? 어찌 짙은 어둠 그 안에서 심판하시겠는가?

22:14

עָבִ֥ים סֵֽתֶר־ל֖וֹ וְלֹ֣א יִרְאֶ֑ה וְח֥וּג שָׁ֝מַ֗יִם יִתְהַלָּֽךְ׃

암흑들이 그분을 덮으니, 그래서 그분은 보지 못하시고, 하늘의 둥근 천장 위에 걸어다니실 뿐! [이라고 네가 말한다.]

22:15

הַאֹ֣רַח עוֹלָ֣ם תִּשְׁמֹ֑ר אֲשֶׁ֖ר דָּרְכ֣וּ מְתֵי־אָֽוֶן׃

오래된/옛날 길(소로)을 네가 지키려느냐? 즉 헛된/악한 인간들이 걸어가던 [그 길을].

22:16

אֲשֶֽׁר־קֻמְּט֥וּ וְלֹא־עֵ֑ת נָ֝הָ֗ר יוּצַ֥ק יְסוֹדָֽם׃

그들은 [다] 뜯겨졌다, 그때가 아닌데도(때가 이르기도 전에). 강이 쓸어버렸다, 그들의 기초를.

22:17

הָאֹמְרִ֣ים לָ֭אֵל ס֣וּר מִמֶּ֑נּוּ וּמַה־יִּפְעַ֖ל שַׁדַּ֣י לָֽמוֹ׃

그들은 이런 말을 하던 자들이 아닌가, 하나님께? 우리로부터 떠나소서! 그리고 무엇을 하실 수 있습니까, 전능자가, 우리를 위해?

22:18

וְה֤וּא מִלֵּ֣א בָתֵּיהֶ֣ם ט֑וֹב וַעֲצַ֥ת רְ֝שָׁעִ֗ים רָ֣חֲקָה מֶֽנִּי׃

그리고(그럼에도) 그분은 채우셨다, 그들의 집에 선한/좋은 것을. 그리고 [하나님께서 말씀하시길] 악인들의 계획/생각은 나로부터 멀다.

22:19

יִרְא֣וּ צַדִּיקִ֣ים וְיִשְׂמָ֑חוּ וְ֝נָקִ֗י יִלְעַג־לָֽמוֹ׃

의로운 자들이 보고 기뻐한다. 결백한 자는 그들을 향해 비웃는다.

22:20

אִם־לֹ֣א נִכְחַ֣ד קִימָ֑נוּ וְ֝יִתְרָ֗ם אָ֣כְלָה אֵֽשׁ׃

만약/참으로 우리의 대적(원수)은 끊어지지 않을 수 없었고, 그 남은 것들은 불이 삼켜버렸다.

22:21

הַסְכֶּן־נָ֣א עִמּ֑וֹ וּשְׁלָ֥ם בָּ֝הֶ֗ם תְּֽבוֹאַתְךָ֥ טוֹבָֽה׃

너는 화해/화목하라, 제발! 그분과 함께. 그리고(그래서) 평안을 누려라! 그러면 너에게 임하리라, 선한 것/좋은 것이.

22:22

קַח־נָ֤א מִפִּ֣יו תּוֹרָ֑ה וְשִׂ֥ים אֲמָרָ֗יו בִּלְבָבֶֽךָ׃

너는 취하라(받으라)! 제발! 그분의 입으로부터 [나오는] 토라/교훈의 말씀을. 그리고 너는 두라, 그분의 말씀을 너의 마음에.

22:23

אִם־תָּשׁ֣וּב עַד־שַׁדַּ֣י תִּבָּנֶ֑ה תַּרְחִ֥יק עַוְלָ֗ה מֵאָהֳלֶֽךָ׃

만약 네가 돌이키면(회개하면) 전능자께로, 너는 세워지리라, 네가 멀리 만들면, 불의/부정을, 너의 장막에서부터.

22:24

וְשִׁית־עַל־עָפָ֥ר בָּ֑צֶר וּבְצ֖וּר נְחָלִ֣ים אוֹפִֽיר׃

두어라(버려라), 티끌 위에, 금/보물을! 그리고 강들의 바위에, 오빌의 금을 [두라/버려라]!

22:25

וְהָיָ֣ה שַׁדַּ֣י בְּצָרֶ֑יךָ וְכֶ֖סֶף תּוֹעָפ֣וֹת לָֽךְ׃

그러면 전능자께서 너의 금(보물)이 되시리라. 그리고 귀한 은이 [되시리라] 너에게.

22:26

כִּי־אָ֭ז עַל־שַׁדַּ֣י תִּתְעַנָּ֑ג וְתִשָּׂ֖א אֶל־אֱל֣וֹהַּ פָּנֶֽיךָ׃

참으로 이렇게(이러한 과정을 통해) 전능자를 네가 기뻐/즐거워하게 되리라. 그러면/그리고 네가 들 것이다(들어 올릴 수 있으리라/회복할 수 있으리라), 하나님께로 너의 얼굴을.

22:27

תַּעְתִּ֣יר אֵ֭לָיו וְיִשְׁמָעֶ֑ךָּ וּנְדָרֶ֥יךָ תְשַׁלֵּֽם׃

네가 기도하면, 그분께, 그분이 들으시리라. 그리고 너의 서원을 너는 갚게 되리라.

22:28

וְֽתִגְזַר־א֭וֹמֶר וְיָ֣קָם לָ֑ךְ וְעַל־דְּרָכֶ֗יךָ נָ֣גַֽהּ אֽוֹר׃

네가 결정하면 [어떤] 약속/말을, 그러면 설 것이다(이루어질 것이다), 너에게. 그리고 너의 길 위로 비출 것이다, 빛이.

22:29

כִּֽי־הִ֭שְׁפִּילוּ וַתֹּ֣אמֶר גֵּוָ֑ה וְשַׁ֖ח עֵינַ֣יִם יוֹשִֽׁעַ׃

왜냐하면/참으로, 그들이(그분이) 낮출 때, 너는 말하게 될 것이다, 높음(교만)을 [내가 참으로 교만했구나, 라고]. 그래서 눈들이 낮은 자를 그분은 구원하신다.

22:30

יְמַלֵּט אִי־נָקִי וְנִמְלַט בְּבֹר כַּפֶּיךָ: פ

그분은 구출하신다, 결백하지 않은 자도(결백한 섬/사람을). 그러니 그는 건짐/구출을
받으리라, 너의 손의 깨끗함으로. 페(마침표).

23:1

וַיַּעַן אִיּוֹב וַיֹּאמַר:

그리고 대답(반응)했다, 욥이 그리고 말했다.

23:2

גַּם־הַיּוֹם מְרִי שִׂחִי יָדִי כָּבְדָה עַל־אַנְחָתִי:

오늘도 나의 한탄의 거역함(쓰디씀)이! [계속된다!] 내 손이 무겁다, 나의 한숨 위에(으
로 인해).

23:3

מִי־יִתֵּן יָדַעְתִּי וְאֶמְצָאֵהוּ אָבוֹא עַד־תְּכוּנָתוֹ:

어찌하면 그가 주실까? [그가 주시면 좋으련만], 내가 그분을 발견하기를(내가 그분을
만나고 싶어 한다는 것을) 알아주셨으면, 그분의 자리 위로 나아가는 것을.

23:4

אֶעֶרְכָה לְפָנָיו מִשְׁפָּט וּפִי אֲמַלֵּא תוֹכָחוֹת:

내가 정돈/두리라, 그분 앞에 판결/정의를. 그리고 나의 입에 채우리라, 변론들(나의 호
소와 억울함)을.

23:5

אֵדְעָה מִלִּים יַעֲנֵנִי וְאָבִינָה מַה־יֹּאמַר לִי:

그러면 내가 알리라, 그분이 나에게 대답하시는 말씀들을. 그리고 내가 분별하리라(이
해하리라), 그분이 나에게 말씀하시는 것을.

23:6

הַבְּרָב־כֹּחַ יָרִיב עִמָּדִי לֹא אַךְ־הוּא יָשִׂם בִּי:

많은(큰) 힘으로, 그분이 싸우실까, 나와 함께? 아니! 분명히(오히려) 그분은 나를(나의
말을) 들으시리라!

23:7

שָׁם יָשָׁר נוֹכָח עִמּוֹ וַאֲפַלְּטָה לָנֶצַח מִשֹּׁפְטִי:

거기서[는] 곧은 자가 정당한 대우를 받게 되니, 그분과 함께. 내가 [분명히] 탈출/벗어
나리라, 영원히(탁월하게) 나의 재판관으로부터, 무죄판결을 [받게 되리라!]

23:8

הֵן קֶדֶם אֶהֱלֹךְ וְאֵינֶנּוּ וְאָחוֹר וְלֹא־אָבִין לוֹ:

보라! 앞으로(동쪽으로), 내가 걸어가도, 그분은 계시지 않는다. 그리고 뒤로(서쪽으로) 내가 걸어가도, 나는 그분을 분별할 수 없다.

23:9

שְׂמֹאול בַּעֲשׂתוֹ וְלֹא־אָחַז יַעְטֹף יָמִין וְלֹא אֶרְאֶה:

왼쪽(북쪽)으로 그가 행하신다(일하신다), 그러나 내가 주목할(볼) 수 없다. 그가 돌이 키신다, 오른쪽(남쪽)으로. 그러나 내가 볼 수 없다.

23:10

כִּי־יָדַע דֶּרֶךְ עִמָּדִי בְּחָנַנִי כַּזָּהָב אֵצֵא:

참으로 그는 아신다, 나와 함께한 길(나의 길)을. 그가 나를 시험/검증하신다, 금처럼 [검증하신 후, 검증해 보셔도] 내가 나갈 것이다.

23:11

בַּאֲשֻׁרוֹ אָחֲזָה רַגְלִי דַּרְכּוֹ שָׁמַרְתִּי וְלֹא־אָט:

그의 걸음으로(따라서), 나의 발이 [따라] 잡았다. 그의 길을 내가 지켰고 벗어나지 않았다.

23:12

מִצְוַת שְׂפָתָיו וְלֹא אָמִישׁ מֵחֻקִּי צָפַנְתִּי אִמְרֵי־פִיו:

그의 입술의 명령을(에서) 나는 물러서지 않았다. 나의 규정(일용할 양식/매일의 필요) 보다 그분의 입의 말씀을 내가 [더 소중하게] 간직했다.

23:13

וְהוּא בְאֶחָד וּמִי יְשִׁיבֶנּוּ וְנַפְשׁוֹ אִוְּתָה וַיָּעַשׂ:

그리고 그분은 한 생각을 가지고 계시다(한결같다), 그러니 누가 [그분을] 돌이키게 할 수 있으랴? 그분이(의) 혼(마음)이 바라시면(원하시면) 그분은 [그것을 반드시] 행하신다.

23:14

כִּי יַשְׁלִים חֻקִּי וְכָהֵנָּה רַבּוֹת עִמּוֹ:

참으로, 완전하게 하신다/이루신다, 나의 규정(일용할 양식/나에게 정하신 것)을. 그리고 이런 것들이 그분에게는 많다(허다하다).

23:15

עַל־כֵּן מִפָּנָיו אֶבָּהֵל אֶתְבּוֹנֵן וְאֶפְחַד מִמֶּנּוּ:

그러므로, 그분 앞으로부터, 나는 떤다(두려워한다). 내가 분별/깨닫게 되어서(생각하고) 무섭다/두렵다, 그분으로부터(인해).

וְאֵ֣ל הֵרַ֣ךְ לִבִּ֑י וְ֝שַׁדַּ֗י הִבְהִילָֽנִי׃

그리고 하나님께서 나의 마음을 약하게 만드신다. 그리고 나의 전능자께서 나를 두렵게 만드신다.

כִּֽי־לֹ֣א נִ֭צְמַתִּי מִפְּנֵי־חֹ֑שֶׁךְ וּ֝מִפָּנַ֗י כִּסָּה־אֹֽפֶל׃

그 이유는 내가(나에게) 끝나게 되지는 않았다, 어두움(하나님의 재앙)으로 인해. 그리고 나의 얼굴로부터 흑암을 그분이 덮으셨다.

מַדּ֗וּעַ מִ֭שַּׁדַּי לֹא־נִצְפְּנ֣וּ עִתִּ֑ים וְ֝יֹדְעָ֗יו לֹא־חָ֥זוּ יָמָֽיו׃

어째서 전능자로부터 정해져 있지 않은가, 그 (심판의) 때들이? 어째서 그분을 아는 자들이 주목/보지 못하는가(볼 수 없는가), 그분의 (심판의) 날들을?

גְּבֻל֥וֹת יַשִּׂ֑יגוּ עֵ֥דֶר גָּ֝זְל֗וּ וַיִּרְעֽוּ׃

[땅의] 경계표들을 그들이 제거한다/옮긴다. 양 떼를, 그들이 강탈/빼앗아 기른다.

חֲמ֣וֹר יְתוֹמִ֣ים יִנְהָ֑גוּ יַ֝חְבְּל֗וּ שׁ֣וֹר אַלְמָנָֽה׃

고아들의 수나귀를 그들이 몰고 간다. 그들이 볼모/전당 잡는다, 과부들의 소를.

יַטּ֣וּ אֶבְיוֹנִ֣ים מִדָּ֑רֶךְ יַ֥חַד חֻ֝בְּא֗וּ עֲנִיֵּי־אָֽרֶץ׃

그들이 밀쳐 낸다, 가난한 자들을 길에서부터, 전부 다(함께) 싸잡아서. [그래서] 이 땅(세상)의 가난한 자들(억압받는 자들)은, 스스로 숨는다.

הֵ֤ן פְּרָאִ֨ים ׀ בַּֽמִּדְבָּ֗ר יָצְא֣וּ בְּ֭פָעֳלָם מְשַׁחֲרֵ֣י לַטָּ֑רֶף עֲרָבָ֥ה ל֝֗וֹ לֶ֣חֶם לַנְּעָרִֽים׃

보라! 광야(거친 땅)의 들나귀들[처럼] 그들은 나가서, 그들의 일속에 있다. 그들은 열심히 찾아다닌다, 먹을 것을 위해. 광야/사막은 그에게(그들에게) 어린 자식을 위한 음식을 [공급한다].

בְּשָׂדֵהוּ בְּלִילוֹ יִקְצוֹרוּ וְכֶרֶם רָשָׁע יְלַקֵּשׁוּ:

그의 곡식/사료 [같은 음식]를 [남의] 밭에서 그들은 벤다. 그리고 악인의 포도를(악인의 포도원에서).

24:7

עָרוֹם יָלִינוּ מִבְּלִי לְבוּשׁ וְאֵין כְּסוּת בַּקָּרָה:

벌거벗은 몸으로 밤을 새운다(지낸다), 옷이 없기에. 그리고 추위에 덮은(덮을) 것이 없기에.

24:8

מִזֶּרֶם הָרִים יִרְטָבוּ וּמִבְּלִי מַחְסֶה חִבְּקוּ־צוּר:

산들의(산중의) 소나기로 인해 그들은 젖는다. 그리고(그러나) 피난처가 없어서, 그들은 바위를 껴안고 있다.

24:9

יִגְזְלוּ מִשֹּׁד יָתוֹם וְעַל־עָנִי יַחְבֹּלוּ:

그들(악인들)이 뜯어낸다(빼앗는다), 가슴에서부터 고아를. 그리고 가난한 자를(가난한 자의 아이를) 전당/볼모 잡는다.

24:10

עָרוֹם הִלְּכוּ בְּלִי לְבוּשׁ וּרְעֵבִים נָשְׂאוּ עֹמֶר:

벌거벗고 그들이 다닌다, 옷이 없기에. 오멜/곡식을 나르면서도 굶주리고 있다(굶주린 상태에서도 곡식을 날라야 한다).

24:11

בֵּין־שׁוּרֹתָם יַצְהִירוּ יְקָבִים דָּרְכוּ וַיִּצְמָאוּ:

그들의 벽들 사이에서 그들은 기름을 짠다. 그들의 술틀을 밟는다, 그래도 그들은 목마르다.

24:12

מֵעִיר מְתִים יִנְאָקוּ וְנֶפֶשׁ־חֲלָלִים תְּשַׁוֵּעַ וֶאֱלוֹהַּ לֹא־יָשִׂים תִּפְלָה:

성에서 많은 이들(남자들)이 신음한다. 그리고 찔린(상한) 혼이 소리친다. 그러나 하나님께서는 그 비참한 상태에 [마음을] 두지 않으신다.

24:13

הֵמָּה הָיוּ בְּמֹרְדֵי־אוֹר לֹא־הִכִּירוּ דְּרָכָיו וְלֹא יָשְׁבוּ

בִּנְתִיבֹתָיו:

그들이 이러하다. 그들은 빛을 반역하는 자들 중에 있어서, 그(빛)의 길을 동의하지 아니한다. 그리고 그 (빛)의 도로(첩경)에 거하지 아니한다.

24:14

לָאוֹר יָקוּם רוֹצֵחַ יִקְטָל־עָנִי וְאֶבְיוֹן וּבַלַּיְלָה יְהִי כַגַּנָּב:

빛을 향해 [새벽/대낮에] 일어나서 살인하는 자들, 비천한(불쌍한) 자를 죽인다. 그리고 가난한 자에게 밤에 도둑처럼 된다.

24:15

וְעֵין נֹאֵף שָׁמְרָה נֶשֶׁף לֵאמֹר לֹא־תְשׁוּרֵנִי עָיִן וְסֵתֶר פָּנִים יָשִׂים:

그리고 간음자의 눈이 지킨다/기다린다, 황혼을(해지기를), 말하기를(말하고자) (그 어떤) 눈도 나를 보지 못하리라, 그리고 얼굴을 덮어(변장해서) 놓는다.

24:16

חָתַר בַּחֹשֶׁךְ בָּתִּים יוֹמָם חִתְּמוּ־לָמוֹ לֹא־יָדְעוּ אוֹר:

밤에 집을 뚫는 자(도둑)는 낮에는 [집 안에] 자신을 밀폐시켜(가두어) 놓으니, 빛을 알지 못한다(신경 쓰지 않는다).

24:17

כִּי יַחְדָּו בֹּקֶר לָמוֹ צַלְמָוֶת כִּי־יַכִּיר בַּלְהוֹת צַלְמָוֶת:

참으로 [그들 모두가] 하나같이 아침을 자신에게 흑암으로 [여긴다]. 참으로/왜냐하면 흑암의 두려움(무시무시함)에 친하기 때문이다.

24:18

קַל־הוּא עַל־פְּנֵי־מַיִם תְּקֻלַּל חֶלְקָתָם בָּאָרֶץ לֹא־יִפְנֶה דֶּרֶךְ כְּרָמִים:

그는(그들은) 수면 위에 가볍다(수면 위를 떠내려가듯 빠르게 지나간다). 땅에서 그들의 산업이 저주받는다, [다시는] 그들의 포도원 길로 향할 수 없게 된다.

24:19

צִיָּה גַם־חֹם יִגְזְלוּ מֵימֵי־שֶׁלֶג שְׁאוֹל חָטָאוּ:

가뭄과 또한 더위가 눈 [녹은] 물을 말리듯(가져가듯), 음부(스올)가 죄인들에게 [그러하다/그러하리라].

24:20

יְשָׁכָּחֵהוּ רֶחֶם מְתָקוֹ רִמָּה עוֹד לֹא־יִזָּכֵר וַתִּשָּׁבֵר כָּעֵץ
עַוְלָה:

자궁(어머니)이 그를 잊어버리고, 구더기가 진미로 먹으리라(맛있게 먹으리라). 다시(
더 이상) 기억되지 못하고 [그] 악함/부정함이 나무처럼 꺾이리라.

24:21

רֹעֶה עֲקָרָה לֹא תֵלֵד וְאַלְמָנָה לֹא יְיֵטִיב:

그는 방목/학대했다, [아이] 낳지 못하는 불임 여성을. 그리고 과부를 선하게 대하지 않
는다.

24:22

וּמָשַׁךְ אַבִּירִים בְּכֹחוֹ יָקוּם וְלֹא־יַאֲמִין בַּחַיִּין:

그리고 그분이 끌어당기신다, 강한 자들(완고한 자들)을, 그분의 힘으로. 그(그분)가 일
어난다(그가 일어나시면), 그들이 살 거라는 확신이 없을 것이다.

24:23

יִתֶּן־לוֹ לָבֶטַח וְיִשָּׁעֵן וְעֵינֵיהוּ עַל־דַּרְכֵיהֶם:

그분이 주신다, 그에게 안전함을. 그래서 그가 기댈 수 있게 하신다. 곧(그러나) 그분의
눈이 그들의 길 위에 있다.

24:24

רוֹמּוּ מְעַט וְאֵינֶנּוּ וְהֻמְּכוּ כַּכֹּל יִקָּפֵצוּן וּכְרֹאשׁ שִׁבֹּלֶת
יִמָּלוּ:

그들은 높였다가, 잠시 동안, 그리고 사라진다. 그리고 낮아져(비천하게 되어) 함께 모
아놓은 [곡식단]처럼 그리고 곡식의 이삭처럼 마를(시들) 것이다.

24:25

וְאִם־לֹא אֵפוֹ מִי יַכְזִיבֵנִי וְיָשֵׂם לְאַל מִלָּתִי: ס

그리고 만약(정말로) 그렇지 않은가? 누가 내 말이 틀렸다고 증명할 수/헛되게 할 수 있
느냐? 싸멕(문단분리표시).

25:1

וַיַּעַן בִּלְדַּד הַשֻּׁחִי וַיֹּאמַר:

그리고 대답(반응)했다, 빌닷, 수아 사람이 그리고 말했다.

25:2

הַמְשֵׁל וָפַחַד עִמּוֹ עֹשֶׂה שָׁלוֹם בִּמְרוֹמָיו:

그 통치권과 위엄(두려움)이 그분과 함께한다(그분과 함께 있다), [그분은] 평화를 행하시는 분, 그분의 높은 곳에서.

25:3

הֲיֵשׁ מִסְפָּר לִגְדוּדָיו וְעַל־מִי לֹא־יָקוּם אוֹרֵהוּ׃

있겠는가, 그 수가 그분의 군대에? 그분의 빛이 일어나지(비치지) 않는 자가 누구인가?

25:4

וּמַה־יִּצְדַּק אֱנוֹשׁ עִם־אֵל וּמַה־יִּזְכֶּה יְלוּד אִשָּׁה׃

그러니, 어찌 의롭겠는가, 죽을 인간이 하나님과 함께(곁에서/비교해서), 그리고 어찌 깨끗하다/순결하다 하겠는가, 여자가 출산한 존재가?

25:5

הֵן עַד־יָרֵחַ וְלֹא יַאֲהִיל וְכוֹכָבִים לֹא־זַכּוּ בְעֵינָיו׃

보라! [빛나는] 달도 깨끗하지 못하고, 별도 맑지 못하다, 그분의 눈에는.

25:6

אַף כִּי־אֱנוֹשׁ רִמָּה וּבֶן־אָדָם תּוֹלֵעָה׃ פ

하물며(감히), 참으로 죽을 인간이, 벌레 같은 사람이, 구더기 같은 사람의 아들이! 페(마침표).

26:1

וַיַּעַן אִיּוֹב וַיֹּאמַר׃

그리고 대답했다, 욥이 그리고 말했다.

26:2

מֶה־עָזַרְתָּ לְלֹא־כֹחַ הוֹשַׁעְתָּ זְרוֹעַ לֹא־עֹז׃

어떻게(참으로) 네가 도왔느냐, 힘없는 자를? 어떻게(참으로) 네가 구원하였느냐, 기력(힘) 없는 팔을?

26:3

מַה־יָּעַצְתָּ לְלֹא חָכְמָה וְתוּשִׁיָּה לָרֹב הוֹדָעְתָּ׃

어떻게(참으로) 네가 충고했느냐, 지혜 없는 자를? 네가 무슨 지식을 알게 해 주었느냐, 많은 이들에게?

26:4

אֶת־מִי הִגַּדְתָּ מִלִּין וְנִשְׁמַת־מִי יָצְאָה מִמֶּךָּ׃

누구에게(향해) 말들을 발설하느냐? 그리고 누구의 호흡/숨결(영감)이 너로부터 나왔느냐?

26:5

הָרְפָאִים יְחוֹלָלוּ מִתַּחַת מַיִם וְשֹׁכְנֵיהֶם:

죽은 영들이 꼬여 있다(몸부림친다), [바로] 물밑에 거주하는 그 영들이.

26:6

עָרוֹם שְׁאוֹל נֶגְדּוֹ וְאֵין כְּסוּת לָאֲבַדּוֹן:

바로 그분 앞에 스올(지옥)이 드러나 있고, 아바돈(멸망의 장소)도 가려지지 않는다.

26:7

נֹטֶה צָפוֹן עַל־תֹּהוּ תֹּלֶה אֶרֶץ עַל־בְּלִי־מָה:

[하나님께서는] 자폰(북쪽 하늘, 신들의 거처)의 허공 위에 펼치시고(창조하시고), 땅을
빈 공간에 매달아 놓으셨다.

26:8

צֹרֵר־מַיִם בְּעָבָיו וְלֹא־נִבְקַע עָנָן תַּחְתָּם:

물을 싸매신다(포장/감싸신다), 그의 구름에. 그래도 구름의 아랫부분이 찢어지지 않는
다.

26:9

מְאַחֵז פְּנֵי־כִסֵּה פַּרְשֵׁז עָלָיו עֲנָנוֹ:

[하나님께서는] 보좌의 앞(보름달)을 움켜잡으신다(덮으신다), 그분의 구름으로. 그것(
보좌/보름달) 위에 펼치신다.

26:10

חֹק־חָג עַל־פְּנֵי־מָיִם עַד־תַּכְלִית אוֹר עִם־חֹשֶׁךְ:

그분이 물 위에 경계를 정하셨다, 빛과 어둠(밤)의 경계선으로.

26:11

עַמּוּדֵי שָׁמַיִם יְרוֹפָפוּ וְיִתְמְהוּ מִגַּעֲרָתוֹ:

하늘의 기둥들이 떨고(흔들리고) 놀란다, 그분의 꾸짖음으로 인해.

26:12

בְּכֹחוֹ רָגַע הַיָּם וּבִתְבוּנָתוֹ מָחַץ רָהַב:

그분의 힘으로 바다를 잠잠케 하시고, 그분의 명철로 라합(바다 괴물)을 박살 내신다.

26:13

בְּרוּחוֹ שָׁמַיִם שִׁפְרָה חֹלֲלָה יָדוֹ נָחָשׁ בָּרִיחַ:

그분의 영(호흡)으로 하늘을 맑게 (단장)하시고, 그분의 손으로 도망치는 (날쌘) 뱀을 찌

르신다.

26:14

הֶן־אֵלֶּה קְצ֣וֹת דְּרָכ֗וֹ וּמַה־שֵּׁ֣מֶץ דָּבָר֮ נִשְׁמַע־בּ֒וֹ וְרַ֥עַם
גְּבוּרֹתָ֗יו מִ֣י יִתְבּוֹנָ֑ן׃ ס

보라! 이런 것들은 변두리(단면)일 뿐이다. 그분의 길(행사)에. 그분에 대해 우리가 들은 작은 말/행동일 뿐이지 않느냐? [하물며] 그분의 힘의 천둥을 누가 분별/헤아릴 수 있으랴? 싸멕(문단분리표시).

27:1

וַיֹּ֣סֶף אִ֭יּוֹב שְׂאֵ֥ת מְשָׁל֗וֹ וַיֹּאמַֽר׃

그리고 추가했다, 욥이, 그의 잠언(담론)을 들어서(사용해서) 그리고 말했다.

27:2

חַי־אֵ֭ל הֵסִ֣יר מִשְׁפָּטִ֑י וְ֝שַׁדַּ֗י הֵמַ֥ר נַפְשִֽׁי׃

살아계신 하나님께서 나의 재판(나에 대한 공정한 판결)을 치워 버리셨다(거부/거절하셨다), 그리고(그래서) 나의 전능자가 내 혼을 쓰게 한다.

27:3

כִּֽי־כָל־ע֣וֹד נִשְׁמָתִ֣י בִ֑י וְר֖וּחַ אֱל֣וֹהַּ בְּאַפִּֽי׃

참으로 아직은 나의 호흡이 전부 내 안에 [있으니], 하나님의 영이 내 코에 [있는 한].

27:4

אִם־תְּדַבֵּ֥רְנָה שְׂפָתַ֗י עַוְלָ֑ה וּ֝לְשׁוֹנִ֗י אִם־יֶהְגֶּ֥ה רְמִיָּֽה׃

만약(참으로) 내 입술이 악한 것을 말하지 않을 것이며, 결코 내 혀가 거짓을 소리 내지(묵상하지) 않을 것이다.

27:5

חָלִ֣ילָה לִּי֮ אִם־אַצְדִּ֪יק אֶ֫תְכֶ֥ם עַד־אֶגְוָ֑ע לֹא־אָסִ֖יר תֻּמָּתִ֣י
מִמֶּֽנִּי׃

결단코 나는 너희들을 의롭다(너희 말이 옳다) 하지 않으리라, 내가 죽기까지. 나의 무죄 주장을 나로부터 포기하지 않으리라.

27:6

בְּצִדְקָתִ֣י הֶ֭חֱזַקְתִּי וְלֹ֣א אַרְפֶּ֑הָ לֹֽא־יֶחֱרַ֥ף לְ֝בָבִ֗י מִיָּמָֽי׃

나의 정의를 내가 굳게 잡고 놓치지 않으리라. 나의 마음(양심)이 일생 동안 나를 책망하지 않았다.

27:7

יְהִ֣י כְ֭רָשָׁע אֹיְבִ֑י וּמִתְקוֹמְמִ֥י כְעַוָּֽל׃

나의 적/원수는 악인처럼 될 것이다. 나를 치려고 일어나는 자는 부정한/악한 자처럼 [되기를 원한다].

27:8

כִּ֤י מַה־תִּקְוַ֣ת חָ֭נֵף כִּ֣י יִבְצָ֑ע כִּ֤י יֵ֖שֶׁל אֱל֣וֹהַּ נַפְשֽׁוֹ׃

참으로 무슨 끈(소망)이 있겠는가, 위선자(하나님을 믿지 않는 자)에게? 참으로 그가 [부당한] 이익을 취해도 참으로 하나님께서 그 혼을 취하실 것이다.

27:9

הַֽ֭צַעֲקָתוֹ יִשְׁמַ֥ע אֵ֑ל כִּֽי־תָב֖וֹא עָלָ֣יו צָרָֽה׃

그의 절규(도움/부르짖음)를 하나님께서 들으시겠느냐, 참으로 그에게 어려움(재난)이 닥칠 때?

27:10

אִם־עַל־שַׁ֭דַּי יִתְעַנָּ֑ג יִקְרָ֖א אֱל֣וֹהַּ בְּכָל־עֵֽת׃

그 악인이 어떻게 전능자로 인하여 기뻐할 수 있겠는가? 항상/언제라도 하나님을 부를 수조차 있겠느냐?

27:11

אוֹרֶ֣ה אֶתְכֶ֣ם בְּיַד־אֵ֑ל אֲשֶׁ֥ר עִם־שַׁ֝דַּ֗י לֹ֣א אֲכַחֵֽד׃

내가 쏟아 내리라(내가 가르쳐 주리라), 너희들에게, 하나님의 손을(하나님께서 하시는 일을). 전능자와 함께한 것을 내가 숨기지 않으리라.

27:12

הֵן־אַתֶּ֣ם כֻּלְּכֶ֣ם חֲזִיתֶ֑ם וְלָמָּה־זֶּ֝֗ה הֶ֣בֶל תֶּהְבָּֽלוּ׃

보라, 너희들이 모두 보았다, [나의 순전한 삶을]. 그런데 어째서 이토록 공허한(헛된) 말을 하는 사람들이 되었는가?

27:13

זֶ֤ה חֵֽלֶק־אָדָ֖ם רָשָׁ֥ע עִם־אֵ֑ל וְֽנַחֲלַ֥ת עָ֝רִיצִ֗ים מִשַּׁדַּ֥י יִקָּֽחוּ׃

이것이 악한 사람(인간)의 몫(할당)이다, 하나님과 함께(하나님으로부터). 곧 전능자로부터 취하게(받게) 될 포악한 자의 유산(유업)이다.

27:14

אִם־יִרְבּ֣וּ בָנָ֣יו לְמוֹ־חָ֑רֶב וְ֝צֶאֱצָאָ֗יו לֹ֣א יִשְׂבְּעוּ־לָֽחֶם׃

그(악인)의 아들(자손/후손)이 많아진다 해도, 칼을 항해(칼을 향해 죽을 운명이다). 그 후손들은 배부르지(만족하지) 못하리라, 빵을 향해.

27:15

שְׂרִידָו בַּמָּוֶת יִקָּבֵרוּ וְאַלְמְנֹתָיו לֹא תִבְכֶּינָה:

남자들은 죽음의 병(죽을 병)으로 매장될 것이다. 그의 과부들은 울지도 못하리라.

27:16

אִם־יִצְבֹּר כֶּעָפָר כָּסֶף וְכַחֹמֶר יָכִין מַלְבּוּשׁ:

만약(비록) 그가 쌓아 두더라도, 은을 티끌처럼 (많이) 그리고 진흙더미처럼 (많이) 옷을 세워도(준비해도),

27:17

יָכִין וְצַדִּיק יִלְבָּשׁ וְכֶסֶף נָקִי יַחֲלֹק:

그 세운(준비한) 것을 의인이 입을 것이며, 그리고 그 은도 깨끗한 자가 나눌 것이다.

27:18

בָּנָה כָעָשׁ בֵּיתוֹ וּכְסֻכָּה עָשָׂה נֹצֵר:

그가 그의 집을 지으나, 나방(moth)의 집과 같고, 파수꾼이 만든 임시 거처/움막 같으리라.

27:19

עָשִׁיר יִשְׁכַּב וְלֹא יֵאָסֵף עֵינָיו פָּקַח וְאֵינֶנּוּ:

부자로(부자가 되어) 눕지만, 그가 눈을 떴을 때(뜨자) 모아지지 못하고, 없어질 것이다.

27:20

תַּשִּׂיגֵהוּ כַמַּיִם בַּלָּהוֹת לַיְלָה גְּנָבַתּוּ סוּפָה:

공포가 물처럼 그를 삼킬(덮칠) 것이며, 밤의 폭풍이 그를 잡아챌 것이다.

27:21

יִשָּׂאֵהוּ קָדִים וְיֵלַךְ וִישָׂעֲרֵהוּ מִמְּקֹמוֹ:

동풍이 그를 들어 올려서 날려 버리고, 그의 장소(처소)로부터 그를 쓸어버릴 것이다.

27:22

וְיַשְׁלֵךְ עָלָיו וְלֹא יַחְמֹל מִיָּדוֹ בָּרוֹחַ יִבְרָח:

그리고 그분께서 그를 던져 버리시고, 그는 그분 손으로부터 도망칠 수 없으리라.

27:23

יִשְׂפֹּק עָלֵימוֹ כַפֵּימוֹ וְיִשְׁרֹק עָלָיו מִמְּקֹמוֹ:

사람들은 손뼉을 치며, 그들이 있는 자리에서 그에 대해 조롱하는 소리를 낼 것이다.

28:1

כִּי יֵשׁ לַכֶּסֶף מוֹצָא וּמָקוֹם לַזָּהָב יָזֹקּוּ׃

참으로 은에게는 광산이 있고, 제련하는 금을 위해서도 장소가 있다.

28:2

בַּרְזֶל מֵעָפָר יֻקָּח וְאֶבֶן יָצוּק נְחוּשָׁה׃

철은 흙에서 취하고(얻고) 그리고 돌을 녹여서 동[을 얻는다].

28:3

קֵץ שָׂם לַחֹשֶׁךְ וּלְכָל־תַּכְלִית הוּא חוֹקֵר אֶבֶן אֹפֶל
וְצַלְמָוֶת׃

끝/목적을 둔다, 어두움(흑암)을 향해. 그리고 가장 끝까지 사람이 수색하며, 음침함 그리고 죽음의 그림자[까지].

28:4

פָּרַץ נַחַל מֵעִם־גָּר הַנִּשְׁכָּחִים מִנִּי־רָגֶל דַּלּוּ מֵאֱנוֹשׁ נָעוּ׃

갱들을 뚫어서, 사람 사는 곳에서 멀리까지, 발로부터, 잊혀진 곳까지(사람들이 전혀 다니지 않는 곳까지). 그들이 내려간다(매달린다), 사람(사람 사는 세상)으로부터 멀어져, 흔들거린다.

28:5

אֶרֶץ מִמֶּנָּה יֵצֵא־לָחֶם וְתַחְתֶּיהָ נֶהְפַּךְ כְּמוֹ־אֵשׁ׃

땅(의 표면 얇은 흙)으로부터는 식물(먹을 것)이 나오지만, 그 아래/깊은 곳은 불 속처럼 끓고 있다(뒤집혀 있다).

28:6

מְקוֹם־סַפִּיר אֲבָנֶיהָ וְעַפְרֹת זָהָב לוֹ׃

그 장소에 돌들 중에 사파이어(남보석)도 있고, 사금(가루 금)도 있다.

28:7

נָתִיב לֹא־יְדָעוֹ עָיִט וְלֹא שְׁזָפַתּוּ עֵין אַיָּה׃

그리로 갈 수 있는 길은 솔개도 알지 못한다. 그리고 매의 눈도 보지 못한다.

28:8

לֹא־הִדְרִיכֻהוּ בְנֵי־שָׁחַץ לֹא־עָדָה עָלָיו שָׁחַל׃

위엄 있는 동물도 밟아 본 적이 없고, 사자도 그 위로 지나가지 못했다.

28:9

בַּֽחַלָּמִ֣ישׁ שָׁלַ֣ח יָד֑וֹ הָפַ֖ךְ מִשֹּׁ֣רֶשׁ הָרִֽים׃

단단한 바위 위에 그(사람)의 손을 내보내고(그 바위를 파괴하고) 산들의 뿌리까지 뒤집어 보며.

28:10

בַּ֭צּוּרוֹת יְאֹרִ֣ים בִּקֵּ֑עַ וְכָל־יְ֝קָ֗ר רָאֲתָ֥ה עֵינֽוֹ׃

바위들 사이로 물길을 파서, 값진(보석) 모든 것을 그의 눈으로 보며,

28:11

מִ֭בְּכִי נְהָר֣וֹת חִבֵּ֑שׁ וְ֝תַעֲלֻמָ֗הּ יֹ֣צִא אֽוֹר׃ פ

강물을 막고, 모아서 새지 못하게 하고 감추어진 것을 밝은 곳으로 나가게 만든다. 페(마침표).

28:12

וְֽ֭הַחָכְמָה מֵאַ֣יִן תִּמָּצֵ֑א וְאֵ֥י זֶ֗ה מְק֣וֹם בִּינָֽה׃

하지만 그 지혜는 어디로부터 발견할 수 있는가? 분별/명철의 장소는 어디인가?

28:13

לֹא־יָדַ֣ע אֱנ֣וֹשׁ עֶרְכָּ֑הּ וְלֹ֥א תִ֝מָּצֵ֗א בְּאֶ֣רֶץ הַֽחַיִּֽים׃

죽을 인생(사람)은 지혜를 살, 그 가치/값을 알지 못한다. 사람이 사는 땅에서는 발견/만날 수 없다.

28:14

תְּה֣וֹם אָ֭מַר לֹ֣א בִי־הִ֑יא וְיָ֥ם אָ֝מַ֗ר אֵ֣ין עִמָּדִֽי׃

심연/깊은 물(바다)이 말한다, 내 속에 [그것이] 있지 않다. 그리고 바다도 말한다, [그것이] 나와 함께 있지 않다.

28:15

לֹא־יֻתַּ֣ן סְג֣וֹר תַּחְתֶּ֑יהָ וְלֹ֥א יִ֝שָּׁקֵ֗ל כֶּ֣סֶף מְחִירָֽהּ׃

[그 지혜의] 대가로 황금상자를 주어도 [소용]없고, 은을 달아 준다고 해도 그 값을 [감당할 수] 없다.

28:16

לֹֽא־תְ֭סֻלֶּה בְּכֶ֣תֶם אוֹפִ֑יר בְּשֹׁ֖הַם יָקָ֣ר וְסַפִּֽיר׃

오빌의 황금, 귀한(값비싼) 호마노, 사파이어로도 [지혜의] 값에 합당치 않다.

28:17

לֹא־יַעַרְכֶ֣נָּה זָ֭הָב וּזְכוֹכִ֑ית וּתְמֽוּרָתָ֥ה כְּלִי־פָֽז׃

금, 수정과도 옆에 놓을 수 없다(비교가 안 된다). 순금으로 만든 그 어떤 물건과도 교환/
교체할 수 없다.

28:18

רָאמ֣וֹת וְ֭גָבִישׁ לֹ֣א יִזָּכֵ֑ר וּמֶ֥שֶׁךְ חָ֝כְמָ֗ה מִפְּנִינִֽים׃

산호와 (흑)진주, 언급할 가치도 없고, 지혜의 가치는 루비보다 귀하다.

28:19

לֹֽא־יַ֭עַרְכֶנָּה פִּטְדַת־כּ֑וּשׁ בְּכֶ֥תֶם טָ֝ה֗וֹר לֹ֣א תְסֻלֶּֽה׃ פ

구스의 황옥(토파즈)와도 비교 대상이 안 되고, 황금으로도 그 값에 [합당할 만큼] 매겨
질 수 없다. 페(마침표).

28:20

וְֽ֭הַחָכְמָה מֵאַ֣יִן תָּב֑וֹא וְאֵ֥י זֶ֝֗ה מְק֣וֹם בִּינָֽה׃

그러면 그 지혜는 어디서부터 오는 것인가? 명철(이해/분별)의 장소는 어디인가?

28:21

וְֽ֭נֶעֶלְמָה מֵעֵינֵ֣י כָל־חָ֑י וּמֵע֖וֹף הַשָּׁמַ֣יִם נִסְתָּֽרָה׃

그리고 모든 살아 있는 것들의 눈으로부터 감추어져, 하늘의 새들(의 눈)로부터 숨겨져
있다.

28:22

אֲבַדּ֣וֹן וָ֭מָוֶת אָמְר֑וּ בְּ֝אָזְנֵ֗ינוּ שָׁמַ֥עְנוּ שִׁמְעָֽהּ׃

아바돈(멸망의 장소)과 사망조차 말한다, 우리 귀로 그 소문/명성을 들었을 뿐이다.

28:23

אֱ֭לֹהִים הֵבִ֣ין דַּרְכָּ֑הּ וְ֝ה֗וּא יָדַ֥ע אֶת־מְקוֹמָֽהּ׃

하나님께서 그 (지혜의) 길을 분별하시며, 그 (지혜)가 있는 장소를 아신다.

28:24

כִּי־ה֭וּא לִקְצוֹת־הָאָ֣רֶץ יַבִּ֑יט תַּ֖חַת כָּל־הַשָּׁמַ֣יִם יִרְאֶֽה׃

그 이유는(참으로) 그분께서 땅의 끝까지 주목하시며, 모든 하늘의 아래를 보시기 때문
이다.

28:25

לַעֲשׂ֣וֹת לָר֣וּחַ מִשְׁקָ֑ל וּ֝מַ֗יִם תִּכֵּ֥ן בְּמִדָּֽה׃

바람의 무게를 행하신다(달아보신다/재어 보신다), 물의 치수/분량을 측정하신다.

28:26

בַּעֲשֹׂתוֹ לַמָּטָר חֹק וְדֶרֶךְ לַחֲזִיז קֹלוֹת:

그 [때] 비에게(향해) 명령/행하실 때, 그리고 길을(정하셨다), 번개와 소리(천둥)를 향해.

28:27

אָז רָאָה וַיְסַפְּרָהּ הֱכִינָהּ וְגַם־חֲקָרָהּ:

그때에 그분께서 보셨고, 계산(셈/선포)하셨다, (그 지혜를). 그가 세우시고 또한 조사/시험(증명)하셨다.

28:28

וַיֹּאמֶר לָאָדָם הֵן יִרְאַת אֲדֹנָי הִיא חָכְמָה וְסוּר מֵרָע בִּינָה: ס

그리고 말씀하셨다, 사람에게, 보라! 주님을 경외함이 바로 지혜이고, 악에서부터 피함(떠남)이 명철/분별이다. 싸멕(문단분리표시).

29:1

וַיֹּסֶף אִיּוֹב שְׂאֵת מְשָׁלוֹ וַיֹּאמַר:

그리고 추가했다, 욥이, 그의 잠언(담론)을 들어서(사용해서) 그리고 말했다.

29:2

מִי־יִתְּנֵנִי כְיַרְחֵי־קֶדֶם כִּימֵי אֱלוֹהַּ יִשְׁמְרֵנִי:

오! 내가 줄(될) 수 있다면! 지나간 달(월)들처럼, 하나님께서 나를 지켜 주시던 날들처럼!

29:3

בְּהִלּוֹ נֵרוֹ עֲלֵי רֹאשִׁי לְאוֹרוֹ אֵלֶךְ חֹשֶׁךְ:

[그때는] 그분께서 그분의 등불을 나의 머리 위에(로) 비춰 주셨기에, 그분의 빛을 따라(으로) 흑암 [같은 인생을 밝게] 걸었었는데.

29:4

כַּאֲשֶׁר הָיִיתִי בִּימֵי חָרְפִּי בְּסוֹד אֱלוֹהַּ עֲלֵי אָהֳלִי:

나의 추수철(전성기)의 날들에, 내가 지내던/살았던 때처럼, 하나님의 총회(친교/신적 교제)가 나의 장막 위에 있었다.

29:5

בְּעוֹד שַׁדַּי עִמָּדִי סְבִיבוֹתַי נְעָרָי:

그때는 늘(계속), 전능자께서 나와 함께하셔서, 나의 자녀(종)들이 나를 둘러(내 주위에)

있었다.

29:6

בִּרְחֹץ הֲלִיכַי בְּחֵמָה וְצוּר יָצוּק עִמָּדִי פַּלְגֵי־שָׁמֶן:

[그때는] 우유(버터/젖이 풍부해서)로 내 발을 적셨다. 그리고 바위가 나를 위해 기름 시
내를 쏟아부었다(흘러넘쳤다).

29:7

בְּצֵאתִי שַׁעַר עֲלֵי־קָרֶת בָּרְחֹוב אָכִין מֹושָׁבִי:

[그때는] 내가 나갔다, 도시의 성문 앞에, [그곳의] 넓은 공간에 나의 자리가 세워졌다(
마련되어 있었다).

29:8

רָאוּנִי נְעָרִים וְנֶחְבָּאוּ וִישִׁישִׁים קָמוּ עָמָדוּ:

젊은이들은 나를 보고 숨었고(길을 비켰고), 노인들은 일어나서 서 있었다.

29:9

שָׂרִים עָצְרוּ בְמִלִּים וְכַף יָשִׂימוּ לְפִיהֶם:

지도자들(관리들/공무원들)은 그들의 입에 손을 두어(가려서) 말하기를 자제했다.

29:10

קֹול־נְגִידִים נֶחְבָּאוּ וּלְשֹׁונָם לְחִכָּם דָּבֵקָה:

귀족들의 소리도 숨겼다(조심했다). 그래서 그들의 혀들이 그들의 입천장에 붙어 있었
다.

29:11

כִּי אֹזֶן שָׁמְעָה וַתְּאַשְּׁרֵנִי וְעַיִן רָאֲתָה וַתְּעִידֵנִי:

참으로 귀가 듣고서 나를 축복했고 눈이 보고서 나를(위해) 증언/증거했다.

29:12

כִּי־אֲמַלֵּט עָנִי מְשַׁוֵּעַ וְיָתֹום וְלֹא־עֹזֵר לֹו:

그 이유는 부르짖는 가난한(온유한/비천한) 자를 내가 구해 주었고, 도움 없는(도울 사
람 없는) 고아들도 구해 주었기 때문이다.

29:13

בִּרְכַּת אֹבֵד עָלַי תָּבֹא וְלֵב אַלְמָנָה אַרְנִן:

사라져/소멸되어 가는 자도 나를 위해 복을 빌어 주었고, 과부의 마음을 내가 기뻐 노래
하게 했다.

29:14

צֶ֭דֶק לָבַ֣שְׁתִּי וַיִּלְבָּשֵׁ֑נִי כִּמְעִ֥יל וְ֝צָנִ֗יף מִשְׁפָּטִֽי׃

의로(옳음으로) 내가 옷 입고 나를 감싸서, 나의 공의/정의는 [나의] 겉옷과 관(터번) 같았다.

29:15

עֵינַ֣יִם הָ֭יִיתִי לַֽעִוֵּ֑ר וְרַגְלַ֖יִם לַפִּסֵּ֣חַ אָֽנִי׃

나는 시각장애인의 눈이 되었고 하반신 장애인의 발도 되어 주었다.

29:16

אָ֣ב אָ֭נֹכִי לָֽאֶבְיוֹנִ֑ים וְרִ֖ב לֹא־יָדַ֣עְתִּי אֶחְקְרֵֽהוּ׃

나는 가난한 자들의 아버지가 되었고, 내가 잘 알지 못하는 사람(이방인)의 송사/재판까지 조사/해결해 주었다.

29:17

וָֽ֭אֲשַׁבְּרָה מְתַלְּע֣וֹת עַוָּ֑ל וּ֝מִשִּׁנָּ֗יו אַשְׁלִ֥יךְ טָֽרֶף׃

내가 사악한 자의 송곳니(어금니/턱)를 부서트렸고 그의 이 사이에서 먹잇감을 내던졌다(빼내 주었다).

29:18

וָ֭אֹמַר עִם־קִנִּ֣י אֶגְוָ֑ע וְ֝כַח֗וֹל אַרְבֶּ֥ה יָמִֽים׃

그래서 내가 말했다, 나의 둥지에서 내가 [평안히] 죽을 것이며 나의 날들(수명)은 모래처럼 많으리라.

29:19

שָׁרְשִׁ֣י פָת֣וּחַ אֱלֵי־מָ֑יִם וְ֝טַ֗ל יָלִ֥ין בִּקְצִירִֽי׃

나의 뿌리는 물로 뻗었고 이슬이 나의 가지에 밤새 머물렀다.

29:20

כְּ֭בוֹדִי חָדָ֣שׁ עִמָּדִ֑י וְ֝קַשְׁתִּ֗י בְּיָדִ֥י תַחֲלִֽיף׃

내 영광은 나와 함께 새로워지고, 내 활은 내 손에서 미끄러졌다(부드럽게 휘었다).

29:21

לִֽי־שָׁמְע֥וּ וְיִחֵ֑לּוּ וְ֝יִדְּמ֗וּ לְמ֣וֹ עֲצָתִֽי׃

사람들이 나를(나의 말을) 들으려 기다렸고, 나의 말/충고에 잠잠했다.

29:22

אַחֲרֵ֣י דְ֭בָרִי לֹ֣א יִשְׁנ֑וּ וְ֝עָלֵ֗ימוֹ תִּטֹּ֥ף מִלָּתִֽי׃

나의 말 이후에(내가 말한 후에) 그들이 더 말하지 않았으니, 그들에게서 나의 말은(연설은) [비처럼] 떨어지는 것이었다(은혜였다).

וַיִּֽחֲלוּ כַמָּטָר לִי וּפִיהֶם פָּעֲרוּ לְמַלְקֽוֹשׁ׃

그들은 기다렸다, 나를(나의 말을). 늦은 비를 [사모하듯], 그들의 입을 벌렸다.

אֶשְׂחַק אֲלֵהֶם לֹא יַאֲמִינוּ וְאֹור פָּנַי לֹא יַפִּילֽוּן׃

그들이 믿지 못하는(의지할 것 없는) 상태일 때, 내가 웃어 주면, 내 얼굴 빛(그 웃음)을 그들은 떨어지지 않게 만들었다(무시하지 않았다).

אֶבְחַר דַּרְכָּם וְאֵשֵׁב רֹאשׁ וְאֶשְׁכֹּון כְּמֶלֶךְ בַּגְּדוּד כַּאֲשֶׁר אֲבֵלִים יְנַחֵֽם׃

내가 선택(결정)해 주었다, 그들의 길을. 그리고 머리의 자리(상석)에 앉아서, 무리 중에 [군대의] 왕처럼 앉았다, 애곡하는 자를 위로하는 사람처럼.

וְעַתָּה שָׂחֲקוּ עָלַי צְעִירִים מִמֶּנִּי לְיָמִים אֲשֶׁר־מָאַסְתִּי אֲבֹותָם לָשִׁית עִם־כַּלְבֵי צֹאנִֽי׃

그리고/그런데 이제 그들이 비웃는다, 나를. 나보다 어린 자들이, 그 년수에 있어서. 그들의 아버지들은 내 양 떼의 개들과 함께 두기에도, 내가 거절한 사람/존재였다.

גַּם־כֹּחַ יְדֵיהֶם לָמָּה לִּי עָלֵימֹו אָבַד כָּֽלַח׃

또한 그들 손의 힘이, 나를 위해 무엇이랴(무슨 의미/유익이 있으랴)? 그들 위에는 활력이 소멸되었는데.

בְּחֶסֶר וּבְכָפָן גַּלְמוּד הַעֹרְקִים צִיָּה אֶמֶשׁ שֹׁואָה וּמְשֹׁאָֽה׃

가난하고 굶주려서 피골이 상접한 상태가 되고, 거칠고 황량한 밭의 마른 흙을 밤새도록 갉았다.

הַקֹּטְפִים מַלּוּחַ עֲלֵי־שִׂיחַ וְשֹׁרֶשׁ רְתָמִים לַחְמָֽם׃

떨기나무 가운데 있는 짠나물(식물)을 뜯고(먹었으며) 로뎀나무 뿌리를 그들의 빵으로 [먹는다].

30:5

מִן־גֵּו יְגֹרָשׁוּ יָרִיעוּ עָלֵימוֹ כַּגַּנָּב:

사람들로부터 쫓겨나, 사람들이 도둑처럼(강도에게 소리치듯) 그들에게 소리 지른다.

30:6

בַּעֲרוּץ נְחָלִים לִשְׁכֹּן חֹרֵי עָפָר וְכֵפִים:

골짜기의 가파른 비탈에서 그들은 거주하고, 흙과 바위의 구멍 속에서 산다.

30:7

בֵּין־שִׂיחִים יִנְהָקוּ תַּחַת חָרוּל יְסֻפָּחוּ:

떨기나무 덤불 사이에서 (나귀/짐승처럼) 울어 대고, 쐐기풀(가시나무) 아래에 모여 산다.

30:8

בְּנֵי־נָבָל גַּם־בְּנֵי בְלִי־שֵׁם נִכְּאוּ מִן־הָאָרֶץ:

[그들은] 어리석은 자의 아들들 또한 이름도 없는 자들의 아들들(자식들)이다. 그 땅에서 쫓겨난 자들이다.

30:9

וְעַתָּה נְגִינָתָם הָיִיתִי וָאֱהִי לָהֶם לְמִלָּה:

그러나 이제는 내가 그들의 놀림거리가 되었고, 그들의 조롱거리가 되었다.

30:10

תִּעֲבוּנִי רָחֲקוּ מֶנִּי וּמִפָּנַי לֹא־חָשְׂכוּ רֹק:

그들이 나를 혐오하고 멀리하며, 나로부터, 나의 얼굴에 침 뱉기를 주저하지 않는다.

30:11

כִּי־יִתְרוֹ פִתַּח וַיְעַנֵּנִי וְרֶסֶן מִפָּנַי שִׁלֵּחוּ:

참으로(그 이유는) 그분이 나의 줄을 [느슨하게] 풀어 버리셔서 낙심케/약하게 만드셨기에. 그리고 내 얼굴 앞에서 [하나님과 연결된] 굴레/고삐를 그들이 [빼어] 던져 버렸다[기에].

30:12

עַל־יָמִין פִּרְחַח יָקוּמוּ רַגְלַי שִׁלֵּחוּ וַיָּסֹלּוּ עָלַי אָרְחוֹת אֵידָם:

비천한 것들이 [나의] 오른쪽에서 일어나서, 내 발을 밀치며(보내 버리고) 멸망의 길들을 내 위에 쌓아 올리고 있다.

30:13

נָתְס֣וּ נְתִיבָתִ֗י לְהַוָּתִ֥י יֹעִ֑ילוּ לֹ֖א עֹזֵ֣ר לָֽמוֹ׃

내가 걸어온 길을 그들이 부서뜨려서 나의 패망을 향해(인해) 이익을 챙기려 하는데, 그들을 위해 도울 자도 필요 없다.

30:14

כְּפֶ֣רֶץ רָחָ֣ב יֶאֱתָ֑יוּ תַּ֥חַת שֹׁ֝אָ֗ה הִתְגַּלְגָּֽלוּ׃

그들은 갈라진 [성벽의] 틈으로 들어오는 사람(적군)처럼 들어와서, 그 파괴적인 폭풍우(바람/물) 아래로.

30:15

הָהְפַּ֥ךְ עָלַ֗י בַּלָּ֫ה֥וֹת תִּרְדֹּ֣ף כָּ֭רוּחַ נְדִבָתִ֑י וּ֝כְעָ֗ב עָבְרָ֥ה יְשֻׁעָתִֽי׃

공포가 내 위에 덮친다. 나의 고귀함/명성을 바람처럼 뒤쫓는다. 그래서 나의 구원(번영)이 구름처럼 [사라진다].

30:16

וְעַתָּ֗ה עָ֭לַי תִּשְׁתַּפֵּ֣ךְ נַפְשִׁ֑י יֹ֝אחֲז֗וּנִי יְמֵי־עֹֽנִי׃

그래서 이제는 내 위에 내 혼이 쏟아지니, 비통의 날들이 나를 사로잡고 있다.

30:17

לַ֗יְלָה עֲ֭צָמַי נִקַּ֣ר מֵעָלָ֑י וְ֝עֹרְקַ֗י לֹ֣א יִשְׁכָּבֽוּן׃

밤이면 나의 뼈가 나의 몸에 구멍을 뚫는다. 그래서 나를 깎아 먹는(찌르는) 그 고통으로 인해, 내 몸이 누워/쉴 수가 없다.

30:18

בְּרָב־כֹּ֭חַ יִתְחַפֵּ֣שׂ לְבוּשִׁ֑י כְּפִ֖י כֻתָּנְתִּ֣י יַֽאזְרֵֽנִי׃

[하나님의] 많은/큰 능력이 나의 옷(정체성)을 바꿔 버렸다, 입처럼/옷깃처럼, 내 옷이 나를(내 몸을) 졸라매고 있다.

30:19

הֹרָ֥נִי לַחֹ֑מֶר וָ֝אֶתְמַשֵּׁ֗ל כֶּעָפָ֥ר וָאֵֽפֶר׃

그분이 나를 던진 것이다, 진흙 속에. 그래서 내가 티끌과 재처럼/재와 같은 상태가 되었다.

30:20

אֲשַׁוַּ֣ע אֵ֭לֶיךָ וְלֹ֣א תַעֲנֵ֑נִי עָ֝מַ֗דְתִּי וַתִּתְבֹּ֥נֶן בִּֽי׃

내가 부르짖어도 당신께, 당신은 대답하지 않으시고, 내가 (주님 향해) 서 있지만, 당신은 나를 탐색(분별)만 하십니다(보고만 계십니다).

30:21

תֵּהָפֵךְ לְאַכְזָר לִי בְּעֹצֶם יָדְךָ תִשְׂטְמֵנִי:

[오히려] 태도를 바꾸셔서 잔인하게 나를 다루시고, [당신] 손의 힘으로 나를 박해하십니다.

30:22

תִּשָּׂאֵנִי אֶל־רוּחַ תַּרְכִּיבֵנִי וּתְמֹגְגֵנִי תֻּשִׁיָּה:

바람 위로(바람으로) 나를 들어 올려 올라타게 하시고(날려 버리시고) 폭풍 속에서 녹여/소멸시키려 하십니다.

30:23

כִּי־יָדַעְתִּי מָוֶת תְּשִׁיבֵנִי וּבֵית מוֹעֵד לְכָל־חָי:

참으로(왜냐하면) 저는 압니다, 당신이 저를 죽음으로 올리시는 것을. 그리고 정해진 집(장소)으로 모든 살아있는 것들을 [그리하신 것을].

30:24

אַךְ לֹא־בְעִי יִשְׁלַח־יָד אִם־בְּפִידוֹ לָהֶן שׁוּעַ:

하지만, 정말로(확실히) 넘어질 때 누가 [자기] 손을 펴지 않을 것이며, 소멸하는 순간에 어찌 부르짖지 않겠습니까?

30:25

אִם־לֹא בָכִיתִי לִקְשֵׁה־יוֹם עָגְמָה נַפְשִׁי לָאֶבְיוֹן:

만약(하물며) 내가 울지 않았습니까? 날들을 힘겨워 하는 자들을 위해, 슬퍼하지 않았습니까? 내 영혼이 가난한 자들을 위해.

30:26

כִּי טוֹב קִוִּיתִי וַיָּבֹא רָע וַאֲיַחֲלָה לְאוֹר וַיָּבֹא אֹפֶל:

참으로 내가 복(선)을 기다렸는데 악이 왔고, 빛을 향해 내가 기다렸는데 흑암이 왔습니다.

30:27

מֵעַי רֻתְּחוּ וְלֹא־דָמּוּ קִדְּמֻנִי יְמֵי־עֹנִי:

내 배(장기/창자)가 끓어올라 가만히 있을 수가 없습니다. 고통(비참함)의 날들이 나에게 닥쳤습니다.

30:28

קֹדֵר הִלַּכְתִּי בְּלֹא חַמָּה קַמְתִּי בַקָּהָל אֲשַׁוֵּעַ:

내가 태양(의 빛과 열기조차) 없는 어두움 속에서 걸어 다니다가, 회중/무리 가운데 내가 서서 울부짖었습니다(도움을 청했습니다).

30:29

אָח הָיִיתִי לְתַנִּים וְרֵעַ לִבְנוֹת יַעֲנָה:

나는 승냥이(자칼)의 형제이고, 타조의 친구다.

30:30

עוֹרִי שָׁחַר מֵעָלָי וְעַצְמִי־חָרָה מִנִּי־חֹרֶב:

나의 살가죽은 검어졌고, 벗겨졌고, 나의 뼈는 가뭄/열로 인해 타 버렸다.

30:31

וַיְהִי לְאֵבֶל כִּנֹּרִי וְעֻגָבִי לְקוֹל בֹּכִים:

나의 하프는 애가를 [위해서만] 있고, 나의 피리는 애통의 소리만 낸다.

31:1

בְּרִית כָּרַתִּי לְעֵינָי וּמָה אֶתְבּוֹנֵן עַל־בְּתוּלָה:

언약을 내가 세웠다, 나의 눈에게(함께). 그런데 어찌 내가 응시하겠는가, 처녀 위에?

31:2

וּמֶה חֵלֶק אֱלוֹהַּ מִמָּעַל וְנַחֲלַת שַׁדַּי מִמְּרֹמִים:

그러면 어찌/무엇[이 있겠는가], 하늘에 계신 하나님의 몫이? 높은 곳으로부터, 전능자의 유산이?

31:3

הֲלֹא־אֵיד לְעַוָּל וְנֵכֶר לְפֹעֲלֵי אָוֶן:

악한 자에게 환란이 아니겠는가? 그리고 헛된 짓 행하는 자에게 재앙이 아니겠는가?

31:4

הֲלֹא־הוּא יִרְאֶה דְרָכָי וְכָל־צְעָדַי יִסְפּוֹר:

그분께서 나의 길을 보시지 않겠는가? 그리고 나의 걸음을 다 세시지 않겠는가?

31:5

אִם־הָלַכְתִּי עִם־שָׁוְא וַתַּחַשׁ עַל־מִרְמָה רַגְלִי:

만약 나의 걸음이 헛된 것과 함께했다면, 내 발이 속이는 것/거짓된 것에 빨랐다면,

31:6

יִשְׁקְלֵנִי בְמֹאזְנֵי־צֶדֶק וְיֵדַע אֱלוֹהַּ תֻּמָּתִי:

그분께서 나를 정의의 저울에 달아보셨을 것이다. 하나님께서 나의 무죄를 아실 것이다.

31:7

אִם תִּטֶּה אַשֻּׁרִי מִנִּי הַדֶּרֶךְ וְאַחַר עֵינַי הָלַךְ לִבִּי וּבְכַפַּי דָּבַק מְאוּם: פ

만약 나의 걸음이 [그 바른]길에서 [다른 곳으로] 뻗어 나갔다면, 내 눈을 따라 내 마음이 걸어갔다면 그래서 내 손바닥에 더러운 것을 묻혔다면, 페(마침표).

31:8

אֶזְרְעָה וְאַחֵר יֹאכֵל וְצֶאֱצָאַי יְשֹׁרָשׁוּ:

[그렇다면] 내가 심은 것(씨뿌린 것)을 다른 이가 먹고, 나의 생산물(추수/자녀)이 뿌리째 뽑히리라 [그래도 좋다]!

31:9

אִם נִפְתָּה לִבִּי עַל אִשָּׁה וְעַל פֶּתַח רֵעִי אָרָבְתִּי:

만약 내 마음이 유혹당해, 어떤 여자에게, 친구(이웃)의 문 위로 [엿보고서] 숨어 기다렸다면,

31:10

תִּטְחַן לְאַחֵר אִשְׁתִּי וְעָלֶיהָ יִכְרְעוּן אֲחֵרִין:

[그렇다면] 나의 아내가 다른 사람을 위해 맷돌을 갈고(요리하고) 그녀 위에 다른 사람이 무릎을 구부리게 되리라 [그래도 마땅하다]!

31:11

כִּי הוא זִמָּה וְהִיא עָוֹן פְּלִילִים:

왜냐하면(참으로), 그것은 악한 계획(음행의 죄)이고 그것은 재판 받아 마땅한 사악함이기 때문이다.

31:12

כִּי אֵשׁ הִיא עַד אֲבַדּוֹן תֹּאכֵל וּבְכָל תְּבוּאָתִי תְשָׁרֵשׁ:

왜냐하면(참으로) 그것은 불이다, 아바돈(지옥)까지 삼키는. 나의 모든 수확/소득 [자녀까지] 뿌리째 뽑힐 것이다.

31:13

אִם אֶמְאַס מִשְׁפַּט עַבְדִּי וַאֲמָתִי בְּרִבָם עִמָּדִי:

만약 내가 거절했다면, 나의 남종이나 여종의 사정을, 내가 그들과 함께 논의할 때(그들이 무엇인가 필요하여 정당한 요구를 하거나 공의를 요구할 때),

31:14

וּמָה אֶעֱשֶׂה כִּי־יָקוּם אֵל וְכִי־יִפְקֹד מָה אֲשִׁיבֶנּוּ:

그렇다면 내가 무엇을 할 수 있겠나, 참으로 하나님께서 [나를 대항하여] 일어나실 때?
그리고 하나님께서 나를 방문하실 때, 내가 무슨 돌이킴(대답)을 할 수 있을까?

31:15

הֲלֹא־בַבֶּטֶן עֹשֵׂנִי עָשָׂהוּ וַיְכֻנֶנּוּ בָּרֶחֶם אֶחָד:

자궁 속에 나를 만드신 분이 그(다른 사람들)도 만들지 않으셨는가? 우리를 자궁 안에
서 세우신(만드신) 분이 한 분이 아니시냐?

31:16

אִם־אֶמְנַע מֵחֵפֶץ דַּלִּים וְעֵינֵי אַלְמָנָה אֲכַלֶּה:

만약 내가 약한 자들의 기쁨(갈망/소원)으로부터 거절(방해)했던가(그들의 부탁을 들어
주지 않았는가)? 그리고 과부들의 눈들을 내가 절망하게 만들었던가?

31:17

וְאֹכַל פִּתִּי לְבַדִּי וְלֹא־אָכַל יָתוֹם מִמֶּנָּה:

그리고 나의 조각(음식)을 나 혼자서만 먹고 고아들에게 나눠 먹이지 않았던가?

31:18

כִּי מִנְּעוּרַי גְּדֵלַנִי כְאָב וּמִבֶּטֶן אִמִּי אַנְחֶנָּה:

참으로(실상은) 나의 젊은 시절부터 내가 아버지처럼 고아들을 길렀다. 그리고 나의 어
머니 자궁에서 나온 이래, 내가 [과부들을 늘] 인도했다.

31:19

אִם־אֶרְאֶה אוֹבֵד מִבְּלִי לְבוּשׁ וְאֵין כְּסוּת לָאֶבְיוֹן:

만약 내가 보고도(보기만 했던가), 입을 옷도 없이 방황/소멸되어가는 자를, 그리고 덮
을 옷도 없이 가난한 사람을 향해?

31:20

אִם־לֹא בֵרֲכוּנִי חֲלָצָו וּמִגֵּז כְּבָשַׂי יִתְחַמָּם:

만약/오히려 내가, 하지 않았던가? 그들이 나를 축복해 주지 않았던가(축복하게 만들지
않았던가)! 나의 양털로 그들의 허리(몸)를 따뜻하게 [덮어] 주어서.

31:21

אִם־הֲנִיפוֹתִי עַל־יָתוֹם יָדִי כִּי־אֶרְאֶה בַשַּׁעַר עֶזְרָתִי:

만약 내가 [거절의 의미로] 흔들었다면(내리쳤다면), 고아 위에, 내 손으로, 참으로 내가
보고서 성문에서, 나의 도움을 요청하는 자를.

31:22

כְּתֵפִי מִשִּׁכְמָה תִפּוֹל וְאֶזְרֹעִי מִקָּנָה תִשָּׁבֵר:

[그러면] 나의 어깨가 어깨뼈에서 빠져서 떨어지고, 내 팔이 뼈관절에서 빠져 부서지리라.

31:23

כִּי פַחַד אֵלַי אֵיד אֵל וּמִשְּׂאֵתוֹ לֹא אוּכָל:

참으로 나에게 하나님의 재앙은 공포이며, 그분의 위엄으로부터 [피해서] 나는 아무것도 할 수 없다.

31:24

אִם־שַׂמְתִּי זָהָב כִּסְלִי וְלַכֶּתֶם אָמַרְתִּי מִבְטַחִי:

만약 나의 믿음/신뢰를 금에, 내가 두었다면, 그리고 순금에게 나의 소망/신뢰라고 말했다면,

31:25

אִם־אֶשְׂמַח כִּי־רַב חֵילִי וְכִי־כַבִּיר מָצְאָה יָדִי:

만약 내가 기뻐했다면, 참으로, 내 힘/재산의 많음과, 참으로, 내 손이 획득한 많은 것들로 인해.

31:26

אִם־אֶרְאֶה אוֹר כִּי יָהֵל וְיָרֵחַ יָקָר הֹלֵךְ:

만약 내가 태양을 보고, 참으로, 그 빛나는 것과 달이 밝게 움직이는 것을 [보고],

31:27

וַיִּפְתְּ בַּסֵּתֶר לִבִּי וַתִּשַּׁק יָדִי לְפִי:

내 마음의 덮개를 열어 내 손에 입을 맞추었던가?

31:28

גַּם־הוּא עָוֹן פְּלִילִי כִּי־כִחַשְׁתִּי לָאֵל מִמָּעַל:

또한 이것도 심판 받을 죄악이다. 참으로 위에 계신 하나님을 속인 것이다.

31:29

אִם־אֶשְׂמַח בְּפִיד מְשַׂנְאִי וְהִתְעֹרַרְתִּי כִּי־מְצָאוֹ רָע:

만약 내가 기뻐했다면, 나를 미워하는 자의 멸망을, 그리고 일어났다면, 참으로 악의 만남을.

31:30

וְלֹא־נָתַתִּי לַחֲטֹא חִכִּי לִשְׁאֹל בְּאָלָה נַפְשׁוֹ:

[사실은] 내가 나의 입이 죄짓도록 허락하지 않았다, 그(원수)의 영혼에 저주하는 요청(기도)으로.

31:31

אִם־לֹא אָמְרוּ מְתֵי אָהֳלִי מִי־יִתֵּן מִבְּשָׂרוֹ לֹא נִשְׂבָּע:

만약 내 장막(집안) 남자들이 이렇게 말하지 않았다면(않았던가)? 그분의 (주신) 고기로 배불러 보지 않은 사람이 어디 있는가! [라고].

31:32

בַּחוּץ לֹא־יָלִין גֵּר דְּלָתַי לָאֹרַח אֶפְתָּח:

밖에서/거리에서 나그네가 머물게(노숙) 하지 않게 하였고, 나의 [집] 문을 그 나그네에게 내가 열어 주었다.

31:33

אִם־כִּסִּיתִי כְאָדָם פְּשָׁעָי לִטְמוֹן בְּחֻבִּי עֲוֹנִי:

만약 내가 덮었다면(감추었다면), 아담/사람처럼, 나의 반역/범죄를 숨기려고, 나의 가슴(품)에 나의 죄악을.

31:34

כִּי אֶעֱרוֹץ הָמוֹן רַבָּה וּבוּז־מִשְׁפָּחוֹת יְחִתֵּנִי וָאֶדֹּם לֹא־אֵצֵא פָתַח:

참으로(왜냐하면) 많은 군중의 [소요]를 두려워하고 가문의 멸시를 내가 무서워해서, 내가 침묵하고 문 [밖으로] 나가지 않았으리라.

31:35

מִי יִתֶּן־לִי שֹׁמֵעַ לִי הֶן־תָּוִי שַׁדַּי יַעֲנֵנִי וְסֵפֶר כָּתַב אִישׁ רִיבִי:

누가(누구든) 나를(나의 말을) 들어다오! 여기/보라! 나의 표시(서명이 있다)! 전능자께서 대답해 주시기를, 나의 대적자(논쟁자)가 기록한 책(고소장)이 (있다면)!

31:36

אִם־לֹא עַל־שִׁכְמִי אֶשָּׂאֶנּוּ אֶעֶנְדֶנּוּ עֲטָרוֹת לִי:

만약/참으로 나의 어깨 위에 [그것을] 내가 들어 올려서, [끈으로 그것을] 내가 묶고, 나에게 [내 머리에] 관처럼 쓰리라!

31:37

מִסְפַּר צְעָדַי אַגִּידֶנּוּ כְּמוֹ־נָגִיד אֲקָרְבֶנּוּ:

내 걸음 숫자를 [전부 다] 선포/아뢰고, 지도자(귀족)처럼 내가 그분 가까이 가리라!

31:38

אִם־עָלַי אַדְמָתִי תִזְעָק וְיַחַד תְּלָמֶיהָ יִבְכָּיוּן׃

만약 나를 대항해서, 나의 땅이 소리 지르고, 함께(합세해서) 밭이랑/고랑들이 통곡/애통한 적이 [있었나]!

31:39

אִם־כֹּחָהּ אָכַלְתִּי בְלִי־כָסֶף וְנֶפֶשׁ בְּעָלֶיהָ הִפָּחְתִּי׃

만약 소산물/추수물을 내가 먹고 돈 (그 대가 지불)을 내지 않았거나, 그 열매의 주인(소유주)의 생명을 불어 버렸다면(잃게 만들었다면),

31:40

תַּחַת חִטָּה יֵצֵא חוֹחַ וְתַחַת־שְׂעֹרָה בָאְשָׁה תַּמּוּ דִּבְרֵי אִיּוֹב׃ פ

[만약 그랬다면] 밀 대신에 가시가 나오고, 보리 대신에 (악취 나는) 잡초가 나리라. 이렇게 욥의 말이 완성되었다(끝났다). 페(마침표).

제5부 엘리후의 등장과 주장(32-37장)

32:1

וַיִּשְׁבְּתוּ שְׁלֹשֶׁת הָאֲנָשִׁים הָאֵלֶּה מֵעֲנוֹת אֶת־אִיּוֹב כִּי הוּא צַדִּיק בְּעֵינָיו׃ פ

그리고 멈추었다, 저 세 사람들의 대답하기로부터, 욥에 대하여, 왜냐하면 그(욥)가 그의 눈에 의롭다 [주장하기에]. 페(마침표).

32:2

וַיִּחַר אַף אֱלִיהוּא בֶן־בַּרַכְאֵל הַבּוּזִי מִמִּשְׁפַּחַת רָם בְּאִיּוֹב חָרָה אַפּוֹ עַל־צַדְּקוֹ נַפְשׁוֹ מֵאֱלֹהִים׃

엘리후의 분노가 타올랐다. [그는] 바라겔의 아들, 부스 사람, 람 족속(사람으로), 욥에게. 그의 분노가 타오른 것은 그(욥)의 혼이 하나님보다 의롭다 하기 때문이다.

32:3

וּבִשְׁלֹשֶׁת רֵעָיו חָרָה אַפּוֹ עַל אֲשֶׁר לֹא־מָצְאוּ מַעֲנֶה וַיַּרְשִׁיעוּ אֶת־אִיּוֹב׃

그리고 세 친구들에게 그의 분노가 타오른 것은, 대답할 말을 찾지도 못하면서 욥을 악하다, 정죄하기 때문이다.

32:4

וַאֱלִיהוּ חִכָּה אֶת־אִיּוֹב בִּדְבָרִים כִּי זְקֵנִים־הֵמָּה מִמֶּנּוּ לְיָמִים:

그래서 엘리후는 욥을 기다렸다(참았다), 말하기를. 왜냐하면 그들이 자신보다 [살아온] 날들이 오래되었기에.

32:5

וַיַּרְא אֱלִיהוּא כִּי אֵין מַעֲנֶה בְּפִי שְׁלֹשֶׁת הָאֲנָשִׁים וַיִּחַר אַפּוֹ: פ

그리고 보았다, 엘리후는, 참으로 세 사람의 입에, 대답이 없음. 그래서 그의 분노가 타올랐다(화를 냈다). 페(마침표).

32:6

וַיַּעַן אֱלִיהוּא בֶן־בַּרַכְאֵל הַבּוּזִי וַיֹּאמַר צָעִיר אֲנִי לְיָמִים וְאַתֶּם יְשִׁישִׁים עַל־כֵּן זָחַלְתִּי וָאִירָא מֵחַוֹּת דֵּעִי אֶתְכֶם:

그리고 대답했다, 엘리후가, 바라겔의 아들, 부스 사람이. 그리고 말했다, 나는 날들이 작다 그리고 당신들은 늙었다. 그런 이유로 나는 움츠리고 두려워했다. 나의 지식을 당신들에게 말하기로부터.

32:7

אָמַרְתִּי יָמִים יְדַבֵּרוּ וְרֹב שָׁנִים יֹדִיעוּ חָכְמָה:

내가 말했다, 날들이 말을 하는 것이고, 해(살아온 시간)가 많은 사람이 지혜를 가르치는 것이다[라고].

32:8

אָכֵן רוּחַ־הִיא בֶאֱנוֹשׁ וְנִשְׁמַת שַׁדַּי תְּבִינֵם:

[하지만] 실제로는, 영이 사람 속에 있고(있어서), 전능자의 호흡(영)이, 그들을(사람들을) 분별/이해하게 하는 것이다.

32:9

לֹא־רַבִּים יֶחְכָּמוּ וּזְקֵנִים יָבִינוּ מִשְׁפָּט:

산 날이 많다고 지혜로운 것이 아니요, 늙었다고 정의를 분별하는 것이 아니다.

32:10

לָכֵן אָמַרְתִּי שִׁמְעָה־לִּי אֲחַוֶּה דֵּעִי אַף־אָנִי:

그러므로 내가 말한다, 나에게(나의 말) 들어라! 내가 보여 주겠다(알려 주겠다), 나의 지식을, 나 또한.

32:11

הֵן הוֹחַלְתִּי לְדִבְרֵיכֶם אָזִין עַד־תְּבוּנֹתֵיכֶם עַד־תַּחְקְרוּן מִלִּין:

보라! 내가 기다렸다, 당신들의 말들을. 내가 경청했다, 당신들의 지혜(논쟁/논리)에, 당신들이 [합당한] 말들을 찾을 때까지.

32:12

וְעָדֵיכֶם אֶתְבּוֹנָן וְהִנֵּה אֵין לְאִיּוֹב מוֹכִיחַ עוֹנֶה אֲמָרָיו מִכֶּם:

당신들에 대해, 내가 분별했다. 보라! 당신들 가운데 그(욥)의 말에 대답하여서, 욥을 바로잡는 사람이 없다.

32:13

פֶּן־תֹּאמְרוּ מָצָאנוּ חָכְמָה אֵל יִדְּפֶנּוּ לֹא־אִישׁ:

당신들은 [이렇게] 말하지 말라, 우리가 [마침내] 지혜(정답)를 발견했다. [그것은] 하나님께서 그를 끝장내실 것이다, 사람(우리)이 아니라!

32:14

וְלֹא־עָרַךְ אֵלַי מִלִּין וּבְאִמְרֵיכֶם לֹא אֲשִׁיבֶנּוּ:

그리고 그(욥)가 나에게 향하여(대항하여) 말을 정리하지 않았다(말하지 않았다). 그러니(그러나) 당신들이 말한 것처럼, 내가 그에게 돌려주지 않을 것이다.

32:15

חַתּוּ לֹא־עָנוּ עוֹד הֶעְתִּיקוּ מֵהֶם מִלִּים:

그들이 놀라 자빠져서(가만히 있어) 다시(더는) 대답이 없으니, 그들이 할 말이 끝난 모양이다.

32:16

וְהוֹחַלְתִּי כִּי־לֹא יְדַבֵּרוּ כִּי עָמְדוּ לֹא־עָנוּ עוֹד:

그리고 나는 [충분히] 기다렸다, 참으로, 그들이 할 말이 없을 때까지. [이제] 참으로 그들이 가만히 서서 다시 대답하지 못하는구나.

32:17

אֶעֱנֶה אַף־אָנִי חֶלְקִי אֲחַוֶּה דֵעִי אַף־אָנִי:

나도 대답하겠다, 내가 할 몫/말을. 내가 보여 주겠다(알려 주겠다), 나의 지식/의견을, 나도.

32:18

כִּי מָלֵתִי מִלִּים הֱצִיקַתְנִי רוּחַ בִּטְנִי:

왜냐하면(참으로), 내가 할 말이 가득하고, 내 몸속에 있는 영이 나를 강요한다(안달이 다).

32:19

הִנֵּה־בִטְנִי כְּיַיִן לֹא־יִפָּתֵחַ כְּאֹבוֹת חֲדָשִׁים יִבָּקֵעַ:

보라, 내 배는 열지 않은 포도주 같고, 터지기 직전의 새 가죽 부대 같다.

32:20

אֲדַבְּרָה וְיִרְוַח־לִי אֶפְתַּח שְׂפָתַי וְאֶעֱנֶה:

내가 꼭 말할 것이다, 그래야 내가 살 것 같다. 내 입을 열어서 내가 대답하리라.

32:21

אַל־נָא אֶשָּׂא פְנֵי־אִישׁ וְאֶל־אָדָם לֹא אֲכַנֶּה:

나는 절대로 사람의 얼굴을 보지 않을 것이며, 사람에게 듣기 좋은 말(아첨)을 하지 않을 것이다.

32:22

כִּי לֹא יָדַעְתִּי אֲכַנֶּה כִּמְעַט יִשָּׂאֵנִי עֹשֵׂנִי:

왜냐하면(참으로) 나는 그런 말/아첨의 말을 할 줄 모르기 때문이다. 그렇게 한다면, 나를 만드신 분이 나를 취하실(죽이실) 것이다.

33:1

וְאוּלָם שְׁמַע־נָא אִיּוֹב מִלָּי וְכָל־דְּבָרַי הַאֲזִינָה:

그리고(그러니) 제발 들으라, 욥이여, 내 말을! 그리고 나의 모든 말을 경청하라!

33:2

הִנֵּה־נָא פָּתַחְתִּי פִי דִּבְּרָה לְשׁוֹנִי בְחִכִּי:

보라! 자! 내가 내 입을 연다, 내 입에서. 내 혀가 강하게 말한다.

33:3

יֹשֶׁר־לִבִּי אֲמָרָי וְדַעַת שְׂפָתַי בָּרוּר מִלֵּלוּ:

내 마음의 곧음이 내 말들이다. 그리고 내 입술의 앎(지혜/지식)이 맑게(선명하게) 말하리라.

33:4

רוּחַ־אֵל עָשָׂתְנִי וְנִשְׁמַת שַׁדַּי תְּחַיֵּנִי:

하나님의 영이 나를 지으셨고, 전능자의 호흡이 나를 살게 하신다.

33:5

אִם־תּוּכַל הֲשִׁיבֵנִי עֶרְכָה לְפָנַי הִתְיַצָּבָה:

만약 나에게 당신이 돌려줄(대답 할) 수 있다면, 정리(준비)해서 말해보라! 내 앞에 똑바로 서!

33:6

הֵן־אֲנִי כְפִיךָ לָאֵל מֵחֹמֶר קֹרַצְתִּי גַם־אָנִי:

보라, 나는 당신과 같다, 하나님께. 진흙으로부터 형성되었다, 나 역시.

33:7

הִנֵּה אֵמָתִי לֹא תְבַעֲתֶךָּ וְאַכְפִּי עָלֶיךָ לֹא־יִכְבָּד:

보라! 나의 위엄(두려움)은 너를 겁나게 못한다. 그리고 손(능력)으로 너를 누를 수 없다(적대하거나 위협하려는 것이 아니다).

33:8

אַךְ אָמַרְתָּ בְאָזְנָי וְקוֹל מִלִּין אֶשְׁמָע:

정말로/확실히, 당신(욥)이 말했다, 나의 귀에. 그리고 연설/발화의 소리를 내가 들었다.

33:9

זַךְ אֲנִי בְּלִי פָשַׁע חַף אָנֹכִי וְלֹא עָוֹן לִי:

나는 깨끗하다, 잘못한 것이 없다, 나는 순수하다. 그리고 나에게 악도 없다[라고].

33:10

הֵן תְּנוּאוֹת עָלַי יִמְצָא יַחְשְׁבֵנִי לְאוֹיֵב לוֹ:

보라(그런데)! 나에 대해(대적해) 틈/시빗거리를 그분께서 찾으시고, 나를 적/원수로 엮으셨다(만드셨다)! [라고.]

33:11

יָשֵׂם בַּסַּד רַגְלָי יִשְׁמֹר כָּל־אָרְחֹתָי:

내 발에 차꼬를 채우시고, 나의 모든 길(행위)을 지키신다[라고].

33:12

הֶן־זֹאת לֹא־צָדַקְתָּ אֶעֱנֶךָּ כִּי־יִרְבֶּה אֱלוֹהַ מֵאֱנוֹשׁ:

보라! 이것이(이런 말이) 네가 옳지 못하다, [라고] 내가 대답(판단)한다. 참으로(왜냐하면) 하나님께서 죽을 사람보다 크시기 때문이다.

33:13

מַדּוּעַ אֵלָיו רִיבוֹתָ כִּי כָל־דְּבָרָיו לֹא־יַעֲנֶה׃

왜 그분께 너는 논쟁하느냐, 참으로 그분의 모든 말이(말로), 그분께서 대답하지 않으신다고?

33:14

כִּי־בְאַחַת יְדַבֶּר־אֵל וּבִשְׁתַּיִם לֹא יְשׁוּרֶנָּה׃

참으로 한 번 하나님께서 말씀하시고, 두 번 [말씀하셔도] 사람은 주목하지(깨닫지) 못한다.

33:15

בַּחֲלוֹם חֶזְיוֹן לַיְלָה בִּנְפֹל תַּרְדֵּמָה עַל־אֲנָשִׁים בִּתְנוּמוֹת עֲלֵי מִשְׁכָּב׃

꿈에서, 밤의 환상/이상, 깊은 잠에 떨어졌을 때, 사람 위에, 침대 위에서 깜빡 졸 때/선잠잘 때.

33:16

אָז יִגְלֶה אֹזֶן אֲנָשִׁים וּבְמֹסָרָם יַחְתֹּם׃

그때, 사람의 귀를 여셔서, 교훈(훈계/교정)을 인치신다.

33:17

לְהָסִיר אָדָם מַעֲשֶׂה וְגֵוָה מִגֶּבֶר יְכַסֶּה׃

벗어나게 하기 위해(떠나게 하기 위해) 아담/사람이 그 [잘못된] 행동을(에서), 그리고 높임/교만을 용사/남자(사람)로부터 덮게 하시는 것이다.

33:18

יַחְשֹׂךְ נַפְשׁוֹ מִנִּי־שָׁחַת וְחַיָּתוֹ מֵעֲבֹר בַּשָּׁלַח׃

그분이 억제하신다, 그(사람)의 혼을, 구덩이로부터. 그리고 그의 생명을, 칼로 넘어감으로부터.

33:19

וְהוּכַח בְּמַכְאוֹב עַל־מִשְׁכָּבוֹ וְרִיב עֲצָמָיו אֵתָן׃

그래서 교정(책망)받는다, 침대/병상 위에서 고통을(고통받게 하신다), 그의 뼈가 계속 아프게 해서.

33:20

וְזִהֲמַתּוּ חַיָּתוֹ לָחֶם וְנַפְשׁוֹ מַאֲכַל תַּאֲוָה:

그래서 그의 생명은 음식[조차] 싫어지고 그의 혼은 별미(특별한 음식)조차.

33:21

יִכֶל בְּשָׂרוֹ מֵרֹאִי וְשֻׁפִּי עַצְמוֹתָיו לֹא רֻאוּ:

그의 살은 말라 버려서 보이지 않는다, 볼 수 없던 뼈까지 드러난다.

33:22

וַתִּקְרַב לַשַּׁחַת נַפְשׁוֹ וְחַיָּתוֹ לַמְמִתִים:

그의 혼이 [죽음의] 구덩이로 가까워지고, 그의 생명은 죽이는 자들에게로 가까워진다.

33:23

אִם־יֵשׁ עָלָיו מַלְאָךְ מֵלִיץ אֶחָד מִנִּי־אָלֶף לְהַגִּיד לְאָדָם יָשְׁרוֹ:

만약 그와 함께 천사가 있다면, 중보자로, 일천 중에서 하나(로서), [그] 사람에게 보이려고(증명하려고) 그(분)의 옳음을.

33:24

וַיְחֻנֶּנּוּ וַיֹּאמֶר פְּדָעֵהוּ מֵרֶדֶת שָׁחַת מָצָאתִי כֹפֶר:

그러면 그분께서 은혜/긍휼을 베푸셔서 말씀하신다, 그를 구해 내라, 웅덩이로 내려가지 않게, 내가 속전/대속물을 만났다(얻었다). [라고.]

33:25

רֻטֲפַשׁ בְּשָׂרוֹ מִנֹּעַר יָשׁוּב לִימֵי עֲלוּמָיו:

그의 살/피부가 다시 젊어진다, 소년보다. 그는 젊은 시절로 회복된다.

33:26

יֶעְתַּר אֶל־אֱלוֹהַּ וַיִּרְצֵהוּ וַיַּרְא פָּנָיו בִּתְרוּעָה וַיָּשֶׁב לֶאֱנוֹשׁ צִדְקָתוֹ:

그는 기도한다, 하나님께. 그러면 그분이 기쁘게 여기시어 그분께서 자신의 얼굴(하나님의 얼굴/하나님의 임재)을 환호하며 보게 되고, 그(하나님/그 사람)의 의를 그 사람에게 돌려주신다.

33:27

יָשֹׁר עַל־אֲנָשִׁים וַיֹּאמֶר חָטָאתִי וְיָשָׁר הֶעֱוֵיתִי וְלֹא־שָׁוָה לִי:

그는 노래하며 사람들에게 이렇게 말할 것이다, 내가 전에 죄를 지어 곧은 것을 굽게 했다. 그리고(그래서) 나에게 유익이 없었다/무익했다[라고].

33:28

פָּדָה נַפְשִׁי מֵעֲבֹר בַּשָּׁחַת וְחַיָּתִי בָּאוֹר תִּרְאֶה:

그분이 내 혼을 구속해 주셔서 내려가지 않게 하셨다. 내 생명이 빛을 보았다[라고].

33:29

הֶן־כָּל־אֵלֶּה יִפְעַל־אֵל פַּעֲמַיִם שָׁלוֹשׁ עִם־גָּבֶר:

보라! 이러한 모든 일을 하나님께서 행하신다, 두 번(다시), 세 번, 용사(남자/사람)와 함께(에게).

33:30

לְהָשִׁיב נַפְשׁוֹ מִנִּי־שָׁחַת לֵאוֹר בְּאוֹר הַחַיִּים:

그의 혼을 돌이키게/돌이키시고자 구덩이로부터(끌어 올리시고자), 생명의 빛으로 [그에게] 비추시고자.

33:31

הַקְשֵׁב אִיּוֹב שְׁמַע־לִי הַחֲרֵשׁ וְאָנֹכִי אֲדַבֵּר:

욥이여! 귀를 기울여 들어라, 나에게! 잠잠히 새기라! 내가 말하리라!

33:32

אִם־יֵשׁ־מִלִּין הֲשִׁיבֵנִי דַּבֵּר כִּי־חָפַצְתִּי צַדְּקֶךָּ:

만약 [할] 말이 있다면, 나에게 대답하라! 말하라! 왜냐하면(참으로) 내가 당신을 의롭게 하기를 갈망한다.

33:33

אִם־אַיִן אַתָּה שְׁמַע־לִי הַחֲרֵשׁ וַאֲאַלֶּפְךָ חָכְמָה: ס

만약 당신이 [할 말이] 없다면, 내 말을 들으라! 잠잠히 새기라! 내가 너에게 지혜를 가르치리라! 싸멕(문단분리표시).

34:1

וַיַּעַן אֱלִיהוּא וַיֹּאמַר:

그리고 대답했다(말을 이었다), 엘리후가 그리고 그가 말했다.

34:2

שִׁמְעוּ חֲכָמִים מִלָּי וְיֹדְעִים הַאֲזִינוּ לִי:

들으라, 지혜자들아, 나의 말을! 그리고 지식자들아, 경청하라, 나에게!

34:3

כִּי־אֹזֶן מִלִּין תִּבְחָן וְחֵךְ יִטְעַם לֶאֱכֹל:

참으로 귀가 말들을 분별(점검)한다. 그리고 입이 먹을 것을 맛본다.

34:4

מִשְׁפָּט נִבְחֲרָה־לָּנוּ נֵדְעָה בֵינֵינוּ מַה־טּוֹב:

[옳은] 판결을 우리가 시험/선택(결정)하자. 우리 사이에서 알아보자, 무엇이 선한/옳은가?

34:5

כִּי־אָמַר אִיּוֹב צָדַקְתִּי וְאֵל הֵסִיר מִשְׁפָּטִי:

참으로(왜냐하면) 욥이 말했다(말했기에), 나는 옳은데/의로운데, 하나님께서 나의 [옳은] 판결을 무시하셨다(피하고 거부하셨다).

34:6

עַל־מִשְׁפָּטִי אֲכַזֵּב אָנוּשׁ חִצִּי בְלִי־פָשַׁע:

나의 [옳은] 판단에 대해/반대하여, 내가 거짓말쟁이가 되었고, 반역/잘못이 없는데도, 나의 화살로 약해졌다(하나님께 나에게 쏘신 화살로 인한 상처가 심해졌다).

34:7

מִי־גֶבֶר כְּאִיּוֹב יִשְׁתֶּה־לַּעַג כַּמָּיִם:

[욥이 이런 식으로 말하고 있으니], 누가 욥 같은가? 물처럼(물 마시듯) 조롱을 마신다.

34:8

וְאָרַח לְחֶבְרָה עִם־פֹּעֲלֵי אָוֶן וְלָלֶכֶת עִם־אַנְשֵׁי־רֶשַׁע:

헛된 것(악)을 행하는 자들과 함께 사귀면서 그(욥)는 떠돌아다니고, 범죄하는 사람과 함께 걷는다.

34:9

כִּי־אָמַר לֹא יִסְכָּן־גָּבֶר בִּרְצֹתוֹ עִם־אֱלֹהִים:

참으로 그가 말했다. 용사/남자(사람)가 하나님과 함께 [하나님을] 기쁘게 하여도 소용 없다(유익 없다)[라고].

34:10

לָכֵן אַנְשֵׁי לֵבָב שִׁמְעוּ לִי חָלִלָה לָאֵל מֵרֶשַׁע וְשַׁדַּי מֵעָוֶל:

그러므로 마음이 [있는] 사람들아 들어라! 나를(내 말을) 하나님께서는 악에서 머시고(멀리 계시고), 전능자는 부정/불의에서 [멀리 계시다/전혀 상관이 없으시다].

34:11

כִּי פֹעַל אָדָם יְשַׁלֶּם־לֹו וּכְאֹרַח אִישׁ יַמְצִאֶנּוּ:

왜냐하면/참으로 사람의 행동에 [따라] 그에게 갚으신다. [그] 사람의 길/방식에 [따라] 만나게 하신다.

34:12

אַף־אָמְנָם אֵל לֹא־יַרְשִׁיעַ וְשַׁדַּי לֹא־יְעַוֵּת מִשְׁפָּט:

또한 진실로, 하나님께서는 악을 행하지 않으시며, 전능자는 공의를 왜곡시키지 않으신다.

34:13

מִי־פָקַד עָלָיו אָרְצָה וּמִי שָׂם תֵּבֵל כֻּלָּהּ:

누가 방문하겠는가(심판하겠는가/맡기겠는가), 그분의 땅을? 그리고 누가 정했는가, [그분께] 온 세상을?

34:14

אִם־יָשִׂים אֵלָיו לִבֹּו רוּחֹו וְנִשְׁמָתֹו אֵלָיו יֶאֱסֹף:

만약 그분이 자신에게 마음을 두셔서 그분의 영과 호흡을 그분께로 거두어 버리신다면,

34:15

יִגְוַע כָּל־בָּשָׂר יָחַד וְאָדָם עַל־עָפָר יָשׁוּב:

모든 육체가 숨을 거두고, [다] 함께, 사람도 진흙 위로 돌아가리라.

34:16

וְאִם־בִּינָה שִׁמְעָה־זֹּאת הַאֲזִינָה לְקֹול מִלָּי:

그러니 만약 분별력이 있으면, 이것을 들으라! 귀를 기울이라, 내 말의 소리에!

34:17

הַאַף שֹׂונֵא מִשְׁפָּט יַחֲבֹושׁ וְאִם־צַדִּיק כַּבִּיר תַּרְשִׁיעַ:

심지어(아울러) 어찌, 심판/공의(정의)를 그분이 묶을 수(통치하실 수) 있는가? 그리고 만약 의로운(공의로운) 전능자를(전능하신 분이신데) 네가 악하다 [정죄]하느냐?

34:18

הַאֲמֹר לְמֶלֶךְ בְּלִיָּעַל רָשָׁע אֶל־נְדִיבִים:

그분[만]이 말씀하실 수 있지 않겠는가? 왕에게(도) 무가치하다[라고], 귀족들에게(도) 악하다[라고].

34:19

אֲשֶׁר לֹא־נָשָׂא פְּנֵי שָׂרִים וְלֹא נִכַּר־שֹׁועַ לִפְנֵי־דָל כִּי

מַעֲשֵׂה יָדָיו כֻּלָּם:

그분은 지도자들의 얼굴들을 들어 올리지(봐주지) 않으시며, 가난한 자보다 부자들을 [더] 고려해 주시지도 않으시니, 그 이유는 그들 모두가 하나님의 손으로 [만드신] 결과물이기 때문이다.

34:20

רֶגַע יָמֻתוּ וַחֲצוֹת לָיְלָה יְגֹעֲשׁוּ עָם וְיַעֲבֹרוּ וְיָסִירוּ אַבִּיר לֹא בְיָד:

한순간 그들은 죽는다. 밤의 한가운데, 백성은 떤다. 그렇게 사라지고, 그렇게 돌아간다. 강한 자[도] [사람의] 손에 의해서가 아니라 [하나님의 손에 의해서].

34:21

כִּי־עֵינָיו עַל־דַּרְכֵי־אִישׁ וְכָל־צְעָדָיו יִרְאֶה:

왜냐하면/참으로, 그분의 눈은 사람의 길 위에 [계시다/계시기 때문이다]. 그래서 사람의 모든 발걸음을 보신다(감찰하신다).

34:22

אֵין־חֹשֶׁךְ וְאֵין צַלְמָוֶת לְהִסָּתֶר שָׁם פֹּעֲלֵי אָוֶן:

어둠이나 그늘조차 없다, 악을 행한 자들이 숨을 장소로.

34:23

כִּי לֹא עַל־אִישׁ יָשִׂים עוֹד לַהֲלֹךְ אֶל־אֵל בַּמִּשְׁפָּט:

참으로 사람 위에(사람에 대해) 두지 않는다(두실 필요가 없으시다), 더 이상, 하나님께 심판 받으러 가는 것에 대해(가는 사람에게).

34:24

יָרֹעַ כַּבִּירִים לֹא־חֵקֶר וַיַּעֲמֵד אֲחֵרִים תַּחְתָּם:

권력 있는 자, 힘 있는 자들, 그분은 없애 버리시고, 조사/심문 없이 다른 사람을 세워, 대신하게 하신다.

34:25

לָכֵן יַכִּיר מַעְבָּדֵיהֶם וְהָפַךְ לַיְלָה וְיִדַּכָּאוּ:

그러므로 그분은 그들이 한 일들을 아시고, 뒤엎으시니, 밤에 그들은 끝장난다.

34:26

תַּחַת־רְשָׁעִים סְפָקָם בִּמְקוֹם רֹאִים:

악한 자들의 아래(에서) 그분이 때리신다/공격하신다, [사람들이] 보는 장소에서.

34:27

אֲשֶׁר עַל־כֵּן סָרוּ מֵאַחֲרָיו וְכָל־דְּרָכָיו לֹא הִשְׂכִּילוּ׃

그 이유는 그들이 그분 따르기를 떠나서(이탈해서) 그분의 모든 길을 고려(숙고)하지 않기 때문이다.

34:28

לְהָבִיא עָלָיו צַעֲקַת־דָּל וְצַעֲקַת עֲנִיִּים יִשְׁמָע׃

그분께 가게 만들었다, 미천/가난한 자들의 절규가. 그래서 비천한 자들의 절규를 그분께서 듣게 만드셨다.

34:29

וְהוּא יַשְׁקִט וּמִי יַרְשִׁעַ וְיַסְתֵּר פָּנִים וּמִי יְשׁוּרֶנּוּ וְעַל־גּוֹי וְעַל־אָדָם יָחַד׃

그러니 그분께서 잠잠하실 때, [그렇다고] 누가 잘못했다 [말할 것이며], 그분께서 자신의 얼굴을 숨기신다고, 누가 조사(판단할 수 있겠는가)? 한 나라에 관해서든, 한 사람에 관해서든, 마찬가지로.

34:30

מִמְּלֹךְ אָדָם חָנֵף מִמֹּקְשֵׁי עָם׃

위선적인 사람이 왕으로부터 멀게 하시고, 백성을 함정/올무로부터 멀게 하신다.

34:31

כִּי־אֶל־אֵל הֶאָמַר נָשָׂאתִי לֹא אֶחְבֹּל׃

참으로 하나님께 말해야 하지 않겠는가? 내가 [지금] 벌을 받으니 나는 [앞으로는] 죄 짓지 않겠습니다[라고]!

34:32

בִּלְעֲדֵי אֶחֱזֶה אַתָּה הֹרֵנִי אִם־עָוֶל פָּעַלְתִּי לֹא אֹסִיף׃

내가 알아차리지 못하는 것을, 당신께서 내게 던져 주소서(가르쳐 주소서)! 만약 악을 내가 행했다면, 다시는 더하지 않겠습니다[라고]!

34:33

הֲמֵעִמְּךָ יְשַׁלְמֶנָּה כִּי־מָאַסְתָּ כִּי־אַתָּה תִבְחַר וְלֹא־אָנִי וּמַה־יָדַעְתָּ דַבֵּר׃

당신에게 맞추어(당신 뜻대로), 그분이 갚으셔야 하겠는가, 참으로 당신이 거절(싫어)한다고? 참으로 당신이 선택하라! 그러면 내가 아니라, 당신이 아는 것을, 무엇을 아는지 말하라!

34:34

אַנְשֵׁי לֵבָב יֹאמְרוּ לִי וְגֶבֶר חָכָם שֹׁמֵעַ לִי:

마음이 [살아 있는] 사람들은 나에게 말한다. 그리고 지혜 있어 내 말을 듣는 사람도 [이렇게 말한다].

34:35

אִיּוֹב לֹא־בְדַעַת יְדַבֵּר וּדְבָרָיו לֹא בְהַשְׂכֵּיל:

욥이 지식이 없으면서도 말했으니, 그의 말들이(그가 한 말들에) 신중함/지혜가 없도다 [라고].

34:36

אָבִי יִבָּחֵן אִיּוֹב עַד־נֶצַח עַל־תְּשֻׁבֹת בְּאַנְשֵׁי־אָוֶן:

나는 갈망한다. 욥이 시험(시련) 받기를 끝까지/영원히, 그 이유는 그의 계속되는 대답들이 헛된/악한 사람과 같기 때문이다.

34:37

כִּי יֹסִיף עַל־חַטָּאתוֹ פֶשַׁע בֵּינֵינוּ יִסְפּוֹק וְיֶרֶב אֲמָרָיו לָאֵל: ס

참으로 그는 그의 죄 위에 반역을 추가한다. 우리 가운데서 손뼉을 치며 하나님을 향해 [거역하는] 말들을 계속, 많이 했다. 싸멕(문단분리표시).

35:1

וַיַּעַן אֱלִיהוּ וַיֹּאמַר:

그리고 대답했다(말을 이었다), 엘리후가 그리고 그가 말했다.

35:2

הֲזֹאת חָשַׁבְתָּ לְמִשְׁפָּט אָמַרְתָּ צִדְקִי מֵאֵל:

어찌 이것을 너는 생각하느냐(여기느냐), 공의/정의롭게? 네가 말하기를, 나의 의는 하나님보다 [의롭다, 라고].

35:3

כִּי־תֹאמַר מַה־יִּסְכָּן־לָךְ מָה־אֹעִיל מֵחַטָּאתִי:

왜냐하면/참으로(심지어) 네가 말했다, 무슨 유익이 당신께 있는가, 무슨 가치가 나에게 있는가, 나의 죄로부터[라고]?

35:4

אֲנִי אֲשִׁיבְךָ מִלִּין וְאֶת־רֵעֶיךָ עִמָּךְ:

내가 당신에게 말로 대답한다, 그리고 당신의 친구들에게도, 당신과 함께하는(하고 있는).

35:5

הַבֶּט שָׁמַיִם וּרְאֵה וְשׁוּר שְׁחָקִים גָּבְהוּ מִמֶּךָּ:

당신은 주시해 보라, 하늘을! 그리고 보고 또 주목하라, 당신 위의 높은 구름을!

35:6

אִם־חָטָאתָ מַה־תִּפְעָל־בּוֹ וְרַבּוּ פְשָׁעֶיךָ מַה־תַּעֲשֶׂה־לּוֹ:

만약 당신이 죄를 지어도, 무슨 일을 만들 수 있겠는가(어떤 영향이 있겠는가), 그분께? 그리고 당신의 반역들(죄들)이 많아도, 무슨 일을 행할 수 있겠는가, 그분께?

35:7

אִם־צָדַקְתָּ מַה־תִּתֶּן־לוֹ אוֹ מַה־מִיָּדְךָ יִקָּח:

만약 당신이 의롭다고 해도 무엇을 드릴 수 있겠는가, 그분께? 혹은 그분께서 당신의 손으로부터 무엇을 받으시겠는가(무엇을 받고 싶어 기대할 만한 것이 있겠는가)?

35:8

לְאִישׁ־כָּמוֹךָ רִשְׁעֶךָ וּלְבֶן־אָדָם צִדְקָתֶךָ:

당신과 같은 사람에게[나] 당신의 악이 [영향력 있다]. 사람의 아들에게[나] 당신의 의가 [의미 있다].

35:9

מֵרֹב עֲשׁוּקִים יַזְעִיקוּ יְשַׁוְּעוּ מִזְּרוֹעַ רַבִּים:

압제/강탈이 많기 때문에, 그들(사람들)은 부르짖는다, 그들(사람들)은 소리친다, 많은 자(권력자, 부자들)의 팔 때문에.

35:10

וְלֹא־אָמַר אַיֵּה אֱלוֹהַּ עֹשָׂי נֹתֵן זְמִרוֹת בַּלָּיְלָה:

그러나 말하는 자는 없도다, 나를 만드신 하나님께서는 어디 계시냐, 밤에 노래를 주시는 분[은 어디에 계시느냐고]?

35:11

מַלְּפֵנוּ מִבַּהֲמוֹת אָרֶץ וּמֵעוֹף הַשָּׁמַיִם יְחַכְּמֵנוּ:

땅의 동물들보다 더 [존귀하게] 우리를 가르치시는 분, 그리고 저 공중의 새들보다 더 우리에게 지혜 주시는 분.

35:12

שָׁם יִצְעֲקוּ וְלֹא יַעֲנֶה מִפְּנֵי גְּאוֹן רָעִים:

거기서(그런 상황이기에), 그들(사람들)이 부르짖어도 그분은 대답하지 않으신다, 악인들의 교만한 얼굴 때문에.

35:13

אַךְ־שָׁוְא לֹא־יִשְׁמַע אֵל וְשַׁדַּי לֹא יְשׁוּרֶנָּה:

정말로 헛된/무가치함(부르짖음)을 하나님께서는 듣지 않으신다. 그리고 전능자께서 주목하지 않으신다.

35:14

אַף כִּי־תֹאמַר לֹא תְשׁוּרֶנּוּ דִּין לְפָנָיו וּתְחוֹלֵל לוֹ:

하물며(심지어) 너는 말하느냐, 네가 그분을 주목/볼 수 없다고, 그 소송(시비/논쟁)은 그분 앞에 있으니 너는 그분을 기다린다[라고]?

35:15

וְעַתָּה כִּי־אַיִן פָּקַד אַפּוֹ וְלֹא־יָדַע בַּפַּשׁ מְאֹד:

그리고, 지금/이제[까지], 그분이 방문(처벌)치 않으신다, 그분의 진노로, 그분이 알지도 않으신다(알려고 하지도 않으신다), 심한 어리석음을 [라고]?

35:16

וְאִיּוֹב הֶבֶל יִפְצֶה־פִּיהוּ בִּבְלִי־דַעַת מִלִּין יַכְבִּר: פ

그래서(그렇게) 욥은 헛되이 그의 입을 열어서 지식 없는 말들을 많이 했다. 페(마침표).

36:1

וַיֹּסֶף אֱלִיהוּא וַיֹּאמַר:

그리고 더했다, 엘리후가, 그리고 그가 말했다.

36:2

כַּתַּר־לִי זְעֵיר וַאֲחַוֶּךָּ כִּי עוֹד לֶאֱלוֹהַּ מִלִּים:

에워싸라/참아 주라! 나를, 잠시(조금만 더)! 그러면 내가 알려 주겠다. 그 이유는, 여전히(아직도) 하나님을 위해 [내가 할] 말들이 [있기 때문이다].

36:3

אֶשָּׂא דֵעִי לְמֵרָחוֹק וּלְפֹעֲלִי אֶתֵּן־צֶדֶק:

내가 들어 올릴 것이다, 내가 아는 것을, 멀리서부터(최선을 다해서), 나를 지으신 분을 위해, 의(바른 것/옳은 것)를 드릴 것이다.

36:4

כִּי־אָמְנָם לֹא־שֶׁקֶר מִלָּי תְּמִים דֵּעוֹת עִמָּךְ:

참으로 진실이다, 거짓이 아니다, 나의 말들이. 지식에 완전함이(완전한 자가) 당신과 함께 있다.

36:5

הֶן־אֵל כַּבִּיר וְלֹא יִמְאָס כַּבִּיר כֹּחַ לֵב:

보라! 하나님께서는 전능/강력하신 분이시나 [아무도] 멸시하지 않으신다, 그 마음의 힘이 강력하시다[지만].

36:6

לֹא־יְחַיֶּה רָשָׁע וּמִשְׁפַּט עֲנִיִּים יִתֵּן:

악인은 살게 하지 않으시며, 억압받는 자들(에게) 심판을 주신다.

36:7

לֹא־יִגְרַע מִצַּדִּיק עֵינָיו וְאֶת־מְלָכִים לַכִּסֵּא וַיֹּשִׁיבֵם לָנֶצַח
וַיִּגְבָּהוּ:

의인으로부터 그분의 눈들을 거두지(치우지) 않으시며, 왕들과 함께 그 왕좌에 그들을 앉히시니 영원히, 그들이 높임을 받는다.

36:8

וְאִם־אֲסוּרִים בַּזִּקִּים יִלָּכְדוּן בְּחַבְלֵי־עֹנִי:

그리고 만약, 그들이 사슬/족쇄(불꽃)에 묶이거나, 억압/고통의 줄(끈)에 붙잡힌다면,

36:9

וַיַּגֵּד לָהֶם פָּעֳלָם וּפִשְׁעֵיהֶם כִּי יִתְגַּבָּרוּ:

그분께서 보여 주신다, 그들에게, 그들의 행위들과 반역들을. 참으로 그들이 알게/깨닫게 하시려고.

36:10

וַיִּגֶל אָזְנָם לַמּוּסָר וַיֹּאמֶר כִּי־יְשֻׁבוּן מֵאָוֶן:

그리고 그들의 귀를 열어서, 교훈/책망을 받게 하시고, 말씀(명령)하셔서 참으로 죄악에서 돌이키게(회개하게) 하신다.

36:11

אִם־יִשְׁמְעוּ וְיַעֲבֹדוּ יְכַלּוּ יְמֵיהֶם בַּטּוֹב וּשְׁנֵיהֶם בַּנְּעִימִים:

만약 그들이 듣고(청종하고) 섬기면(회개하면), 그들의 날들을 선(형통)하게, 그들의 해들(years)을 행복하게 마무리/완성케 된다.

36:12

וְאִם־לֹא יִשְׁמְעוּ בְּשֶׁלַח יַעֲבֹרוּ וְיִגְוְעוּ כִּבְלִי־דָעַת:

그리고 만약 그들이 듣지(청종하지) 않으면, 던지는 무기(칼)로 그들은 건너갈(멸망할) 것이다. 그리고 죽을 것이다, 지식 없는 자처럼.

36:13

וְחַנְפֵי־לֵב יָשִׂימוּ אָף לֹא יְשַׁוְּעוּ כִּי אֲסָרָם:

그리고 마음이 위선/가식적인 자는 분노를 쌓는다(화를 낸다), 외치지 않는다(하나님께 도움을 청하지 않는다), 참으로 [하나님께서] 그들을 묶으시는데도(투옥/어렵게 하시는데도).

36:14

תָּמֹת בַּנֹּעַר נַפְשָׁם וְחַיָּתָם בַּקְּדֵשִׁים:

젊은 날에 죽을 것이며, 그들의 영혼은, 그들의 생명은, 신전의 남창들과 [같은 운명이 될 것이다].

36:15

יְחַלֵּץ עָנִי בְעָנְיוֹ וְיִגֶל בַּלַּחַץ אָזְנָם:

그분은 구출해 주신다, 비천한 자를(어려운 자를), 어려운 상황에서. 그분은 열어 주신다, 고뇌에 빠져 있을 때, 그들의 귀를.

36:16

וְאַף הֲסִיתְךָ מִפִּי־צָר רַחַב לֹא־מוּצָק תַּחְתֶּיהָ וְנַחַת שֻׁלְחָנְךָ מָלֵא דָשֶׁן:

또한(그러므로) [하나님께서] 너를 이끌어 내신다, 좁은 곳(고통의 입/원수)에서부터 넓은 곳(강제/제한이 없는 곳)으로, 그리고 휴식/평안의 식탁에 기름진 것이 가득하다.

36:17

וְדִין־רָשָׁע מָלֵאתָ דִּין וּמִשְׁפָּט יִתְמֹכוּ:

그리고(하지만) 악인의 [받아야 할] 심판이 당신을 가득 채우고 있다. [그] 심판과 공의가 당신을 움켜쥐고(떠받치고) 있다.

36:18

כִּי־חֵמָה פֶּן־יְסִיתְךָ בְסָפֶק וְרָב־כֹּפֶר אַל־יַטֶּךָ:

참으로 분노가 너를 비웃음으로 이끌지 않도록 하라! 속전(대속)의 많음이 [바른 방향으로] 뻗어 나가지 못한다!

36:19

הֲיַעֲרֹ֣ךְ שׁוּעֲךָ֖ לֹ֣א בְצָ֑ר וְ֝כֹ֗ל מַאֲמַצֵּי־כֹֽחַ׃

지켜주겠는가(유익하겠는가), 너의 외침(부르짖음)이? 금으로도 안 된다, 그리고 네가 가진 모든 힘과 [물질적인] 능력으로도 [안 된다]!

36:20

אַל־תִּשְׁאַ֥ף הַלָּ֑יְלָה לַעֲל֖וֹת עַמִּ֣ים תַּחְתָּֽם׃

당신은 그 밤을 열망하지 마라, 그때 민족들이 그 자리(바닥)에서 올라갔다(제거되었다).

36:21

הִשָּׁ֥מֶר אַל־תֵּ֣פֶן אֶל־אָ֑וֶן כִּֽי־עַל־זֶ֝֗ה בָּחַ֥רְתָּ מֵעֹֽנִי׃

주의하라! 치우치지 마라(헛된 노력을 마라)! 참으로 이것 때문에, [즉] 이것을 당신이 선택했기에, 고통당하는 것이다.

36:22

הֶן־אֵ֭ל יַשְׂגִּ֣יב בְּכֹח֑וֹ מִ֖י כָמֹ֣הוּ מוֹרֶֽה׃

보라, 하나님께서는 [자신을] 높이신다, 그분의 힘/능력으로. 누가 그분처럼 할 수/가르칠 수 있겠는가?

36:23

מִֽי־פָקַ֣ד עָלָ֣יו דַּרְכּ֑וֹ וּמִֽי־אָ֝מַ֗ר פָּעַ֥לְתָּ עַוְלָֽה׃

누가 결정할 수 있는가, 그분 위에 그분의 길을? 그리고 누가 말할 수 있는가, 당신이 부정행위를 했다[라고]?

36:24

זְ֭כֹר כִּֽי־תַשְׂגִּ֣יא פָעֳל֑וֹ אֲשֶׁ֖ר שֹׁרְר֣וּ אֲנָשִֽׁים׃

기억하라, 그분이 하신 일을 찬양하기를! 그분이 하신 일을 사람들이 노래했다.

36:25

כָּל־אָדָ֥ם חָֽזוּ־ב֑וֹ אֱ֝נ֗וֹשׁ יַבִּ֥יט מֵרָחֽוֹק׃

모든 사람이 그분/그것(그분이 하신 일)을 주목한다. 사람들은 [그분, 그분이 하신 일을] 유심히 본다, 멀리서.

36:26

הֶן־אֵ֣ל שַׂ֭גִּיא וְלֹ֣א נֵדָ֑ע מִסְפַּ֖ר שָׁנָ֣יו וְלֹא־חֵֽקֶר׃

보라, 하나님께서는 위대하셔서(높으셔서) 우리는 알 수 없고, 그분의 해(year)의 연수를 계산할 수도 없다.

36:27

כִּי יְגָרַע נִטְפֵי־מָיִם יָזֹקּוּ מָטָר לְאֵדֽוֹ׃

참으로 물의 방울들을 작게 만드셔서(증발시켜), 그의 안개로 비를 추출하신다.

36:28

אֲשֶׁר־יִזְּלוּ שְׁחָקִים יִרְעֲפוּ עֲלֵי אָדָם רָֽב׃

그것이 하늘에(서) 내려서/떨어진다(쏟아진다), 많은 사람 위에.

36:29

אַף אִם־יָבִין מִפְרְשֵׂי־עָב תְּשֻׁאוֹת סֻכָּתֽוֹ׃

과연, 누가 분별하겠는가, 구름의 펼쳐짐과 그분의 장막에서 (나오는) 천둥소리를?

36:30

הֵן־פָּרַשׂ עָלָיו אוֹרוֹ וְשָׁרְשֵׁי הַיָּם כִּסָּֽה׃

보라, 그(분)의 위(주변)에 그분의 빛을 펼치시고, 바다의 밑바닥들을 덮으신다(비추신다).

36:31

כִּי־בָם יָדִין עַמִּים יִתֶּן־אֹכֶל לְמַכְבִּֽיר׃

참으로 그것들로 백성들을 심판하신다. [또한] 그분께서 주신다, 먹을 것을 풍성하게.

36:32

עַל־כַּפַּיִם כִּסָּה־אוֹר וַיְצַו עָלֶיהָ בְמַפְגִּֽיעַ׃

[그분의] 양손 위에 [그] 빛을 감싸고 계시다가, 목표물 위에 맞추도록 명령하신다.

36:33

יַגִּיד עָלָיו רֵעוֹ מִקְנֶה אַף עַל־עוֹלֶֽה׃

천둥소리가 그것(번개)이 [오는 것을] 알려 주고, 가축들조차 그것(번개/빛)이 올라오는 것을 [안다].

37:1

אַף־לְזֹאת יֶחֱרַד לִבִּי וְיִתַּר מִמְּקוֹמֽוֹ׃

또한(심지어), 이로 인하여, 내 마음이 떤다(전율한다). 그리고 그것의 장소로부터 도약한다.

37:2

שִׁמְעוּ שָׁמוֹעַ בְּרֹגֶז קֹלוֹ וְהֶגֶה מִפִּיו יֵצֵֽא׃

너희는 들어라! 듣고 들어라! 그분의 소리의 전율/소동을. 그리고 그분 입으로부터 나오는 (강력한) 음성을!

37:3

תַּחַת־כָּל־הַשָּׁמַ֣יִם יִשְׁרֵ֑הוּ וְ֝אוֹר֗וֹ עַל־כַּנְפ֥וֹת הָאָֽרֶץ׃

온 하늘 아래에, 그 소리가 곧게 한다. 그리고 그 소리의 빛이 그 땅의 끝(귀퉁이)들 위
에 [이른다].

37:4

אַחֲרָ֤יו ׀ יִשְׁאַג־ק֗וֹל יַרְעֵ֥ם בְּק֥וֹל גְּאוֹנ֑וֹ וְלֹ֥א יְ֝עַקְּבֵ֗ם כִּֽי־יִשָּׁמַ֥ע
קוֹלֽוֹ׃

그 후에 그가 음성을 포효하셨다, 위엄의 음성으로 (천둥같이 격렬한) 소리를 내셨다. 그
리고 발꿈치를 잡을 수 없다, 그의 음성이 들릴 때(들릴 때에/들리기에).

37:5

יַרְעֵ֤ם אֵ֣ל בְּ֭קוֹלוֹ נִפְלָא֑וֹת עֹשֶׂ֥ה גְ֝דֹל֗וֹת וְלֹ֣א נֵדָֽע׃

하나님께서 비범하게 되어지심(경이로움), [즉] 그분의 음성을 (천둥소리처럼) 격렬하
게 내신다, 위대한(큰) 일들을 행하시며.

37:6

כִּ֤י לַשֶּׁ֨לַג ׀ יֹאמַ֗ר הֱוֵ֫א אָ֥רֶץ וְגֶ֥שֶׁם מָטָ֑ר וְ֝גֶ֗שֶׁם מִטְר֥וֹת עֻזּֽוֹ׃

참으로 눈(snow)에게 말씀하신다(명령하신다), 땅에 내려라! 그리고 비(의)소나기에게
그리고 그의 힘찬(강한 능력인) 비 소나기[에게도].

37:7

בְּיַד־כָּל־אָדָ֥ם יַחְתּ֑וֹם לָ֝דַ֗עַת כָּל־אַנְשֵׁ֥י מַעֲשֵֽׂהוּ׃

모든 사람의 손에(을) 그분이 인치신다(묶으신다/멈추게 하신다), 그분이 만드신 모든
사람들이 알게 하고자(그분께서 하시는 일을 알게 하시고자).

37:8

וַתָּבֹ֣א חַיָּ֣ה בְמוֹ־אָ֑רֶב וּבִמְע֖וֹנֹתֶ֣יהָ תִשְׁכֹּֽן׃

그러면 살아있는 것들/짐승들은 들어간다, 은신처 안으로. 그리고 그것의 굴들 속에서
머무른다.

37:9

מִן־הַ֭חֶדֶר תָּב֣וֹא סוּפָ֑ה וּֽמִמְּזָרִ֥ים קָרָֽה׃

그 방(남방)에서부터 폭풍이 나온다. 그리고 북쪽에서부터 추위가 [온다].

37:10

מִנִּשְׁמַת־אֵ֥ל יִתֶּן־קָ֑רַח וְרֹ֖חַב מַ֣יִם בְּמוּצָֽק׃

하나님의 흐름/기운에서부터 얼음을 줄게 한다(얼음이 언다). 그리고 물의 폭이 좁아진다.

37:11

אַף־בְּרִי יַטְרִיחַ עָב יָפִיץ עֲנַן אוֹרוֹ:

또한 수분/습기로(를) 그분께서 지우신다(실으신다), 구름에/먹구름에. 펼치신다/흩으신다, 그분의 빛의 구름(번개 구름)을.

37:12

וְהוּא מְסִבּוֹת מִתְהַפֵּךְ בְּתַחְבּוּלֹתָו לְפָעֳלָם כֹּל אֲשֶׁר יְצַוֵּם עַל־פְּנֵי תֵבֵל אָרְצָה:

그러면(그리고) 그것이 사방으로 돌아다닌다, 그분의 지시에 따라, 행하려고, 그분이 명령하신 모든 것을, 세상 땅의 얼굴 위에.

37:13

אִם־לְשֵׁבֶט אִם־לְאַרְצוֹ אִם־לְחֶסֶד יַמְצִאֵהוּ:

만약 막대기로(몽둥이질로 하신다면 그렇게 하시고), 만약 땅으로(땅을 위해 하신다면 그렇게 하시고), 만약 헤세드로(인자로 하신다면 그렇게 하시며), 그분은 그것을 발견하신다(그런 일이 생기게 하신다).

37:14

הַאֲזִינָה זֹּאת אִיּוֹב עֲמֹד וְהִתְבּוֹנֵן נִפְלְאוֹת אֵל:

[귀를] 펴라! 경청하라, 이것을! 욥이여! 서라! 그리고 분별하라! 하나님의 경이롭게 된 일들을.

37:15

הֲתֵדַע בְּשׂוּם־אֱלוֹהַּ עֲלֵיהֶם וְהוֹפִיעַ אוֹר עֲנָנוֹ:

당신은 아는가? 하나님께서 두심에 대해(명령하심에 대해), 그것들 위에, 그리고 어떻게 빛나게 하시는지, 그분의 구름의 빛이.

37:16

הֲתֵדַע עַל־מִפְלְשֵׂי־עָב מִפְלְאוֹת תְּמִים דֵּעִים:

당신은 아는가? 구름의 균형을(구름이 어떻게 떠 있는지를), 온전한 지식들의 기묘한 일들/경이로운 일들을.

37:17

אֲשֶׁר־בְּגָדֶיךָ חַמִּים בְּהַשְׁקִט אֶרֶץ מִדָּרוֹם:

당신의 옷이 더워지는 것, 땅이 남풍으로 인하여, 고요할 때.

37:18

תַּרְקִיעַ עִמּוֹ לִשְׁחָקִים חֲזָקִים כִּרְאִי מוּצָק:

당신은 때려서 펼쳤는가(펼칠 수 있는가)? 그분과 함께 강한 궁창(하늘)을, [녹여] 부은 청동처럼.

37:19

הוֹדִיעֵנוּ מַה־נֹּאמַר לוֹ לֹא־נַעֲרֹךְ מִפְּנֵי־חֹשֶׁךְ:

우리에게 당신은 가르쳐 주라! 우리가 뭐라 말할지, 그분께. 우리는 정리할 수 없다, 암흑 앞에 있기에.

37:20

הַיְסֻפַּר־לוֹ כִּי אֲדַבֵּר אִם־אָמַר אִישׁ כִּי יְבֻלָּע:

어찌 계산하려는가(다 말할 수 있겠는가), 그분께? 참으로 내가 말하는 것(말하고 싶은 것)을. 만약 사람이 말한다면, 참으로 그는 삼켜지리라.

37:21

וְעַתָּה לֹא רָאוּ אוֹר בָּהִיר הוּא בַּשְּׁחָקִים וְרוּחַ עָבְרָה וַתְּטַהֲרֵם:

그리고 이제 그들(사람들)이 볼 수 없다, 반짝이는 빛을, 창공에 [있는] 그것을. 그리고 바람이 지나가면 맑아진다.

37:22

מִצָּפוֹן זָהָב יֶאֱתֶה עַל־אֱלוֹהַּ נוֹרָא הוֹד:

북쪽에서 금(빛)이 도달한다, 하나님 위에 경외가 있다.

37:23

שַׁדַּי לֹא־מְצָאנֻהוּ שַׂגִּיא־כֹחַ וּמִשְׁפָּט וְרֹב־צְדָקָה לֹא יְעַנֶּה:

전능자를 우리는 발견/만날 수 없다, 그리고 힘이 엄청나서/강력해서, 그리고 심판이. 그리고 공의/정의의 풍부함을 그분은 굽히지(압제/왜곡하지) 않으신다.

37:24

לָכֵן יְרֵאוּהוּ אֲנָשִׁים לֹא־יִרְאֶה כָּל־חַכְמֵי־לֵב: פ

그러므로 사람들은 그분을 경외하며, 그분은 보지 않으신다, 모든 마음이 지혜롭다고 하는 자들을. 페(마침표).

제6부 하나님의 등장과 질문(38-41장)

38:1

וַיַּעַן־יְהוָה אֶת־אִיּוֹב מִן הַסְּעָרָה וַיֹּאמַר:

그리고 대답하셨다, 하나님께서 욥에게, 폭풍(회오리바람)으로부터(가운데서), 그리고 말씀하셨다.

38:2

מִי זֶה מַחְשִׁיךְ עֵצָה בְמִלִּין בְּלִי־דָעַת:

이자는 누구냐? [나의] 계획(충고/뜻)을 어둡게 만드는 자, 지식 없는 말로.

38:3

אֱזָר־נָא כְגֶבֶר חֲלָצֶיךָ וְאֶשְׁאָלְךָ וְהוֹדִיעֵנִי:

이제 용사(남자)처럼 너의 허리(띠)를 매라! 그리고 내가 너에게 물을 테니, 나에게 알게 하라!

38:4

אֵיפֹה הָיִיתָ בְּיָסְדִי־אָרֶץ הַגֵּד אִם־יָדַעְתָּ בִינָה:

네가 어디 있었느냐? 내가 땅의 기초를 세울 때, 말하라! 만약 네가 이해(분별)를 알고 있다면,

38:5

מִי־שָׂם מְמַדֶּיהָ כִּי תֵדָע אוֹ מִי־נָטָה עָלֶיהָ קָו:

누가 정했느냐, 도량형(측량의 기준/땅의 치수)을? 참으로 네가 아느냐, 혹은 누가 펼쳤는지 [아느냐] 측량줄 위에?

38:6

עַל־מָה אֲדָנֶיהָ הָטְבָּעוּ אוֹ מִי־יָרָה אֶבֶן פִּנָּתָהּ:

무엇 위에 기초들을 세웠으며, 또한 누가 모퉁이 돌을 놓았느냐?

38:7

בְּרָן־יַחַד כּוֹכְבֵי בֹקֶר וַיָּרִיעוּ כָּל־בְּנֵי אֱלֹהִים:

새벽(아침)의 별들이 함께 노래하고 하나님의 아들들이 모두 소리칠 때,

38:8

וַיָּסֶךְ בִּדְלָתַיִם יָם בְּגִיחוֹ מֵרֶחֶם יֵצֵא:

그리고 자궁으로부터 나오는(나오듯이) 바다가 터져 나올 때, [누가] 문들로 막았느냐?

38:9

בְּשׂוּמִי עָנָן לְבֻשׁוֹ וַעֲרָפֶל חֲתֻלָּתוֹ:

그때 내가 구름으로 그것의 옷이 되게 하고, 어두움으로 그것의 포대기를 삼았다.

38:10

וָאֶשְׁבֹּר עָלָיו חֻקִּי וָאָשִׂים בְּרִיחַ וּדְלָתָיִם:

그리고 내가 그것 위에 한계/경계선을 두었고 문들과 빗장을 세웠다.

38:11

וָאֹמַר עַד־פֹּה תָבוֹא וְלֹא תֹסִיף וּפֹא־יָשִׁית בִּגְאוֹן גַּלֶּיךָ:

그리고 내가 말했다, 여기까지(만) 네가 올 수 있고, 그 이상 넘어갈 수 없다, 그러니 너의 높은(자만의) 물결을 여기에서 멈춰라[라고]!

38:12

הֲמִיָּמֶיךָ צִוִּיתָ בֹּקֶר שִׁחַר מְקֹמוֹ:

너의 날들로부터 [네가 언제] 아침을 명령한 적이 있느냐? 새벽에게 그의 장소를 알려 준 적이 있느냐?

38:13

לֶאֱחֹז בְּכַנְפוֹת הָאָרֶץ וְיִנָּעֲרוּ רְשָׁעִים מִמֶּנָּה:

그 땅의 귀퉁이들을 붙잡고 그 땅에서 악인들을 털어 버린 적이 있느냐?

38:14

תִּתְהַפֵּךְ כְּחֹמֶר חוֹתָם וְיִתְיַצְּבוּ כְּמוֹ לְבוּשׁ:

진흙에 도장을 찍는 것처럼 [땅의 색을] 변화시켜, 의복(옷)처럼 세워진다(자리를 잡는다).

38:15

וְיִמָּנַע מֵרְשָׁעִים אוֹרָם וּזְרוֹעַ רָמָה תִּשָּׁבֵר:

그리고 악인들로부터 빛들을 차단시키고 그들의 높은(교만한) 팔을 꺾는다(꺾을 수 있느냐?).

38:16

הֲבָאתָ עַד־נִבְכֵי־יָם וּבְחֵקֶר תְּהוֹם הִתְהַלָּכְתָּ:

네가 바다의 근원까지 들어가 보았느냐? 그 심연의 바닥까지 조사하려고 걸어 보았느냐?

38:17

הֲנִגְלוּ לְךָ שַׁעֲרֵי־מָוֶת וְשַׁעֲרֵי צַלְמָוֶת תִּרְאֶה:

드러난 적이 있느냐, 너에게(너를 위해)? 죽음의 문들이, 죽음의 그늘이 진 문들을 네가 본적이 있느냐?

38:18

הִתְבֹּנַנְתָּ עַד־רַחֲבֵי־אָרֶץ הַגֵּד אִם־יָדַעְתָּ כֻלָּהּ׃

땅의 넓이까지 [전부를] 네가 측정해 보았느냐? 알려 주라(증명해 보라), 네가 전부 다 안다면!

38:19

אֵי־זֶה הַדֶּרֶךְ יִשְׁכָּן־אֹור וְחֹשֶׁךְ אֵי־זֶה מְקֹמֹו׃

빛이 거하는 곳으로 가는 길은 어디며, 어둠의 장소는 어디냐?

38:20

כִּי תִקָּחֶנּוּ אֶל־גְּבוּלֹו וְכִי־תָבִין נְתִיבֹות בֵּיתֹו׃

참으로 그것의 공간으로 네가 잡아 이끌 수 있느냐? 그리고 참으로 그것의 집으로 가는 길을 분별할 수 있느냐?

38:21

יָדַעְתָּ כִּי־אָז תִּוָּלֵד וּמִסְפַּר יָמֶיךָ רַבִּים׃

너는 알 것이다! 참으로 그때, 네가 태어났으니, 네 날들의 수가 많으니!

38:22

הֲבָאתָ אֶל־אֹצְרֹות שָׁלֶג וְאֹצְרֹות בָּרָד תִּרְאֶה׃

눈의 창고들에 네가 들어가 봤느냐? 우박의 창고들을 네가 보았느냐?

38:23

אֲשֶׁר־חָשַׂכְתִּי לְעֶת־צָר לְיֹום קְרָב וּמִלְחָמָה׃

이것을 내가 저장/보류해 두었다, 환란의 때와 전쟁과 싸움의 날들을 위해.

38:24

אֵי־זֶה הַדֶּרֶךְ יֵחָלֶק אֹור יָפֵץ קָדִים עֲלֵי־אָרֶץ׃

어느 길로 빛이 나뉘고, 동풍이 땅 위의 어디로 흩어지는지 [아느냐]?

38:25

מִי־פִלַּג לַשֶּׁטֶף תְּעָלָה וְדֶרֶךְ לַחֲזִיז קֹלֹות׃

누가 홍수에게 지나갈 길을 파주었으며, 천둥·번개에게 길을 열어 주었느냐?

38:26

לְהַמְטִיר עַל־אֶרֶץ לֹא־אִישׁ מִדְבָּר לֹא־אָדָם בֹּו׃

사람 없는 땅 위에, 사람 없는 광야 그곳에 비를 내리게 하고자 [누가 그렇게 했느냐]?

38:27

לְהַשְׂבִּיעַ שֹׁאָה וּמְשֹׁאָה וּלְהַצְמִיחַ מֹצָא דֶשֶׁא׃

황폐하고 메마른 땅에 만족하게 [물을 적셔주고], [연한] 풀들이 싹 터 나오게 만들었느냐?

38:28

הֲיֵשׁ־לַמָּטָר אָב אוֹ מִי־הוֹלִיד אֶגְלֵי־טָל׃

비에게 아버지가 있느냐? 혹은 누가 이슬방울들을 낳았느냐?

38:29

מִבֶּטֶן מִי יָצָא הַקָּרַח וּכְפֹר שָׁמַיִם מִי יְלָדוֹ׃

누구의 자궁으로부터 얼음이 나왔느냐? 하늘(에서 내리는) 서리는 누가 낳았느냐?

38:30

כָּאֶבֶן מַיִם יִתְחַבָּאוּ וּפְנֵי תְהוֹם יִתְלַכָּדוּ׃

돌처럼 물이 굳어지고 깊은 물의 얼굴(표면)이 얼게 된 것처럼.

38:31

הַתְקַשֵּׁר מַעֲדַנּוֹת כִּימָה אוֹ־מֹשְׁכוֹת כְּסִיל תְּפַתֵּחַ׃

플레이아데스성단(묘성)을 네가 묶을 수 있느냐? 혹은 오리온자리(삼성) 띠들을 풀 수 있겠느냐?

38:32

הֲתֹצִיא מַזָּרוֹת בְּעִתּוֹ וְעַיִשׁ עַל־בָּנֶיהָ תַנְחֵם׃

마자롯(황도십이궁) 성좌를 계절마다 네가 이끌어 낼 수 있느냐? 큰곰자리와 작은곰자리, 거기에 소속된 별들을 인도할 수 있느냐?

38:33

הֲיָדַעְתָּ חֻקּוֹת שָׁמָיִם אִם־תָּשִׂים מִשְׁטָרוֹ בָאָרֶץ׃

네가 하늘의 법칙을 아느냐? 그 하늘의 법칙(지배/권력)을 땅에 실현시킬 수 있느냐?

38:34

הֲתָרִים לָעָב קוֹלֶךָ וְשִׁפְעַת־מַיִם תְּכַסֶּךָּ׃

구름에게 너의 [목]소리를 올려서, 물의 풍부함으로 너를 덮을 수 있느냐?

38:35

הַתְשַׁלַּח בְּרָקִים וְיֵלֵכוּ וְיֹאמְרוּ לְךָ הִנֵּנוּ׃

네가 번개들을 보낼 수 있겠느냐? 그것들에게 나가라, 라고 하면(명령하면), 그것들이 너에게, 우리가 여기 있습니다/알겠습니다, 라고?

38:36

מִי־שָׁ֭ת בַּטֻּח֣וֹת חָכְמָ֑ה א֤וֹ מִֽי־נָתַ֖ן לַשֶּׂ֣כְוִי בִינָֽה׃

네 안의 지혜는 누가 놓았느냐(두었느냐)? 또한 누가 네 마음속 총명(분별력)을 주었느냐?

38:37

מִֽי־יְסַפֵּ֣ר שְׁחָקִ֣ים בְּחָכְמָ֑ה וְנִבְלֵ֥י שָׁ֝מַ֗יִם מִ֣י יַשְׁכִּֽיב׃

누가 자기 지혜로 구름들을 셀 수 있겠느냐? 하늘의 가죽 부대를 누가 기울일 수 있느냐?

38:38

בְּצֶ֣קֶת עָ֭פָר לַמּוּצָ֑ק וּרְגָבִ֥ים יְדֻבָּֽקוּ׃

[그래서] 티끌이 진흙이 되게 하고, 그 진흙들이 흙덩이로 달라붙을 수 있도록.

38:39

הֲתָצ֣וּד לְלָבִ֣יא טָ֑רֶף וְחַיַּ֖ת כְּפִירִ֣ים תְּמַלֵּֽא׃

암사자가 먹을 것을 위해 네가 사냥할 수 있느냐? 젊은 사자들의 식욕을 네가 채울 수 있느냐?

38:40

כִּֽי־יָשֹׁ֥חוּ בַמְּעוֹנ֑וֹת יֵשְׁב֖וּ בַסֻּכָּ֣ה לְמוֹ־אָֽרֶב׃

참으로 그것들이 굴 안에서 엎드려 있거나 덤불 속에서 잠복하고 [있을 때].

38:41

מִ֤י יָכִ֥ין לָעֹרֵ֗ב צֵ֫ידֹ֥ו כִּֽי־יְלָדָ֥ו אֶל־אֵ֥ל יְשַׁוֵּ֑עוּ יִ֝תְע֗וּ לִבְלִי־אֹֽכֶל׃

까마귀들을 위해 먹을 것을 장만해 주는 자가 누구냐? 그 새끼들이 하나님을 향해 소리칠 때, 먹을 것이 없어서 허둥거리며.

39:1

הֲיָדַ֗עְתָּ עֵ֭ת לֶ֣דֶת יַעֲלֵי־סָ֑לַע חֹלֵ֖ל אַיָּל֣וֹת תִּשְׁמֹֽר׃

너는 아느냐? 바위 염소들이 [새끼] 낳는 때를, 암사슴이 진통하는 것을 네가 지켜보았느냐?

39:2

תִּסְפֹּר יְרָחִים תְּמַלֶּאנָה וְיָדַעְתָּ עֵת לִדְתָּנָה:

너는 세어 보았느냐, 그것들이 몇 달 만에 만삭이 되는지? 그리고 너는 아느냐, 그것이 새끼 낳는 때를?

39:3

תִּכְרַעְנָה יַלְדֵיהֶן תְּפַלַּחְנָה חֶבְלֵיהֶם תְּשַׁלַּחְנָה:

그것들은 굽혀서 그것들의 새끼들을 낳는다, [그 새끼와 연결된] 끈(고통)을 보내 버린다.

39:4

יַחְלְמוּ בְנֵיהֶם יִרְבּוּ בַבָּר יָצְאוּ וְלֹא־שָׁבוּ לָמוֹ:

[그] 새끼들은 강해진다, 들에서 성장한다, 나가서 돌아오지 않는다, 그것들의 어미들에게.

39:5

מִי־שִׁלַּח פֶּרֶא חָפְשִׁי וּמֹסְרוֹת עָרוֹד מִי פִתֵּחַ:

누가 보내주었느냐, 들나귀를 자유롭게? 그리고 야생 나귀의 묶임을 누가 풀어 주었느냐?

39:6

אֲשֶׁר־שַׂמְתִּי עֲרָבָה בֵיתוֹ וּמִשְׁכְּנוֹתָיו מְלֵחָה:

내가 사막을 그것의 집으로 삼았고, 그것의 거처로 지정했다, 소금 땅을.

39:7

יִשְׂחַק לַהֲמוֹן קִרְיָה תְּשֻׁאוֹת נוֹגֵשׂ לֹא יִשְׁמָע:

그것은 비웃는다, 성읍의 소음/소리를. 몰이꾼의 함성을 듣지 않는다.

39:8

יְתוּר הָרִים מִרְעֵהוּ וְאַחַר כָּל־יָרוֹק יִדְרוֹשׁ:

그것의 목초지인 산들을, 그것들은 돌아다닌다. 그리고 모든 푸른 것들을 따라 찾아다닌다.

39:9

הֲיֹאבֶה רֵּים עָבְדֶךָ אִם־יָלִין עַל־אֲבוּסֶךָ:

어찌(어떻게) 들소가 자원하여 너를 섬기겠느냐? 혹은 머물겠느냐, 너의 외양간에?

39:10

הֲתִקְשָׁר־רֵים בְּתֶלֶם עֲבֹתוֹ אִם־יְשַׂדֵּד עֲמָקִים אַחֲרֶיךָ:

어찌(어떻게) 네가 들소를 줄로 묶어서 [밭을] 갈게 하겠느냐? 혹은 골짜기들을 갈게 시킬 수 있겠느냐, 너를 따라?

39:11

הֲתִבְטַח־בּוֹ כִּי־רַב כֹּחוֹ וְתַעֲזֹב אֵלָיו יְגִיעֶךָ׃

어찌(어떻게) 네가 신뢰할 수 있겠느냐, 그것의 힘이 많다고(세다고) 그것을(그것의 강한 힘을)? 그것에 맡길 수 있겠느냐, 너의 수고로운 일을?

39:12

הֲתַאֲמִין בּוֹ כִּי־יָשׁוּב זַרְעֶךָ וְגָרְנְךָ יֶאֱסֹף׃

어찌(어떻게) 믿을 수 있겠느냐, 그것이 참으로 너의 곡식을 실어서 너의 타작마당/곡간에 모아 주기를?

39:13

כְּנַף־רְנָנִים נֶעֱלָסָה אִם־אֶבְרָה חֲסִידָה וְנֹצָה׃

타조들의 날개는 즐겁게(빠르게/아름답게) 퍼덕인다, 마치 황새의 깃털이 날갯짓하듯이.

39:14

כִּי־תַעֲזֹב לָאָרֶץ בֵּצֶיהָ וְעַל־עָפָר תְּחַמֵּם׃

참으로 그것이 내버려 둔다, 땅에, 그것의 알들을. 그리고 모래 위에서 데워지게(부화하게) 한다.

39:15

וַתִּשְׁכַּח כִּי־רֶגֶל תְּזוּרֶהָ וְחַיַּת הַשָּׂדֶה תְּדוּשֶׁהָ׃

그리고 잊어버린다, 참으로 발에 깨어질 것과 들짐승에게 짓밟힐 것을.

39:16

הִקְשִׁיחַ בָּנֶיהָ לְּלֹא־לָהּ לְרִיק יְגִיעָהּ בְּלִי־פָחַד׃

그것은 무정하다, 그것의(자기) 새끼들에게, 수고한 것이 헛되게 되어도, 놀라지 않는다.

39:17

כִּי־הִשָּׁהּ אֱלוֹהַּ חָכְמָה וְלֹא־חָלַק לָהּ בַּבִּינָה׃

그 이유는 하나님께서 지혜를 들어 올렸기(빼앗았기) 때문이고, 그것에게 나눠 주지 않았기 때문이다, 분별력(총명)을.

39:18

כָּעֵת בַּמָּרוֹם תַּמְרִיא תִּשְׂחַק לַסּוּס וּלְרֹכְבוֹ׃

그것이 높은 자세로 펄럭이며 달려갈 때, 비웃는다(우습게 여긴다), 말과 거기에 탄 사람을.

39:19

הֲתִתֵּן לַסּוּס גְּבוּרָה הֲתַלְבִּישׁ צַוָּארוֹ רַעְמָה:

어찌(어떻게) 네가 주었느냐, 말에게 힘을? 어찌(어떻게) 네가 입혔느냐, 그것의 목에 갈기를?

39:20

הֲתַרְעִישֶׁנּוּ כָּאַרְבֶּה הוֹד נַחְרוֹ אֵימָה:

어찌(어떻게) 네가 뛰게 했느냐? 메뚜기처럼, 그것의 콧소리의 위엄은 공포스럽다.

39:21

יַחְפְּרוּ בָעֵמֶק וְיָשִׂישׂ בְּכֹחַ יֵצֵא לִקְרַאת־נָשֶׁק:

그것들은 땅을 박찬다(박차고 나간다), 골짜기에서. 그리고 힘차게 흥분하며 나간다, 무장한 사람(적군)을 대항하려고.

39:22

יִשְׂחַק לְפַחַד וְלֹא יֵחָת וְלֹא־יָשׁוּב מִפְּנֵי־חָרֶב:

그것은 비웃는다, 두려움을 향해. 그리고 겁내지 않으며 물러나지 않는다, 칼 앞에서도.

39:23

עָלָיו תִּרְנֶה אַשְׁפָּה לַהַב חֲנִית וְכִידוֹן:

그것 위로, 화살통은 덜커덩거리고, 창과 단검이 번쩍거린다.

39:24

בְּרַעַשׁ וְרֹגֶז יְגַמֶּא־אָרֶץ וְלֹא־יַאֲמִין כִּי־קוֹל שׁוֹפָר:

전율과 격동 속에서, 땅을 삼킨다. 그리고 멈추지 않는다, 참으로 뿔 나팔 소리에.

39:25

בְּדֵי שֹׁפָר יֹאמַר הֶאָח וּמֵרָחוֹק יָרִיחַ מִלְחָמָה רַעַם שָׂרִים וּתְרוּעָה:

뿔 나팔 소리에 따라, 헤아흐(힝힝)하며 말한다, 그리고 멀리서도 냄새 맡는다, 싸움, 장군(지휘관)의 천둥소리와 신호를.

39:26

הֲמִבִּינָתְךָ יַאֲבֶר־נֵץ יִפְרֹשׂ כְּנָפָו לְתֵימָן:

어찌(어떻게) 너의 분별로 인한 것이냐, 매가 높이 날아올라 날개를 펼쳐서 남쪽으로 날아가는 것이?

39:27

אִם־עַל־פִּיךָ יַגְבִּיהַ נָשֶׁר וְכִי יָרִים קִנּוֹ:

또한 너의 입(명령) 때문이냐, 독수리가 솟아 올라 높은 곳에 둥지를 만드는 것이?

39:28

סֶלַע יִשְׁכֹּן וְיִתְלֹנָן עַל־שֶׁן־סֶלַע וּמְצוּדָה:

그것이 절벽 바위틈에 집을 짓고 [그곳에] 거하며, 험한 바위에나 요새 위에 [산다].

39:29

מִשָּׁם חָפַר־אֹכֶל לְמֵרָחוֹק עֵינָיו יַבִּיטוּ:

거기서부터 먹잇감을 살펴보고 그것의 눈이 아주 먼 곳까지 주시한다(노려본다).

39:30

וְאֶפְרֹחָו יְעַלְעוּ־דָם וּבַאֲשֶׁר חֲלָלִים שָׁם הוּא: פ

그것의 새끼들이 피를 빤다. 살해당한(찔리운, 더럽혀진) 먹잇감이 있는 곳에 그것이 있다. 페(마침표).

40:1

וַיַּעַן יְהוָה אֶת־אִיּוֹב וַיֹּאמַר:

그리고 대답(반응)하셨다, 하나님께서 욥에게, 그리고 말씀하셨다.

40:2

הֲרֹב עִם־שַׁדַּי יִסּוֹר מוֹכִיחַ אֱלוֹהַּ יַעֲנֶנָּה: פ

다투려느냐/논쟁하려느냐, 전능자와 함께? 책망(야단)하는 자가(책망할 수 있겠느냐?) 하나님을? 교정하려는 자는 대답해 보아라! 페(마침표).

40:3

וַיַּעַן אִיּוֹב אֶת־יְהוָה וַיֹּאמַר:

그리고(그러자) 욥이 하나님께 응답하며 다음과 같이 말했다.

40:4

הֵן קַלֹּתִי מָה אֲשִׁיבֶךָּ יָדִי שַׂמְתִּי לְמוֹ־פִי:

보소서! 나는 가벼운 존재이니(미천한 존재이니) 무엇을(무엇이라), 내가 당신께 돌려 드리리이까(대답하리까)? 나의 손을 두겠습니다(두었습니다), 내 입술 위에.

40:5

אַחַת דִּבַּרְתִּי וְלֹא אֶעֱנֶה וּשְׁתַּיִם וְלֹא אוֹסִיף: פ

한번 내가 말하였고 [더는] 대답/말하지 않겠습니다. 두 번[째로] 더하지 않겠습니다. 페

(마침표).

וַיַּעַן־יְהֹוָה אֶת־אִיּוֹב מִן סְעָרָה וַיֹּאמַר:

그리고 대답하셨다, 하나님께서 욥에게, 폭풍(회오리바람)으로부터(가운데서), 그리고 말씀하셨다.

אֱזָר־נָא כְגֶבֶר חֲלָצֶיךָ אֶשְׁאָלְךָ וְהוֹדִיעֵנִי:

이제 용사(남자)처럼 너의 허리(띠)를 매라! 그리고 내가 너에게 물을 테니, 나에게 알게 하라!

הַאַף תָּפֵר מִשְׁפָּטִי תַּרְשִׁיעֵנִי לְמַעַן תִּצְדָּק:

참으로 네가 나의 심판/정의를 부서트리겠느냐(무효화하려느냐)? 네가 나를 악하다고 하느냐(정죄하느냐), 네가 의롭기 위해서?

וְאִם־זְרוֹעַ כָּאֵל לָךְ וּבְקוֹל כָּמֹהוּ תַרְעֵם:

그리고 너에게 하나님과 같은 팔(능력)이 있느냐? 하나님과 같은 [목]소리, 즉 천둥소리를 네가 우렁차게 낼 수 있느냐?

עֲדֵה נָא גָאוֹן וָגֹבַהּ וְהוֹד וְהָדָר תִּלְבָּשׁ:

자! 너는 나아가라! 꾸며 봐라! [너 자신을] 위엄과 존귀와 명예와 화려함(영광)으로, 너는 입어 보라!

הָפֵץ עֶבְרוֹת אַפֶּךָ וּרְאֵה כָל־גֵּאֶה וְהַשְׁפִּילֵהוּ:

너의 분노를 [나처럼] 쏟아내 보아라! 그리고(그래서) 모든 교만한 자를 찾아내어 내리눌러/낮추어 보아라!

רְאֵה כָל־גֵּאֶה הַכְנִיעֵהוּ וַהֲדֹךְ רְשָׁעִים תַּחְתָּם:

모든 교만한 자를 찾아내라(찾아내 보라)! [그래서 그들을] 낮추어라! 그리고 악인들을 그들의 자리/바닥에 짓밟아 보아라!

טָמְנֵם בֶּעָפָר יָחַד פְּנֵיהֶם חֲבֹשׁ בַּטָּמוּן:

흙 속에 그들을 함께 묻어 버려라! 그들의 얼굴들을 그 어두운 곳에 가두어 버려라!

40:14

וְגַם־אֲנִי אוֹדֶךָּ כִּי־תוֹשִׁעַ לְךָ יְמִינֶךָ׃

그렇게 한다면, 내가 인정하겠다, 참으로 너의 오른손(능력)이 너를 구원할 수 있다고.

40:15

הִנֵּה־נָא בְהֵמוֹת אֲשֶׁר־עָשִׂיתִי עִמָּךְ חָצִיר כַּבָּקָר יֹאכֵל׃

자, 보라! 제발/이제 베헤모트를! 그것을 내가 너와 함께 만들었다. 그것은 소처럼 풀을 먹는다.

40:16

הִנֵּה־נָא כֹחוֹ בְמָתְנָיו וְאֹנוֹ בִּשְׁרִירֵי בִטְנוֹ׃

자, 보라! 그것의 힘은 허리에 [있고] 그것의 능력은 배의 힘줄에 있다.

40:17

יַחְפֹּץ זְנָבוֹ כְמוֹ־אָרֶז גִּידֵי פַחֲדָו יְשֹׂרָגוּ׃

그것의 꼬리는 백향목처럼 뻗어 있고 그 넓적다리의 힘줄은 강력하게 엉켜 있다.

40:18

עֲצָמָיו אֲפִיקֵי נְחוּשָׁה גְּרָמָיו כִּמְטִיל בַּרְזֶל׃

그것의 뼈는 놋[으로 만든] 관(tube) 같고, 그것의 갈비뼈는 쇠막대기 같다.

40:19

הוּא רֵאשִׁית דַּרְכֵי־אֵל הָעֹשׂוֹ יַגֵּשׁ חַרְבּוֹ׃

그것은 하나님의 길(피조물)들 중에서 첫 번째(으뜸)이다. 그것을 만드신 분(창조주)께서[만] 그의 칼을 [가지고] 가까이 갈 수 있다.

40:20

כִּי־בוּל הָרִים יִשְׂאוּ־לוֹ וְכָל־חַיַּת הַשָּׂדֶה יְשַׂחֲקוּ־שָׁם׃

참으로(그래서) 산들이 풀들(먹을 것)을 그것을 위해 내놓으며, 모든 짐승들이 [그것 앞에 있는] 그 풀밭, 거기서 웃는다(즐긴다).

40:21

תַּחַת־צֶאֱלִים יִשְׁכָּב בְּסֵתֶר קָנֶה וּבִצָּה׃

그것은 연[꽃]들 아래에 누워있고 갈대와 늪지대에 숨어 있다.

40:22

יְסֻכֻּהוּ צֶאֱלִים צִלֲלוֹ יְסֻבּוּהוּ עַרְבֵי־נָחַל׃

연잎들이 그늘을 만들어 그것을 덮고, 강의 버드나무들이 그것을 두른다.

40:23

הֵ֤ן יַעֲשֹׁ֣ק נָ֭הָר לֹ֣א יַחְפּ֑וֹז יִבְטַ֓ח כִּֽי־יָגִ֖יחַ יַרְדֵּ֣ן אֶל־פִּֽיהוּ׃

보라, 강물이 넘쳐 나도 그것은 놀라서 서두르지도 않고, 요단강이 그것의 입으로 쏟아 들어와도 태연하다.

40:24

בְּעֵינָ֥יו יִקָּחֶ֑נּוּ בְּמֽוֹקְשִׁ֥ים יִנְקָב־אָֽף׃

[그런데 누가] 그것이 눈을 뜨고 있을 때, 그것을 잡을 수 있겠느냐? 갈고리(낚시)로 그 것의 코를 꿸 수 있겠느냐?

41:1

תִּמְשֹׁ֣ךְ לִוְיָתָ֣ן בְּחַכָּ֑ה וּ֝בְחֶ֗בֶל תַּשְׁקִ֥יעַ לְשֹׁנֽוֹ׃

네가 낚시(갈고리)로 리워야단을 끌어당길 수 있겠느냐? 그리고 끈으로 그것의 혀를 누 를(묶을) 수 있겠느냐?

41:2

הֲתָשִׂ֣ים אַגְמ֣וֹן בְּאַפּ֑וֹ וּ֝בְח֗וֹחַ תִּקּ֥וֹב לֶֽחֱיֽוֹ׃

갈대로 그것의 코를 꿸 수 있겠느냐? 가시로 그것의 아가미/턱을 꿸 수 있겠느냐?

41:3

הֲיַרְבֶּ֣ה אֵ֭לֶיךָ תַּחֲנוּנִ֑ים אִם־יְדַבֵּ֖ר אֵלֶ֣יךָ רַכּֽוֹת׃

그것이 너에게 계속 간청하겠느냐? 혹시라도 너에게 부드럽게 말하겠느냐?

41:4

הֲיִכְרֹ֣ת בְּרִ֣ית עִמָּ֑ךְ תִּ֝קָּחֶ֗נּוּ לְעֶ֣בֶד עוֹלָֽם׃

어찌 그것이 너와 언약(계약)을 맺으며, 네가 그것을 종으로 삼겠느냐, 영원히?

41:5

הַֽתְשַׂחֶק־בּ֭וֹ כַּצִּפּ֑וֹר וְ֝תִקְשְׁרֶ֗נּוּ לְנַעֲרוֹתֶֽיךָ׃

네가 그것을 새처럼 가지고 놀 수 있겠느냐? 너의 소녀들을 위해 묶어 놓을 수 있겠느 냐?

41:6

יִכְר֣וּ עָ֭לָיו חַבָּרִ֑ים יֶ֝חֱצ֗וּהוּ בֵּ֣ין כְּֽנַעֲנִֽים׃

그것을 어부들이 매매하고, 상인들 가운데서 나눌 수 있겠느냐?

41:7

הֲתְמַלֵּא בְשֻׂכּוֹת עוֹרוֹ וּבְצִלְצַל דָּגִים רֹאשׁוֹ:

어찌 그것의 가죽을 찌르고, 작살로, 그것의 머리를 찌를 수 있겠느냐?

41:8

שִׂים־עָלָיו כַּפֶּךָ זְכֹר מִלְחָמָה אַל־תּוֹסַף:

그것 위에 너의 손(바닥)을 한번 대어 보라, 다시는 싸울 생각을 하지 않게 될 것이다.

41:9

הֵן־תֹּחַלְתּוֹ נִכְזָבָה הֲגַם אֶל־מַרְאָיו יֻטָל:

보라! 그것에 대한 소망/기대는 [즉, 잡으려고 하거나 혹은 이길 가망은] 헛된(불가능한) 것이다. 그것을 보기만 해도 넘어지게 된다.

41:10

לֹא־אַכְזָר כִּי יְעוּרֶנּוּ וּמִי הוּא לְפָנַי יִתְיַצָּב:

그것을 자극할 만큼 용맹한 자가 없는데, 내 앞에 설 수 있는 자는 누구냐?

41:11

מִי הִקְדִּימַנִי וַאֲשַׁלֵּם תַּחַת כָּל־הַשָּׁמַיִם לִי־הוּא:

누가 나에게 [먼저] 내밀어 주고, 내가 갚게 만들 수 있느냐? 온 하늘 아래 모든 것이 다 나의 것인데! [다른 해석-누구든 그것에게 공격하고 살아남을 수 있겠느냐? 온 하늘 아래 그럴 사람은 없다!]

41:12

לֹא־אַחֲרִישׁ בַּדָּיו וּדְבַר־גְּבוּרוֹת וְחִין עֶרְכּוֹ:

내가 침묵할 수 없다, 그것의 부분들(지체들 limbs)을, 그리고(즉) 말하기를, 그것의 강력함과 아름다운(우아한) 골격에 대해. [다른 해석-내가 그것의 어리석고 오만한 말들을 잠잠하게 만들지 않겠느냐! 그래서 그것의 강력하고 대단한 모습, 즉 오만한 모습에 대해서 말해보겠다.]

41:13

מִי־גִלָּה פְּנֵי לְבוּשׁוֹ בְּכֶפֶל רִסְנוֹ מִי יָבוֹא:

누가 벗기겠는가, 그것의 가죽을? 누가 그것의 아가미 사이로 들어갈 수 있겠느냐, 두 겹으로 된 비늘 사이로?

41:14

דַּלְתֵי פָנָיו מִי פִתֵּחַ סְבִיבוֹת שִׁנָּיו אֵימָה:

그것의 얼굴에 있는 문을 누가 열 수 있겠느냐? 둥글게 있는 이빨은 공포다!

41:15

גַּאֲוָה אֲפִיקֵי מָגִנִּים סָגוּר חוֹתָם צָר׃

[그것의] 자랑이다, 방패들의 강함들, [즉] 좁게 인친 [것처럼] 잠겨 있는.

41:16

אֶחָד בְּאֶחָד יִגַּשׁוּ וְרוּחַ לֹא־יָבוֹא בֵינֵיהֶם׃

이것과 저것이 가깝다, 그리고(그래서) 바람이 들어가지 못한다, 그 사이로.

41:17

אִישׁ־בְּאָחִיהוּ יְדֻבָּקוּ יִתְלַכְּדוּ וְלֹא יִתְפָּרָדוּ׃

하나가 다른 것에 달라붙어 있어서, 분리시킬 수도 없다.

41:18

עֲטִישֹׁתָיו תָּהֶל אוֹר וְעֵינָיו כְּעַפְעַפֵּי־שָׁחַר׃

그것의 재채기는 빛을 발한다, 그리고 그것의 눈은 새벽의 눈꺼풀 같다.

41:19

מִפִּיו לַפִּידִים יַהֲלֹכוּ כִּידוֹדֵי אֵשׁ יִתְמַלָּטוּ׃

그것이 입을 열면 불과 불꽃들이 튀어나온다.

41:20

מִנְּחִירָיו יֵצֵא עָשָׁן כְּדוּד נָפוּחַ וְאַגְמֹן׃

그것의 콧구멍들로부터 연기가 나온다, 갈대로 [불을 붙여서] 끓는 솥처럼.

41:21

נַפְשׁוֹ גֶּחָלִים תְּלַהֵט וְלַהַב מִפִּיו יֵצֵא׃

그것의 혼(호흡)은 석탄들을 타오르게 한다, 그리고 번쩍임이 그의 입에서부터 나온다.

41:22

בְּצַוָּארוֹ יָלִין עֹז וּלְפָנָיו תָּדוּץ דְּאָבָה׃

그것의 목에는 힘이 머문다, 그리고 그것의 얼굴 앞에 공포가 춤춘다.

41:23

מַפְּלֵי בְשָׂרוֹ דָבֵקוּ יָצוּק עָלָיו בַּל־יִמּוֹט׃

그것의 살 껍질들은 견고하게 달라붙어 있어서, 그곳 위에서 흔들리지 않는다.

41:24

לִבּוֹ יָצוּק כְּמוֹ־אָבֶן וְיָצוּק כְּפֶלַח תַּחְתִּית׃

그것의 마음은 단단하다, 돌로 된 것처럼. 그리고 단단하다, 아래짝의 맷돌처럼.

41:25

מִשֵּׂתוֹ יָג֣וּרוּ אֵלִ֑ים מִ֝שְּׁבָרִ֗ים יִתְחַטָּֽאוּ׃

그것의 일어남은 용사들을 움츠리게 만든다, 파괴됨으로부터(인하여) 벗어난다(도망간다).

41:26

מַשִּׂיגֵ֣הוּ חֶ֭רֶב בְּלִ֣י תָק֑וּם חֲנִ֖ית מַסָּ֣ע וְשִׁרְיָֽה׃

칼로 부딪침이 세움/효력 없다. 창, 화살, 투창[도 마찬가지다].

41:27

יַחְשֹׁ֣ב לְתֶ֣בֶן בַּרְזֶ֑ל לְעֵ֖ץ רִקָּב֣וֹן נְחוּשָֽׁה׃

그것이 여긴다, 철에 대해 지푸라기로, 놋을 썩은 (나무 같은) 것으로.

41:28

לֹֽא־יַבְרִיחֶ֥נּוּ בֶן־קָ֑שֶׁת לְ֝קַ֗שׁ נֶהְפְּכוּ־ל֥וֹ אַבְנֵי־קָֽלַע׃

도망가게 만들 수 없다, 화살의 아들들로. 겨(지푸라기)로 뒤집는다(여긴다), 그것에게(그것은) 물맷돌들을.

41:29

כְּ֭קַשׁ נֶחְשְׁב֣וּ תוֹתָ֑ח וְ֝יִשְׂחַ֗ק לְרַ֣עַשׁ כִּידֽוֹן׃

겨(지푸라기)처럼 그것이 여긴다, 몽둥이를. 그리고 웃는다, 창의 진동(전율)을.

41:30

תַּ֭חְתָּיו חַדּ֣וּדֵי חָ֑רֶשׂ יִרְפַּ֖ד חָר֣וּץ עֲלֵי־טִֽיט׃

그것의 배 밑은 토기의 날카로움들 [같아서], 타작 기계 자국을 낸다, 진흙 위에.

41:31

יַרְתִּ֣יחַ כַּסִּ֣יר מְצוּלָ֑ה יָ֝֗ם יָשִׂ֥ים כַּמֶּרְקָחָֽה׃

[그것이] 끓게 만든다, 깊은 물(바다)을 솥처럼, 향료 기름 세움[처럼].

41:32

אַ֭חֲרָיו יָאִ֣יר נָתִ֑יב יַחְשֹׁ֖ב תְּה֣וֹם לְשֵׂיבָֽה׃

그것의 뒤에, [지나온] 길을 빛나게 만든다, 생각한다(여긴다/만든다), 심연을 백발로.

41:33

אֵֽין־עַל־עָפָ֥ר מָשְׁל֑וֹ הֶ֝עָשׂ֗וּ לִבְלִי־חָֽת׃

흙 위에, 그것과 유사한 것이 없으니, 두려움[이라고는] 없는 것으로 지음 받은 존재다.

41:34

אֵֽת־כָּל־גָּבֹ֥הַּ יִרְאֶ֑ה ה֝֗וּא מֶ֣לֶךְ עַל־כָּל־בְּנֵי־שָֽׁחַץ׃ ס

그것은 모든 높은 것을 (깔)보고, 그것은 왕이다, 모든 오만한 아들들 위에. 싸멕(분단분리표시).

제7부 욥의 고백과 회복(42장)

42:1

וַיַּעַן אִיּוֹב אֶת־יְהֹוָה וַיֹּאמַר׃

그리고 대답했다, 욥이 하나님께 그리고 말했다.

42:2

יָדַעְתָּ כִּי־כֹל תּוּכָל וְלֹא־יִבָּצֵר מִמְּךָ מְזִמָּה׃

내가 알았습니다, 참으로 당신께서 모든 것이 가능하다는 것을. 그리고 제한될 것이 없습니다, 당신으로부터, [그 어떤] 계획이라도.

42:3

מִי זֶה מַעְלִים עֵצָה בְּלִי דָעַת לָכֵן הִגַּדְתִּי וְלֹא אָבִין נִפְלָאוֹת מִמֶּנִּי וְלֹא אֵדָע׃

누구입니까, 충고(계획)을 감추는(가리는) 자가? 지식도 없으면서, [바로] 내가 발표/발설했습니다, 그리고(즉) 내가 분별도 못했습니다, 나보다 비범한 것들을. 그리고 내가 알지 못했습니다(내가 모르는 것을).

42:4

שְׁמַע־נָא וְאָנֹכִי אֲדַבֵּר אֶשְׁאָלְךָ וְהוֹדִיעֵנִי׃

들으소서 제발! 그러면 내가 말하겠습니다. 내가 당신께 묻겠습니다. 그러면 나에게 알게 하십시오!

42:5

לְשֵׁמַע־אֹזֶן שְׁמַעְתִּיךָ וְעַתָּה עֵינִי רָאָתְךָ׃

귀로 들음으로, 내가 당신을 들어 왔습니다. 그리고(하지만) 이제 나의 눈이 당신을 봅니다.

42:6

עַל־כֵּן אֶמְאַס וְנִחַמְתִּי עַל־עָפָר וָאֵפֶר׃ פ

그러므로 내가 경멸/거절합니다, 그리고 위로받습니다/마음이 달라집니다, 티끌과 재 위에서(대해서). 페(마침표).

42:7

וַיְהִ֗י אַחַ֨ר דִּבֶּ֧ר יְהֹוָ֛ה אֶת־הַדְּבָרִ֥ים הָאֵ֖לֶּה אֶל־אִיּ֑וֹב וַיֹּ֤אמֶר
יְהֹוָה֙ אֶל־אֱלִיפַ֣ז הַתֵּֽימָנִ֔י חָרָ֤ה אַפִּי֙ בְךָ֔ וּבִשְׁנֵ֣י רֵעֶ֔יךָ כִּ֠י לֹ֣א
דִבַּרְתֶּ֥ם אֵלַ֛י נְכוֹנָ֖ה כְּעַבְדִּ֥י אִיּֽוֹב׃

그리고 이르렀다(이런 일이 있었다), 하나님께서 말씀하신 후에, 이러한 말씀들을, 욥에게. 그리고 하나님께서 말씀하셨다, 데만 사람 엘리바스에게 [대표로], 타오른다, 나의 코(분노)가 너에게 그리고 너의 두 친구들에게. 그 이유는 너희들이 말하지 않았기 때문이다, 나에게(관해) 굳건하게(올바르게) 나의 종 욥처럼.

42:8

וְעַתָּ֡ה קְחֽוּ־לָכֶ֣ם שִׁבְעָֽה־פָרִים֩ וְשִׁבְעָ֨ה אֵילִ֜ים וּלְכ֣וּ ׀ אֶל־
עַבְדִּ֣י אִיּ֗וֹב וְהַעֲלִיתֶ֤ם עוֹלָה֙ בַּֽעַדְכֶ֔ם וְאִיּ֣וֹב עַבְדִּ֔י יִתְפַּלֵּ֖ל
עֲלֵיכֶ֑ם כִּ֣י אִם־פָּנָ֞יו אֶשָּׂ֗א לְבִלְתִּ֞י עֲשׂ֤וֹת עִמָּכֶם֙ נְבָלָ֔ה כִּ֠י
לֹ֣א דִבַּרְתֶּ֥ם אֵלַ֛י נְכוֹנָ֖ה כְּעַבְדִּ֥י אִיּֽוֹב׃

이제 너희들은 너희들을 위하여 취하라! 7 수송아지들과 7 수양들을. 그리고 너희는 가라! 나의 종 욥에게 그리고 올려라! 번제를 너희들을 위해. 그리고(그러면) 나의 종 욥이 중보(중재)기도할 것이다, 너희들을 위해. 왜냐하면 만약 그의 얼굴을 내가 들어 올리리라, 너희들에게 행하지 않도록 무분별하게(심각하게), 왜냐하면 너희들이 말하지 않았기 때문이다, 나에게 굳건하게(올바르게), 나의 종 욥처럼.

42:9

וַיֵּלְכוּ֩ אֱלִיפַ֨ז הַתֵּֽימָנִ֜י וּבִלְדַּ֣ד הַשּׁוּחִ֗י צֹפַר֙ הַנַּ֣עֲמָתִ֔י וַֽיַּעֲשׂ֔וּ
כַּאֲשֶׁ֛ר דִּבֶּ֥ר אֲלֵיהֶ֖ם יְהֹוָ֑ה וַיִּשָּׂ֥א יְהֹוָ֖ה אֶת־פְּנֵ֥י אִיּֽוֹב׃

그리고(그러자) 데만 사람 엘리바스와 수아 사람 빌닷, 나아마 사람 소발이 행하였다, 여호와 하나님께서 말씀하신 것을. 그리고 하나님께서 올리셨다, 욥의 얼굴.

42:10

וַֽיהֹוָ֗ה שָׁ֚ב אֶת־[שְׁבִ֣ית]אִיּ֔וֹב בְּהִֽתְפַּֽלְל֖וֹ בְּעַ֣ד רֵעֵ֑הוּ וַיֹּ֧סֶף
יְהֹוָ֛ה אֶת־כָּל־אֲשֶׁ֥ר לְאִיּ֖וֹב לְמִשְׁנֶֽה׃

그리고 하나님께서 돌이키셨다(회복시키셨다), 욥의 속박(곤경/포로)상태를, 그가 중보(중재)기도를 그의 친구들을 위해 했을 때. 그리고 하나님께서 더하셨다, 욥에게 있었던 모든 것들을 두 배로.

42:11

וַיָּבֹ֣אוּ אֵ֠לָיו כׇּל־אֶחָ֨יו וְכׇל־[אַחְיֹתָ֜יו] וְכׇל־יֹדְעָ֣יו לְפָנִ֗ים

וַיָּאכְלוּ עִמּוֹ לֶחֶם בְּבֵיתוֹ וַיָּנֻדוּ לוֹ וַיְנַחֲמוּ אֹתוֹ עַל כָּל־
הָרָעָה אֲשֶׁר־הֵבִיא יְהוָה עָלָיו וַיִּתְּנוּ־לוֹ אִישׁ קְשִׂיטָה אֶחָת
וְאִישׁ נֶזֶם זָהָב אֶחָד: ס

그리고 왔다, 그에게 모든 그의 형제들과 자매들이 그리고 모든 전에 알았던 자들(지인들)이. 그리고 그들이 그와 함께 먹었다, 음식을 그의 집에서. 그리고 끄덕였다(슬픔을 표시했다), 그를 위해. 그리고 위로했다 그를, 하나님께서 그의 위에 오게 하신 모든 악(재앙)들에 대하여. 그리고 그들이 주었다, 그에게, 각각 은돈 하나와 금 고리 하나씩. 싸멕(문단분리표시).

42:12

וַיהוָה בֵּרַךְ אֶת־אַחֲרִית אִיּוֹב מֵרֵאשִׁתוֹ וַיְהִי־לוֹ אַרְבָּעָה
עָשָׂר אֶלֶף צֹאן וְשֵׁשֶׁת אֲלָפִים גְּמַלִּים וְאֶלֶף־צֶמֶד בָּקָר
וְאֶלֶף אֲתוֹנוֹת:

하나님께서 축복하셨다, 욥의 후년(말년)에, 처음보다 더욱, 그래서 그에게 있었다, 1만 4천 양, 그리고 6천 낙타, 그리고 1천 쌍 소, 그리고 1천 암나귀.

42:13

וַיְהִי־לוֹ שִׁבְעָנָה בָנִים וְשָׁלוֹשׁ בָּנוֹת:

그리고 있었다(낳았다), 그에게 7 아들들, 그리고 3 딸들.

42:14

וַיִּקְרָא שֵׁם־הָאַחַת יְמִימָה וְשֵׁם הַשֵּׁנִית קְצִיעָה וְשֵׁם
הַשְּׁלִישִׁית קֶרֶן הַפּוּךְ:

그리고 그가 불렀다, 이름을, 첫째 딸 여미마, 둘째 딸 굿시아, 그리고 셋째 딸 이름은 게렌합북.

42:15

וְלֹא נִמְצָא נָשִׁים יָפוֹת כִּבְנוֹת אִיּוֹב בְּכָל־הָאָרֶץ וַיִּתֵּן לָהֶם
אֲבִיהֶם נַחֲלָה בְּתוֹךְ אֲחֵיהֶם: ס

그리고 발견할 수 없었다, 아름다운 여자들을, 욥의 딸들처럼, 모든 땅에서. 그리고 그녀들의 아버지가 주었다, 그녀들에게 유산을, 그녀들의 형제들의 사이에서. 싸멕(문단분리표시).

42:16

וַיְחִי אִיּוֹב אַחֲרֵי־זֹאת מֵאָה וְאַרְבָּעִים שָׁנָה וַיַּרְא אֶת־בָּנָיו

וְאֶת־בְּנֵי בָנָיו אַרְבָּעָה דֹּרוֹת׃

그리고 욥이 살았다, 그 후에 1백 40년을. 그리고 보았다, 그의 아들들과 그의 아들들의
아들들을 4대(까지).

42:17

וַיָּמָת אִיּוֹב זָקֵן וּשְׂבַע יָמִים׃

그리고 욥은 죽었다, 늙어서 그리고 날들이 가득해서.